魯金 著

魯金作品集

香港歷史掌故叢談

總序

香港史研究興起之前，很多本地早期事蹟主要靠掌故保存下來。所謂「掌故」，是指關於歷史人物、社會風俗以及典章制度等的故實或傳聞。記載掌故的文章，或在報刊上發表，或見於文集、傳記、回憶錄中，是研究歷史不可或缺的參考材料之一。至於掌故是否全部確鑿可信，則有賴歷史學家進一步的考索和印證。

本地報紙的副刊，向以內容豐盛見稱，不乏佳作，造就了多位作家、小說家甚至專家學者。以掌故名家的亦復不少，當中的表表者是魯金，譽為香港掌故大家，是實至名歸的。著述繁富，時至今日仍有可供閱讀和參考的價值。

著名報人和作家

魯金（1924-1995），原名梁濤，祖籍廣東省雲浮市新興縣，生於澳門。以筆名魯金為人所熟知，其他筆名包括魯言、夏歷、魯佳方、老街方、三繞、夏秋冬等。從事新聞事業逾半個世紀，早年曾經在省、港、澳及戰時的韶關各大報章擔任編輯和撰述工作；抗日戰爭勝利後，定居香港。

魯金長期留意香港史事，對人物掌故和時代變遷瞭如指掌，寫成多篇文章，部分輯成專書。他為廣角鏡出版社編著《香港掌故》，總共出版了十三集；又為三聯書店主編「古今香港系列」叢書，當中有幾種是他自己的作品。1992年，為市政局編寫《香港街道命名考源》和《九龍街道命名考源》。

主編「古今香港系列」

　　1988 年，三聯書店開始出版由梁濤主編的「古今香港系列」，是認識香港百多年來歷史進程和社會發展的一套重要叢書，備受注意，廣泛流傳。當中《港人生活望後鏡》、《粵曲歌壇話滄桑》和《九龍城寨史話》都署「魯金著」，是他比較重要的專書，視為代表作，似亦未嘗不可。《港人生活望後鏡》介紹了昔日香港流行的生活方式和習俗，包括飲食、時裝、娛樂、中藥等行業，及曾經流行一時的俗語等。《粵曲歌壇話滄桑》系統地敍述粵曲歌壇不同階段的發展，及早期粵曲歌伶、名曲玩家的生平逸事。《九龍城寨史話》搜集了大量歷史材料，並進行實地考察，是了解九龍城寨的基礎讀物。

　　講述港九各個地區街道的故事，魯金亦優以為之。《香港中區街道故事》和《香港東區街道故事》，均署「夏歷著」，街名來歷及相關事蹟，娓娓道來，除非是老街坊，否則是未必知道的。後來三聯書店編印「香港文庫‧新古今香港系列」，除重印《香港中區街道故事》、《香港東區街道故事》外，增出《香港西區街道故事》、《九龍街道故事》、《新界及離島街道故事》，均署名「魯金」。港九、新界齊備，魯金走遍全港是名不虛傳的。

編著《香港掌故》

1977 至 1991 年，廣角鏡出版社出版了《香港掌故》十三集，前三集都是魯金的文章，總共四十三篇。當中有不少文章講述香港的百年發展，如第一集的〈百年來香港幣制沿革〉、〈百年來港澳交通史〉，第二集的〈百年來香港中文報紙版面的變遷〉，第三集的〈百年來香港新年習俗沿革〉和〈百多年來省港關係發展史話〉。

魯金講掌故，比較重視歷史脈絡和時代變遷，例如第一集就有〈香港食水供應史〉、〈香港稅收史話〉、〈香港海盜史略〉、〈香港嚴重的風災史〉等，第二集有〈香港的貪污與反貪污史〉和〈馬年談香港賽馬史〉，第三集有〈香港和中國邊界交通史〉和〈百多年來省港關係發展史話〉。也有關於重要歷史事件的，包括〈五十年前的香港大罷工〉、〈香港淪陷與香港重光〉之類。

第四集起，每集只有一至四五篇署名「魯言」的文章，重要的有〈耆英在香港〉（第四集）、〈香港華人社團的發展史 —— 三易其名的香港中華總商會〉（第五集）、〈香港清末民初武術發展史話〉（第十一集）等。十三集合共有署名「魯言」的文章六十多篇，內容包羅萬有，謂為百科全書式的香港掌故家，亦日得宜。第二集中〈關於處理香港歷史資料的態度問題〉，頗可注意；第六集中有吳志森的〈魯言先生談《香港掌故》〉，有助加深了解。

其他著作與文獻材料

魯金還有幾種著作。1978 年廣角鏡出版社出版《香港賭博史》；1990 年代次文化堂出版包括：一、《香港廟趣》；二、《妙言廟宇》；三、《香江舊語：老派廣東話與香港民生關係概說》；四、《魯金札記：中國民間羅漢小史》。

總的來說，魯金掌故之所以有分量和特色，主要有幾個原因：第一，有新聞觸角和歷史眼光，而且能夠兩者兼顧；第二，文獻材料加上實際考察，既能互補又有互動；第三，香港事物配合中外發展，洞悉時代環境的變遷。鄭明仁在《香港文壇回味錄》（天地圖書有限公司，2022）中，稱魯金為「香港掌故之王」。

香港中央圖書館香港文學資料室設有「魯金文庫特藏」，從中可見魯金生前收藏的書刊、文獻和剪報材料等，這對於研究一個作家的生平與著作，是十分珍貴和有用的。隨着魯金大量作品的重印及整理結集，他在本地掌故方面所作出的努力與貢獻，相信可以得到更多肯定，亦有助於香港研究的深化和發展。

周佳榮

香港浸會大學歷史系榮休教授

2022 年 12 月

目錄

香港海盜史略 001

萬宜水庫發現古沉船與「鰲洋甘瀑」 014

耆英在香港 021

百多年來省港關係發展史話 042

一八八〇年代的香港 056

一八五六年香港的「十月」 069

香港早期三合會活動史話 078

清末民初香港三合會 089

香港華人社團的發展史 —— 三易其名的香港中華總商會 095

香港「江相派」所藏的各種秘笈 108

香港清末民初武術發展史話 121

辛亥革命前孫中山先生在港澳的活動 137

八十年前三位華人名流趣事 146

七十年來被淘汰的事物 162

六十年前的香港 171

香港南北行藥材商反壟斷事件 184

香港裸體運動的興起與幻滅 202

五十年前蕭伯納經香港訪華記趣 219

香港的黑色聖誕日 230

香港淪陷與香港重光 249

一九五六年九龍暴動始末 263

香港十二個兔年大事記　　　　　　　　　279

香港航空史上的劫機事件　　　　　　　291

宋朝慶元三年開始出現海盜

香港海盜史，可追溯至南宋慶元三年（即1197年），當時大嶼山鹽民領袖方登，因抵抗宋兵到大嶼山抽鹽稅，打敗官兵，奪取官船，出海行劫。這是有史可稽的最早活動於香港海域的海盜。此外，明朝嘉靖十二年（1533年）有海盜彌松桂、溫宗善。嘉靖三十年（1551年）又有何亞八，隆慶元年（1567年）有曾一本，崇禎三年（1630年）有李魁奇。

上述這些海盜，有不堪官府剝削壓迫、出海為盜的，亦有與日本海盜聯合為盜的（如何亞八、曾一本等），不一而足。而明末崇禎六年（1633年）這裏出現了一股海盜，盜魁名叫劉香，他就是被傳說為香港名為香島的海盜。

早年民間傳說香港島得名由來，是由於有個海盜名叫香姑，盤據此島為基地，因此名此島為香姑島，後來簡稱為香島。香港大學教授許地山先生，曾考證過這一傳說，他認為：「香姑港傳說是由劉香底故事演變底」（見他所著的〈香港與九龍租借地史地探略〉）。

劉香以香港附近島嶼為基地，自崇禎六年至八年（1633年至1635年），曾攻入南頭、新會江門等地掠劫，後來由鄭成功的父親鄭芝龍將他剿平，他在香港附近活動，只不過三四年，決不可能因為他盤據短短幾年，就使這個小島名為香島的。

劉香之後，著名的海盜就是張保仔。在香港，張保仔的傳說比劉香為多，真是婦孺皆知。這因為長洲有個張保仔洞，南丫島也有，而扯旗山通往香港仔去的一條小徑，又稱為張保仔徑，傳

説與附會混在一起，於是張保仔之名不脛而走。

　　張保仔的事跡，中國志乘史籍，葡萄牙人和英國人，都有記述。有關他的出身和劫掠事跡，這幾種中外記述都是差不多的。只是對於張保仔後來投降，便各有不同的記載。葡人説由於葡萄牙的艦隊迫得張保仔不得不投降；英國人的記載，則説由於他們的艦隊消滅了張保仔的主力船隊，他才受招撫的。他們都以貼金在自己面上的姿態誇誇其談。然而，照中國記載，張保仔受招撫，是由一位住在澳門的中醫生勸降，而當時的兩廣總督欽差大臣百齡則給他三品官職，以優厚的條件招降的。

清中葉沿海海盜產生於越南內戰

　　張保仔獨當一面，與鄭一嫂率領大小船隊三百餘艘，活動於清朝嘉慶十二年至十五年（1807年至1810年）間，雖然也像劉香一樣，只兩三年間光景。但張保仔與劉香不同，因為他未獨當一面之前，是當時最大一股海盜鄭一的部下，而鄭一又是大海盜鄭七的繼承人。關於張保仔這股海盜的來歷，曾參加招撫張保仔工作的袁永綸，事後寫了本《靖海氛記》，談得很詳細。照《靖海氛記》所述，這股海盜起源於乾隆五十六年（1791年）越南內戰時期。當時安南王黎維琪，被安南人阮光平驅逐，而黎維琪的弟弟黎映福從泰國那邊率兵回來，與阮光平大戰，殺了阮光平。阮光平的兒子阮景盛，帶了麥有金率兵啟船逃走，在海上聯合了海盜鄭七的海盜船，經常回安南滋擾沿海市鎮。

　　阮景盛當時所聯合的海盜，完全是活躍於南中國海及廣東、福建、沿海的海盜，除了鄭七一股海盜外，還有吳知青、梁寶、郭婆帶等。他的目的，是希望借助海盜之力，打回安南去。但這些海盜，目的在掠劫。彼此互相利用，阮景盛自然很難達到他的回國的目的。因此，在一次攻入越南沿海地區的戰役中，阮景盛被殺，而鄭七亦中炮死了，那些海盜，反而瓜分了他的兵船，增強了實力，成為更強大的海盜。

　　鄭七的一股海盜，在鄭七中炮死時，便由鄭七的徒弟鄭一當了首領，鄭一和他的妻子石氏，率領了鄭七的部眾，回到香港附近活動。石氏就是鄭一嫂。

　　自阮景盛死後，阮景盛的兵船被海盜瓜分，而他的部下麥有金，也淪為海盜。當時沿海海盜的情形，大略有各種旗號分別，例如：吳知青黃旗，綽號東海伯，部下有黃宗潮。麥有金藍旗，綽號鄔石二，部下有麥有貴、麥有吉，還有個軍師黃鶴。郭婆帶黑旗，部下有馮用發、張日高、郭就喜。梁寶白旗，綽號總兵寶。李尚青青旗，綽號蝦蟆青。鄭一則是紅旗。

招降張保仔為了發展對外貿易

　　至於張保仔，他是新會江門的漁家子，十五歲時，便參加鄭一這股海盜，鄭一見他年少有為，武功又好，又有航海經驗，便升為頭目。後來鄭一在一次颱風吹襲時遭了意外，溺死海中，海盜們便擁鄭一的妻子為首領，稱為鄭一嫂。鄭一嫂戀上張保仔，

於是鄭一嫂的海盜船,便由張保仔率領。

張保仔的來歷就是如此,當時他和鄭一嫂,就以香港附近各島嶼為基地,掠劫沿海的洋船。因為自乾隆末年開始,歐洲各國的商船東來漸多,在季候風季節,葡萄牙、英吉利的商船運貨到澳門去,必經附近海面,張保仔便乘機劫掠。他除了搶劫「洋船」之外,又攻擊其他的海盜,強迫吞併其他海盜的船隻及其部屬,因此他的實力,比鄭一時期,大為增強。

當時,尚有一股海盜郭婆帶沒有被他吞併,但他卻打得郭婆帶一股,不能在香港附近立足。於是,郭婆帶在無路可走時,向兩廣總督百齡投誠了。

郭婆帶向官府投降,是在長洲與大嶼山之間,與張保仔發生激烈戰鬥失敗之後才決定的。他投降以後,百齡給他官職,又發給遣散費,撥出田地,讓他的部下能夠維持生活。郭婆帶投降後,改名郭學顯。

由於郭婆帶的投降,條件相當優厚,吸引了張保仔部眾的注意。當時清政府以及十三行的商人,有意發展對外貿易,而發展對外貿易,必須先行維持海上交通安全,故此官商都主張招撫張保仔,因為他的海盜船最多,實力又最強大,因而掠劫商船也最多。而且,若招撫了張保仔,利用張保仔對各洋面海盜的知識,又可以肅清各股海盜。這是對發展對外貿易最有幫助的。

張保仔在石岐投降由澳門中醫遊説

因此，兩廣總督百齡便放出聲氣，如果張保仔肯投降，張保仔給三品官職，鄭一嫂為三品夫人，他的部眾，肯做官的，依次給予官職，不願當兵的，給遣散費及土地耕種。這些條件，對張保仔和鄭一嫂來説，是最具吸引力的。

但是，問題是官府的諾言，是否一定兑現？因此，這方面的關鍵，在於如何能保證官府履行諾言。而官方又害怕張保仔詐降，乘機攻入內地，堅持要張保仔先解除武裝。負起保證雙方面都是有誠意的人，當然是要一位雙方面都信任的人作説客了。

原來當時澳門有位中醫生名周飛熊，他是湖南人，與兩廣總督百齡是同鄉，而他又是張保仔的長年醫事顧問，他是個最合適的説客。於是，便由周飛熊出面，與張保仔談判。周飛熊既獲得百齡的保證，又得張保仔的保證，一談就談攏了。擬定在現時的中山縣縣城石岐招降。

關於澳門中醫周飛熊招降張保仔的記載，《東莞縣志》和《香山縣志》都有記載。《東莞縣志》記述招降前的活動情形較詳細，而《香山縣志》記述較為簡單，茲引《香山縣志》一節於下：

> 湖南人周飛熊者，流寓澳門，與保有舊，請於制府，奉檄往説。保等意決，約會舟邑城南大涌村前，面制府為信，許之。百齡至香山，駐節豐山書院，司道官及委員至大涌，勒兵其北。賊數百艦泊其南。張保、鄭石氏乘輕舟，豎安撫旗，抵石岐，入見百齡。……越

日，撫議定，張保授千總銜。鄭石氏，故鄭一妻，保，其義子也。令室之。餘多授官者。即檄張保領兵捕餘寇。保誘擒麥有金於儋州，以功擢守備。

張保仔投降後，果然肅清了海面的海盜，洋貨才能源源的從歐洲和南洋運到澳門，轉入內地。鴉片在這個期間運得最多，因此，導致了鴉片戰爭。

鴉片戰爭後，香港的海盜，又「死灰復燃」起來，這些海盜中，有因激於民族義憤，有因無以為生而為海盜的，當然亦有以打劫海面船隻為業的。香港法院檔案中，頗多這些海盜的紀錄，茲按其年份，分別擇其重要者記述於後。

鴉片戰爭後香港第一宗海盜案有英國人

據檔案記錄，香港於 1842 年至 1845 年間，海盜非常猖獗，英國商船，經常在附近洋面被劫。第一宗處決海盜案件，是獲得中國方面的支持，才將海盜捕獲的。當 1845 年 3 月 20 日，九龍城中國官員，查知有海盜一股，曾劫持英商船，泊於九龍青山附近，通知香港署理港務局長（即船政司）連那（A. Lena），派員會合中國水師，到青山圍捕，結果捉獲十八名海盜，在九龍城外的法場上正法。同時，發現這股海盜中，竟有一英國人星克里，他是英船亞利爾號的逃兵，於 6 月 19 日控以入夥海盜罪，判處無期遣戍之刑。

這是香港英人法院紀錄中第一宗海盜案。它說明了兩件事：

第一，當時的海盜，並不單止中國人，英國人也有，因為當時香港瘧疾流行，又水土不服，英兵開小差逃走的為數甚多，其中不少入夥為海盜。第二，要洋面平靜，必須得到中國政府的合作，才能達到。

1843 年至 1850 年間，在香港附近洋面，又出現一股大海盜，他的勢力，不下於張保仔。這股海盜以十五仔和徐亞保為首，他們擁有巨艦六十四艘，火炮共一千二百二十四門，盜眾凡三千一百五十人。他們的海盜船，活躍於大鵬灣、伶仃洋，以至南中國海一帶，是當時專劫英國商船的一股海盜。

據說徐亞保有俠義之風，他所劫的多是鴉片煙船，而且每次行劫的方式不同，令到鴉片煙船及巡邏的英艦，疲於奔命。原來，他與十五仔經常分工合作，他負責偵察窺探英船的航行日期，以及所載貨物數量和航線等，收集情報後即通知在洋面活動的十五仔。由於情報工作做得好，是以能安排妙計，每每得手。

兩英兵調戲婦女為徐亞保所殺

徐亞保因常在香港偵察英船動態，又由於他有點俠義氣概，一次因調查船期，路經赤柱，遇見英軍調戲婦女，並且毆打鄉人，他一怒之下，殺了兩名英軍軍官。

這件事是這樣的：1849 年 2 月 25 日，英軍哥士打，是皇家工程營上尉；戴亞，是錫蘭來福槍隊的中尉。他們的軍營都在赤柱。是日下午 4 時，他們聯合另兩英兵，到赤柱黃麻角村去散

步，走了一程，其餘兩人先回營去，他們卻闖入村內。

原來哥士打和戴亞都已喝過酒，他們走進村內，看見一間村屋裏面，有一個年輕的中國女子，他們竟然走進去，把她抱住了，毛手毛腳。這女子原是位年輕媳婦，她的家公家婆聽到媳婦驚叫，從房中跑出來，見到這情形，便大叫起來。哪知兩英兵揮舞皮鞭，向他們猛打，然後逃出房外。

村民聽到英兵調戲婦女，都跑來聲援。但沒想到這兩個英兵，手上都有皮鞭，而且兇性大發。幾個村民登時被打得頭破血流。就在這時，徐亞保經過，看不過眼，立即揮刀把他們殺死了。

事後，徐亞保逃去無蹤，軍方領回哥士打與戴亞的屍體，法庭開庭審訊，知是徐亞保所為，便懸紅一百金鎊緝兇，哥士打與戴亞竟以英雄式加以殮葬。軍方為他們在花園道的聖約翰教堂的牆壁上，刻嵌了一塊紀念磚。

經過這一次之後，徐亞保不敢來港偵察了，也正是如此，他和十五仔的海盜船，由於情報不足之故，在一次海戰中，被英艦圍攻，傷亡慘重。關於十五仔和徐亞保的命運，《香港法例彙編》乙冊《法制史實》裏，有如下的敍述：

> 十月八日（一八四九年）英艦三艘，配足軍實。聯隊出海。沿越南海岸一帶搜索，卒遇大盜十五仔之主要艦隊於東京灣。盜黨凡三千一百五十人，分駕艟艨艦六十四艘，配火炮一千二百二十四門，十五仔身在軍中統率盜舟指揮盜黨與英艦博戰。酣戰終日，盜眾大潰。盜艦被轟沉者凡五十幾艘，陣亡者達千人，溺死者亦千

人，餘盜敗退，率所餘艦六艘而遁。其時盜魁十五仔方與當任兩廣總督接洽率眾投誠，不圖此次實力消失，反促成其急於投誠。英艦於是年十二月一日返港，士兵雖亦略有傷亡，然獲軍實輜重極多。

明年，徐亞保一股死灰復燃，再召集亡命，集盜舟十三艘，正擬重整軍旅，嗣以十五仔已受招撫，彼亦決意投誠，乃率輕舟赴粵，反被散股土匪所劫，擁其夫婦以行，迨識徐氏嘗因一八四九年二月在赤柱謀殺英軍官哥士打及戴亞二命，經本港政府懸賞一百金鎊購緝有案者，又適遇英國商輪富力康號，即交該船長押解來港領賞。一八五一年二月十六日抵港，徐氏自承殺人不諱，政府當於三月十日組織特別刑庭審訊。被告方面辯詞以被捕地方為中國領域，特提出司法管轄問題，但結果由陪審員裁定僅成立誤殺罪，當由正按察司判處無期遣戍之刑。至關於海盜罪則未提起公審。徐以不甘受辱，竟於四月二日晨在獄候期起解中，自縊身死。

洋海盜芬頓與卜克士

徐亞保與十五仔之後，沿海的海盜並未稍減。1851 年期間，每月商船來港投訴遇海盜被劫的，約達十四宗。這些海盜，有英國人和美國人。其中一名洋海盜，首領是英國人芬頓。他只駕一艘單桅船，自稱是護航船，截劫來往船隻。1851 年 12 月，芬頓因

截劫華人船隻，反被華人船隻上的槍炮手先發制人，將他生擒，解來香港，於 1852 年 1 月 5 日審訊。當時連同芬頓一齊被捕的，有三名華籍海盜。審訊結果，三名華人海盜罪名成立，判處死刑；而芬頓竟以「交通海盜」之罪，判處三年徒刑而已。

另外一股洋海盜，首領是美國人卜克士，於 1857 年 7 月 4 日被捕來港審訊。美國駐港領事要求出席代表被告辯護，但因卜克士犯案如山，判處無期充軍之刑。

經過芬頓和卜克士兩案之後，香港當局才相信海盜中有不少是歐西人，因此在 1863 年懸賞，專門緝捕歐西海盜。賞額是：凡捕獲西人海盜一名，即賞一千大元。但是懸賞所產生的效果很差，西人海盜懂得聯絡華人海盜，互通消息，不易拘捕。到了 1866 年，當任港督麥當奴於 8 月 16 日立法局會議席上，提出迅速制裁海盜辦法，認為以往提到海盜，審訊時日太長，不足以阻嚇海盜，要求高等法庭，另設一名為「香港制裁海盜特別法庭」，以不需陪審員為原則，迅速定罪。麥當奴這一提案，即席通過。但對阻嚇海盜的作用，仍是很微。

自徐亞保以後，海盜雖多，但已沒有大股的海盜出現。1866 年以後，法院判處的海盜案件，多是小股海盜。如 1866 年 11 月 26 日，有海盜羅金寶、梁善傑二人被起訴，控以行劫美國帆船魯布利號，判死刑。又 1867 年 5 月 27 日，判三海盜死刑。1868 年 1 月 2 日，控戴保池、宋華二人海盜罪，因二人係在中國領域被捕，且證人多在內地，故移交廣東政府審理。

張保仔、十五仔、徐亞保等形式的海盜，自第二次鴉片戰爭（1856 年）開始之後，即告絕跡。因為當時英國船隊在我沿海侵

略，大股的海盜船不能立足。而且船艦必須維修，沒有基地給海盜修理船隻，又怎能像張保仔那樣橫行七海呢？所以，自第二次鴉片戰爭，即「亞羅號事件」之後（按：其實亞羅號亦是一艘海盜船，亞羅號事件的發生，是因為廣州當局上船捉拿海盜挑起的），海盜已改變行劫方法，他們扮作搭客登上輪船，在約定的時間地點，海盜船從外進攻，而扮作搭客的海盜，則在船上動手威脅船長和船上主要人員，用的是裏攻外應的方法行劫。

這種內外夾攻的海盜，一直到 1931 年仍有發生，這裏且將其中幾件重要的海盜案件，介紹出來。

劫南武號輪船海盜在九龍城正法

最具歷史意義，而又最轟動一時的，是 1890 年的南武號被劫案。南武號是一艘來往汕頭香港之間的輪船，屬於得忌利士輪船公司所有。1890 年 12 月 10 日，該輪由香港啟程往汕頭，載頭等客五名，大艙客二百二十名，搭客中多為美國華僑。是日下午駛經平海海面後，其中假扮搭客的海盜，分別持械佔據駕駛台、機房、船長室，強迫護航人員繳械。這時，海面已有賊船六艘出現接應。於是海盜進行搜掠，船長及二副和一位西人搭客因反抗而被擊斃。海盜將財物及船上貨物，運到六艘海盜船，才揚帆而去。

南武號於翌日駛返本港，統計損失約值五萬五千元。香港當局請求中國政府緝盜。到了次年（1891 年）4 月 17 日，九龍城中國衙門通知香港當局，謂械劫南武號的海盜共十九名，已由中國

政府捕獲，在廣州審訊定案，判處斬首之刑，並已押運到九龍城來，即日處決，請香港派官員前來監斬。

值得注意的，是 1891 年，英國還未強迫清政府簽訂《展拓香港界址專條》。在這之後，1898 年簽了《專條》，1899 年 3 月，由駱克（當時的香港輔政司）與王存善劃定了「界址」，並訂了「合同」，九龍城寨仍屬中國管轄的地方。

原來當時的《專條》，內有「議定仍留附近九龍城原舊碼頭一區，以便中國兵商各船渡艇，任便往來停泊，且便城內居民任便行走」的規定，故此當時九龍城寨，駐有中國官員大鵬協副將一員，並設有衙門辦公。當時的大鵬協副將，名叫方裕。

邀請香港英方派員到九龍城監斬械劫南武號輪船的，正是大鵬協副將方裕，他是奉上峯之命，發出邀請的，當時香港派出警務處長、船政司及華民司等五人前往監斬。海盜首領黎亞七當時並未捕獲，嗣後捕獲於 5 月 11 日，亦在九龍城外斬決，也同樣邀請港方派員監斬。

兩次在九龍城斬決南武號海盜，香港政府都派攝影師前去拍照留念。附圖就是 1891 年 4 月 17 日斬決南武號輪船海盜後，香港英國官員站在身首異處的海盜屍體前所拍的照片了。這照片後面背景是九龍灣，行刑地點相當於現時的啟德機場。足見當時這些地方，仍屬中國主權所轄。

海盜皇后劫澄海輪與日本船

南武號輪船被劫後，海盜扮作搭客內外夾攻的案件，幾無月無之，平均每月約二十宗，使香港警方疲於應付。而這裏也難以逐一敍述了。

但是，有一位海盜皇后，卻是不能不提。海盜皇后出現於1929年至1930年間。她是一位年青女子，她的海盜船上也有不少女海盜。她是外國記者筆下的一位傳奇性人物。

海盜皇后犯過兩件巨案，第一件是1929年劫日本輪船地聖號，這船來往香港、上海、大阪之間。海盜皇后和黨羽喬裝乘客，也是在預定的時間發動，控制全船，然後駛近接應的海盜船上，將財物掠劫而去。

另一宗是同年12月械劫得忌利士輪船公司的海澄號輪船，也是用內外夾攻的方法行劫。這一次，海盜皇后指揮若定，兇狠無比。當時船員在船上負隅抵抗，海盜皇后下令放火，於是釀成浩劫。經此一役後，海盜皇后便銷聲匿跡。

香港的海盜，真正銷聲匿跡的時候，應是新中國成立之後。在1950年前，仍時有海盜行劫港江港岐等四鄉拖渡。

萬宜水庫發現古沉船與「鼇洋甘瀑」

　　萬宜水庫的工地上，發現一艘古沉船，這沉船現在雖然還未完全發掘出來，但照香港博物館的初步報告，在用碳十四同位素驗定沉船的年代，據說是屬於明朝的遺物，船上的陶瓷片與明朝及同一時代的東南亞的陶瓷類同。由於沉船還未全部發掘完成，距離考古的完整的報告尚遠，本文不打算研究這艘古沉船的其他問題，只想就古沉船沉沒的地點，研究一件有關香港史地的懸案，那就是「鼇洋甘瀑」的所在地的問題。

　　「鼇洋甘瀑」是新安勝景之一，許地山先生在〈香港與九龍租借地史地探略〉（文刊《廣東文物》中冊）中，認為「鼇洋甘瀑」的位置，是在港島香港村附近的一條瀑布，即由市政局設計，位於華富村附近的瀑布公園內的瀑布。他認為，由於這條瀑布的水甘香，舟人因來此取水，遂稱此水流入海之處為香港，許地山先生不但將「鼇洋甘瀑」的位置放在太平山下，而且認為「鼇洋甘瀑」為香港得名的由來。

　　其後，羅香林先生即指出「鼇洋甘瀑」的位置，不在紅香爐峯及赤柱山附近。他根據《新安縣志》卷二的輿圖，指出「獨鼇洋」在今日新界塔門島南部，與今日香港島東北的紅香爐山、赤柱山，皆相距甚遠。從獨鼇洋的方位觀察，「鼇洋甘瀑」與香港得名無直接關係（見《一八四二年以前之香港及其對外交通》，第119頁）。

　　「鼇洋甘瀑」既不在港島，然則它的位置又在什麼地方呢？現在由於萬宜水庫的工地上，發現一艘明代的沉船，這一件實物，

可以幫助我們研究「鼇洋甘瀑」的位置。

　　發現明代沉船的地點，是在沙咀村的灘頭的海底，這一帶海域，名為官門海峽，是由沙咀村對面的糧船灣洲所形成的一處狹窄的海門，今日萬宜水庫的位置，便是在沙咀村糧船灣洲的海峽處，建築堤壩，攔斷海峽而成一個淡水湖的，整座淡水湖的所在地，位於萬宜灣中，是以稱為萬宜水庫，或稱萬宜淡水湖。

　　假如萬宜灣在明代，是一處港口，是商船、漁船停泊的地方，便可以說明，古沉船在這個地區裏沉沒，是因為該處是主要的港口，船隻來往多，發生意外是很平常的事。但是，我們知道，萬宜灣從前稱爛泥灣，該處在潮水下退時，整個海灣都是爛泥，絕對不是一處良好的海灣。這裏附上一張地圖，是 1930 年的地圖，地圖上還沒有萬宜灣的名稱，只有爛泥灣。到戰後初期，

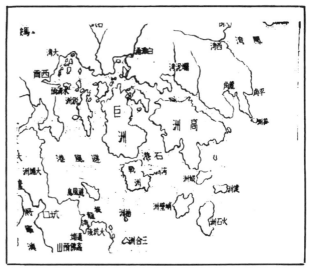

戰前本港地圖。當時萬宜灣仍名爛泥灣，糧船灣洲又名高洲。

1954 年的地圖，萬宜灣仍稱爛泥灣，可證萬宜灣原名爛泥灣，絕對不是一處良好的港灣。

萬宜灣既然不是泊船的港灣，那末這艘明代的沉船，到這地域來幹什麼呢？筆者認為，它是到這裏來汲取淡水的，因為，這地區就是「鰲洋甘瀑」的所在地。出海的船隻，必須先儲備足夠的糧食和淡水，因為古代海上交通，需時數以十天計，糧水不但要充足，而且淡水的水質又必須耐於儲藏，選擇良好的淡水，便必須到著名的甘泉去汲水，「鰲洋甘瀑」是名泉，是以這些船隻便到萬宜水庫來。

我們從地圖上，看得出糧船灣洲又名高洲，糧船灣洲的得名，顯然是和船艇到來汲水有關，因為糧和水是分不開的，在廣州方言中，支薪水又稱出糧，糧水常常並用，糧船灣洲一名，已說明是船隻汲水的地方。

高洲一名，相信是鰲洲的變音，所以筆者認為，「鰲洋甘瀑」應該在糧船灣洲，即現在萬宜水庫發現古沉船附近。

屈大均的《廣東新語》，有「海中淡泉」一條云：

> 海中淡泉凡六，其出新安七都大洋中者，曰鰲泉；在五都蚊洲者曰蚊洲泉；在陽江西北六十里三丫港西水旁者，曰三丫泉；在澄邁東海港中者，曰那陀泉；在文昌七洲洋大海中者，曰淡泉；在陵水東大洋雙女嶼，曰淡水井；皆不以海而鹹者也。

新安即今日的寶安縣，香港從前是新安縣所轄，屈大均說海中

著名的淡泉有六處，而新安縣佔了兩處，一處是鰲泉，亦即「鰲洋甘瀑」；一處是蚊洲泉。鰲泉在新安縣「七都」，蚊洲泉在「五都」。只要確定「七都」所轄的地區，就不難找出鰲泉的正確位置來。

但是現存的《新安縣志》只有嘉慶年間編纂的一本，那時新安縣已經不用「都」編輯，我們只能根據輿圖以及其他旁證的方法，考證鰲泉的位置。《新安縣志》卷二〈輿地略〉最後有一段按語云：

> 按舊志，邑之為鄉三，為都七，為圖五十有七，為村將及五百。考之各都，多有桀錯，而前後無殊者不過十之六七。至七都，長山頭、石潭、莆林村、蓮湖一帶數十餘村，仍入東莞。拈塾、角子頭、鑑巷圍、羊凹村等十餘處久廢無存，新舊異名亦難詳辨。現查本籍村莊五百七十有奇。客籍村莊二百七十有奇，分隸於縣城，典史兩巡檢屬下，特一一開載，而客籍亦附後，庶都鄙井然，無難按籍而稽矣。

這段語說明七都所轄地區最為複雜，而且各都已分成由縣丞、典史兩巡檢司所管轄，故此不容易指出「七都」在什麼位置。但是，我們仍可以先從《縣志》的輿圖中，找到「鰲洋甘瀑」的位置來。從輿圖上，我們可以看到「九龍汛」的所在，即今日的九龍半島，其最尖端處，當是尖沙咀。尖沙咀對開的海中，有「仰船洲」，有「赤柱山」。仰船洲即今日的昂船洲，赤柱山即今日的赤柱，亦即今日的香港島。各島的位置大體上是正確的，雖然仰

《新安縣志》的輿圖，獨鰲洋在佛堂門東北，在坪洲塔門之南旁邊有船落了帆顯示到該處汲水。

船洲的位置略有偏差，但它仍是由九龍到香港之間的一個較大的島嶼。（請參看附圖）

　　輿圖的右側，在「南佛堂門」、「大金門」附近，有「獨鰲洋」一島，「獨鰲洋」在「塔門」及「外平洲」之南。值得注意的是「獨鰲洋」旁邊繪有一艘小舟，舟已下了帆，這是到「鰲洋甘瀑」去汲水的表現。

　　南佛堂門即今日的東龍島，大金門相信即今日的大澳門。「獨鰲洋」的位置在這兩處地方的東北方，是今日的糧船灣洲，亦即高洲當無疑問。

　　再研究「塔門」與「外平洲」，塔門是今日的塔門島，「外平洲」即今日的東平洲，是本港東北部最外的一個小島。如果這個島是

屬於「七都」的話，那末「鰲洋甘瀑」的位置即今日的糧船灣洲，就更加確定了。

《新安縣志》卷十八〈勝蹟略〉說：「鰲洋甘瀑在七都大洋中，有石高十丈，四面鹹潮，中有泉飛瀑，若自天而下。」又同書卷四〈山水略〉載云：「平洲在七都下沙村前洋海中，長三里，橫亙海面。」這就是說，東平洲是屬於古時新安縣的七都所轄，「鰲洋甘瀑」既在七都，它在平洲之南，這一帶如塔門等島都屬於七都範圍之內，「鰲洋甘瀑」就是在糧船灣洲上，是可以確定的了。

縣志說「鰲洋甘瀑有石高十丈」，這可以說明糧船灣洲又名高洲的原因，高洲既是「鰲洲」一音之轉，亦是因為島上有石高十丈而得名。在萬宜水庫未興工前，筆者曾多次到糧船灣洲去旅行，該處白臘、大蛇灣、蟛蟹灣等海灘都是游泳的好去處。山上有一條瀑布，人們泳後多在該處淋淡水浴，當時因為未考慮到該處就是「鰲洋甘瀑」所在，現因在萬宜水庫發現古沉船才想起，想再到該處作實地考察，又因為官門海峽已經建了堤壩，列為禁區，因此不能進去。現在只能寄望於香港博物館諸位考古學者，在考察古沉船之餘，順便到糧船灣洲上，考察這「鰲洋甘瀑」的位置，解決香港史地這件懸案了。

最後還可以參看「鰲洋甘瀑」的繪圖，這幅畫繪出「鰲洋甘瀑」是在一處海峽中一座高島之處，甘瀑由島上奔流到海峽的海水中，有艘帆船正從海峽駛出。這情形正如官門海峽未建堤壩築萬宜水庫前一模一樣，圖的右方的山正考萬宜灣的沙咀，左方是糧船灣洲。「鰲洋甘瀑」既是新安勝景之一，山上相信一定有不少騷人墨客留下的題詠，如能發掘出來，當是一件好事。

「鼇洋甘瀑」為新安縣勝景之一。圖中甘瀑所在當是糧船灣。

耆英在香港

耆英被迫來香港的原因

回顧過去香港各時期的歷史，中國大員訪港者不少，但都只來香港訪問過一次，而欽差大臣、兩廣總督耆英，則在短短兩年內，便已訪港兩次。

耆英是和英國簽訂《南京條約》的欽差大臣，他來香港訪問，自然也和該條約有關，現在回顧他訪港的情形，一方面可以了解香港開埠初期的情形，另一方面亦可以了解早期香港總督接待中國欽差大臣時的各種禮節。

耆英這兩次到香港來，都是不得已而來的，1843 年的一次，是被樸鼎查（砵甸乍）強迫而來的，1845 年的一次，則是被德庇時（戴維斯）強迫而來的。

樸鼎查堅要耆英為代表

1842 年《南京條約》訂立之後，清政府派伊里布來廣東與樸鼎查解決善後問題，耆英則任兩江總督。伊里布與耆英，同是《南京條約》議約時的代表，道光皇帝委他來辦理善後，是合情合理的。不料樸鼎查卻堅要耆英為代表，不把伊里布看在眼內。據道光廿二年（1842 年）十月十五日伊里布奏稱：

臣伊里布自江省前赴粵東，於本月初四日（十一月

六日）行抵浙省……初五日起程前進。是日亥刻，臣劉
韻珂接據寧紹台道鹿澤長稟稱：初一日樸鼎查到郡，與
該道相見，執禮甚恭。惟據馬禮遜呈出照會一紙，內稱
該夷爺在江寧曾說定耆英赴粵辦理一切，今聞耆英已放
兩江總督，祇臣伊里布一人赴粵，似與前約不符。又前
議條款內有漢奸一概釋放，謄示天下之語，今未見頒貼
謄黃，不知何故，是以備具照會，囑該道轉呈臣劉韻珂
代為奏請，仍令耆英赴粵查辦，並將釋放漢奸一節，頒
發謄黃等語。……

夷性多疑，又自謂素重信約，今因耆英先有許以赴
粵之說，復行中止，意以中國不能踐信，疑有他故，是以
一再籲求，以觀我中國之舉動，該夷意已堅執，必欲得所
請而後止。臣劉韻珂若復以不便轉諮向覆，則該夷疑忌愈
深，設因此另生枝節，於國家大局殊有關係；即不然，而
江浙相距甚近，該夷復駕火輪船隻，直至江寧，向耆英面
懇，則夷船既退之後，復又竄入長江，淆惑觀聽，震驚民
心，亦屬不成事體，二者實皆可慮。……

鴉片戰爭時，兩江被英軍破壞甚劇，道光皇帝令耆英出任兩江
總督，是希望他負起兩江的善後工作，這措施極合情理，不料英國
卻反對耆英任兩江總督，要他來廣東。道光皇帝當時對樸鼎查這種
干涉中國內政的態度，極為不滿，是以曾下了一道「上諭」：

本日據伊里布等奏，該夷以耆英已授兩江總督，

祇伊里布一人赴粵，疑與前約不符，懇令一同前往，已
據劉韻珂移諮耆英，該夷亦自行照會等語。著耆英曉諭
該夷，以耆英伊里布皆係天朝重臣，一留江省，會辦三
省通商事宜，一赴廣東，專辦一切章程，庶彼此均可隨
時關會，辦理得歸畫一。且閩浙各督撫於議撫條約，均
未與聞。此後應如何設立馬頭，如何按貨納稅，種種事
件，必須耆英在此，方能就近商酌施行；其所以不赴廣
東者，正欲善全此局，並無他意。如此剴切宣諭，看其
作何聲覆，或該督另有從詳計較，妥協辦理之處，著即
據實馳奏。

樸鼎查氣死伊里布

　　道光皇帝堅決派伊里布到廣東與樸鼎查辦理善後各事，但又
怕得罪「該夷」，於是叫耆英向樸鼎查解釋，但樸鼎查並不接納
他的解釋。故此伊里布在 1843 年 1 月 10 日到廣州後，立即約會
樸鼎查，樸鼎查與他在黃埔河面一隻英國炮艦上會面，但沒有結
果。伊里布竟因此而「憂思成疾」，最後卻病死在廣州。

　　據郭廷以的《中國近代史》載云：「伊里布之到廣州，約在
1843 年 1 月 10 日前後，是月二十日（道光二十二年十二月二十
日）與樸鼎查會晤於黃埔河面，除談台灣事件外，當商及一輪稅
章程。」樸鼎查指留馬禮遜、羅伯蚺候議，伊里布則委派黃恩彤、
咸齡談判。談判中所感到的困難，是英人要在「香港通市」，如此

則「一切稽查偷漏，輸納稅銀，不是諸費更張」，據耆英說，伊里布竟因此「憂思成疾，以致出缺」。事在 3 月 4 日（二月初四日），但會議並未停頓。

可見當時樸鼎查用拖延手法，不和伊里布切實談判。

伊里布是被樸鼎查氣死的。因為他奉命南下議訂善後章程，但樸鼎查竟然拖延時日，遲遲未能協議，使他憂憤而死。伊里布死了，樸鼎查以為道光皇帝一定派耆英前來，不料道光皇帝仍然要留耆英在江浙，另派祁墳接任。樸鼎查見接任的不是耆英，而是祁墳，竟然不滿，揚言要北上去見耆英商議一切。道光皇帝見他硬要迫耆英出來，只好逆來順受。

耆英誇大英人軍力

耆英為什麼會被樸鼎查看得這樣重要呢？請看耆英當時所採取的外交路線，便知一切。他有幾本奏章，都是談及「撫夷」之計的，其一云：

> 至於英夷，本係遠來窮寇，我圍若固，彼亦何敢鴟張，而連年以來，頻遭殘破，其中殆亦有故。蓋我之官兵，情同烏合，我之民心，又皆渙散，久已為所窺破。所到之處，必先揚言專與官兵打仗，與民無涉⋯⋯而該夷之假仁假義，要結民心，事事反我之道而行之，實屬信而有徵。我之官員兵役，猶存故智，事事與民為

難，何異為叢驅爵？此外攘之難於措手者一也。該夷以
船載兵，遠海而來，並無退步，一船有失，全船性命，
皆付東流，故其上下同心，先懷必死之志，以求不死。
我兵本非素練，自閩、廣、浙江屢經敗衄之後，業已聞
風膽落，勢常不敵。且彼之良技，在於火炮火箭兩項，
其接仗時，黑夷潛伏艙中，身有所護，目有所見，裝藥
下子，又甚便捷，白夷置身桅巔，用測遠鏡窺定高下遠
近，號令施放，故能發無不中，火箭即隨炮火飛來，延
燒甚烈。我之炮火，本不如彼炮之致遠，而船係活動之
物，又逆潮能上，可以隨潮趨避，我炮施放一出之後，
彼炮已接踵而來，官兵容身無地，不及裝藥再放……此
外攘之難於措手者二也。

耆英誇大英人士氣、軍力，其外交政策於此可見一斑。

不明實情　曲意遷就

耆英既受樸鼎查欣賞，樸鼎查自然認為他是個議約的好對
手。而耆英之遷就，更是樸鼎查所鼓掌的。耆英另一奏稿曾談及
他的政策。云：

夷性多疑，而又好動，防之過嚴，易生猜忌；任其
所之，又殊叵測。況我武備尚未修明，民氣尚未復元，

防亦不勝其防。……勿以撫議為必可恃,亦勿以撫議為
必不可恃,更不可稍形惶怯,妄事驚疑;同心協力,外
示無猜,內懷慎密。設有夷船駛至,挺身而在,曉以至
誠,論以利害,袪其疑而破其奸,鎮以靜而制彼動,雖
狼子野心,不敢信其必無反覆,而誠能格物,似能令其
就我範圍。否則徒煩文告,無裨實際。

他說:「勿以撫議為必可恃,亦勿以撫議為必不可恃。」所謂
「撫議」,就是投降,他這句話等於說:投降雖然不好,但亦有好
的一面。總之,耆英的態度,在樸鼎查眼中,是個最理想的對手。

樸鼎查既不準備以道光皇帝新委派的祁墳為對手,揚言要
到浙江去找耆英,這一來,便迫使道光皇帝不得不派耆英到廣東
來。道光皇帝的「御旨」云:

前因伊里布出缺,通商事宜,正在吃緊,當命祁墳
督同黃恩彤,咸齡接辦。惟耆英係原議之人,為該夷所
信服,較之祁墳接辦,更為妥協,本日已明降諭旨,將
耆英作為欽差大臣,馳驛前往廣東,查辦事件矣。耆英
接奉此旨,即著將兩江總督印信交孫善寶護理,該大臣
即迅速馳赴廣東,接受欽差大臣關防,辦理通商餉稅章
程。一切務臻妥善,以順夷情,免致節外生枝。

樸鼎查令耆英來香港談判

耆英就是這樣被強迫而來的，他到了廣州，樸鼎查卻要他到香港來談判。

耆英於 1843 年 4 月 16 日自江寧出發，於 6 月 4 日（五月初七）抵達廣州，在廣州即與樸鼎查聯絡，討論各項問題，然後於 6 月 23 日（五月二十六日）到達香港。耆英抵廣州後，曾有奏章向道光皇帝奏報，其中一段云：

> 奴才……途次風聞粵中士民，志存報復，不肯與英互市，該夷藉為口實，即欲在香港設立馬頭，希圖華商往來販運，將來出入口貨物，稅皆出於華商，該夷竟可坐享其利。伊里布因與國計、民情、夷務三者皆有窒礙，憂思成疾，以致出缺。……五月初五日行抵廣東省城……當即會商祁墳等，一面照會樸酋，告以奴才現已抵粵，一切皆照原議條約辦理，先破其香港通市之謀；一面曉示粵民，諭以利害。現已接有樸鼎查黃文，情詞極為恭順，數日以來，民間亦無動靜。並因夷目馬禮遜現在借寓十三行聽候信息，即飭黃恩彤咸齡宣示皇上恩信，與之酌議貿易處所，已允遵照舊章泊船黃埔，不敢執在香港交易之請，仍俟接晤樸酋，即可定議。……

耆英的奏報再三提到「粵中士民，志存報復」，說明當時廣州人民仍有抗英之志。當時先由黃恩彤、咸齡與馬禮遜作初步的談

判，這個馬禮遜是馬理遜之子，即央馬禮遜，他住在十三行裏，與黃恩彤、咸齡起草章程，然後各自向上司請示，馬禮遜與樸鼎查研究，黃恩彤與耆英研究，經過十八天的往復討論，最後才成定議。這次討論的，是換約問題，即將《南京條約》正式換文。其次是關稅問題。英國在中國購買的以茶葉為最大宗，而運到中國的則是棉花與鴉片。

經過十八天的反覆討論，終於達成協議。樸鼎查不肯到廣州辦理正式簽約手續，卻要耆英來香港辦理，耆英於是有香港之行。事後他向道光皇帝奏報當時來港的情形：

> 竊奴才於行抵粵省後，當將體察夷情酌籌辦理緣由，專摺奏報在案。正在檢閱例案，悉心覈辦間，接據英酋樸鼎查自香港來文，請定期會晤，而定大局。奴才當以此事非與該酋面加商榷，終難定局；而於未開市之先，令其來省會商，易啟民間疑慮。且香港情形究竟若何，將來能否杜其走私，亦應親往查看明白，庶有把握。當於五月二十六日（西曆 6 月 23 日）早帶同廣東臬司黃恩彤，侍衛咸齡等由黃埔換船開行，經過獅子、零丁、磨刀、銅鼓各洋面，約計水程四百餘里，是日下午，即抵香港。該夷目率同夷兵，擺隊奏樂，跨刀遠迎，執禮甚恭，情極馴順。
>
> 奴才查看香港本屬荒島，重巒複嶺，孤峙海中，距新安縣城一百餘里，從前本係洋盜出沒之所。絕少居民，只有貧窮漁戶數十家，在土名赤柱灣等處畸零散

處。該夷於近年以來，在土名裙帶路一帶，鑿山開道，建蓋洋樓一百餘所，漸次工竣。並有粵東無業貧民蛋戶，在該處蓋搭棚寮、販賣食物，約計夷商不滿數百，而內地之貿易及傭力者，已不止數千人。

　　奴才率同黃恩彤，與樸鼎查接見數次，將通商章程及輸稅事例，反復辯論，大局粗定。奴才因夷情多疑，事既得有頭緒，亟應堅其所約，以免再有反覆。即於五月二十九日，恭齎鈐用御寶和約，發給該酋敬謹祇領。並據該酋將該國和約呈進前來。奴才驗明收訖之後，即於六月初一率同黃恩彤等駛回粵省。⋯⋯再該夷各項大宗貨物，仍在廣州貿易外，惟香港四面環海，舟楫處處可通。現有內地民人赴彼零星買賣，數年以後，漸集漸多，勢必華夷雜處，與澳門無異⋯⋯若不明定章程，妥為辦理，則走私漏稅，百弊叢生，轉恐與正稅有礙。⋯⋯

　　這是耆英抵港後向道光皇帝奏報的第一本奏本。

　　從這奏章中可以證明，「裙帶路」並不是阿裙帶路，而是原有的「土名」，所謂土名，就是本地人久已存在的名稱。當時香港已有數千勞工在參加建設，建設的中心地點，就是在這條裙帶路的起點上。這起點應是荷李活道，由大道中至大笪地而起的一段。

　　耆英當時在港登陸的地點，可能是現時銅鑼灣的渣甸倉的碼

頭，[1] 或水坑口近大笪地的「佔領角」，是英國海軍佔香港時登岸的
地點，該處有一碼頭，以利上落，又是官式使用的碼頭。等於現
時的皇后碼頭。[2] 而渣甸倉碼頭亦常時用作官式上落的地點。

耆英欺瞞道光皇帝

耆英第二份奏報，提及他在香港的情形。原來他當時坐船來
港。是樸鼎查派輪船去載他到來的，他坐的是火船。

> ……奴才帶同黃恩彤、咸齡等輕裝減從，即坐火
> 輪船前往香港，接見該酋樸鼎查。奴才當即宣佈皇上恩
> 德。次日親往該酋住處，以誠破詐，口氣折驕。該酋技
> 無所施，掩然帖服。奴才遂在夷樓居住四日。又經黃恩
> 彤等反覆開導，始得頭緒。

> 內渡瀕行時，據該酋查樸鼎選送身佩洋刀一把以明
> 誠意。並將伊及伊妻子女圖像，懇求帶回，以表其神形
> 業已追隨左右，不敢再有異志。英夷重女輕男，今樸酋
> 將其妻室圖像相贈，據通華語之夷酋等咸稱：若不誠敬
> 欽信，斷不能如此等語。奴才隨將所佩金環，並書畫紈
> 扇一柄，即行付給。此非奴才甘於抑志降心輕身冒險，

1　編者註：銅鑼灣的渣甸倉已拆卸而變為商住區，其貨運碼頭亦已消失。
2　編者註：中環皇后碼頭於 2007 年因填海計劃而被拆卸。

又不避嫌疑，與之酬酢。蓋不如是則疑團不釋，彼此相
持，迄難定案。且從未施馭外夷，但當計我之利害，不
必問彼之是非，惟不可因其情詞馴順，稍存大意，致墮
其術。

回省後與督撫、監督諸臣，將議定稅則通盤籌算，
於國計不無裨益，夷情亦得便利，將來開市之後，貨物
流通，小民足資生計。惟奴才連日以來，心力交勞（硃
批：隨時珍重，務保康強），又似上年在江寧時，夜不成
寐，食不知味。然事關海疆安危大計。奴才惟有努力振
作，會同熟商，務求妥善，以翼仰副皇上綏靖荒服，加
惠商民之主意。

耆英在香港住了四日，住的地方是「夷樓」，目前無法考證究
竟住在何處。因為當時即使是樸鼎查也沒有正式的官邸，總督府
是後期才建成的。1843 年最宏偉的建築物，仍然是渣甸馬大臣的
住宅與倉庫。

「但當計我之利害，不必問彼之是非」

耆英的奏報中有兩句話：「但當計我之利害，不必問彼之是
非。」這就是當時耆英對外交涉時所持的宗旨，他所說的「不必
問彼之是非」，便是不管對方提出的要求是否合理，所謂「但當計
我之利害」，也等於說只計較是否能夠接受。

　　據英國人的記載，耆英這次到香港來，曾縱情飲酒，並且高興起來，唱了一曲滿洲小調。同時又說耆英奏報中說樸鼎查送給他「伊及伊妻子女圖像」，其實是耆英向樸鼎查索取的，而樸鼎查對於「伊妻」的圖像之贈送，表現得十分勉強。或許英人故意詆毀耆英，但無論如何，耆英向道光皇帝所說的話，是有些誇大的。他說樸鼎查懇求他帶回圖像，是「以表其神形業已追隨左右」。

「子口稅」的章程

　　耆英與樸鼎查在香港除了交換「南京條約」之外，並訂了「子口稅」的章程，該章程云：

　　　大清欽差大臣，太子太保，兩江總督部堂宗室耆，大英欽奉全權公使大臣，頭等巴圖魯，男爵樸，為定明關稅事。前因本大臣本全權欽奉皇帝君主勒諭，於道光二十二年七月二十四日，即英之一千八百四十二年八月二十九日，在江南河面英國漢華麗船上議定和約，其和約內第十條既有載說第二條內言明開關，俾英國商民居住通商之廣州等五處，應納進出口貨稅餉費，均宜秉公議定則例，由部頒發曉示，以便英商按例交納等語；又據載明英國貨物在某港按例納稅後，即准中國商人遍運天下，經過稅關，不得加重稅例，只可按估價則例若干，每兩加稅不過某分等語；實應上稅若干，未有載

明。惟查中國內地關稅，定例不輕，今復議明內地各
關，收納洋貨各稅，一切照舊輸納，不得加增。為此本
大臣本全權會行印文，作為明證，另附於本日相換和約
之後，以俾遵守勿失。道光二十三年五月二十九日，
一千八百四十三年六月二十六日，在香港地方。

　　耆英第二次到香港，是在兩年之後，當時樸鼎查已經離職返
英，繼位者是德庇時（戴維斯）。德庇時再次要求耆英到香港，
是為了交還舟山的原故。原來，鴉片戰爭時，英兵佔了舟山和鼓
浪嶼，雖訂了《南京條約》，英兵依然未肯撤退，因為英國要把
舟山和鼓浪嶼當作抵押品，申明要待賠款全付之時，才肯交還這
些地方。

　　當 1844 年清政府付第五次賠款的時候，英兵突然提前退出鼓
浪嶼，卻將駐鼓浪嶼的英兵一部分移到舟山，一部分撤返香港。
德庇時竟說這是「實為應增和好起見，並無別情」。實則是當時香
港的衛生環境十分惡劣，逃兵太多，英國方面，有人主張放棄香
港而佔據舟山，而鼓浪嶼實為一個無實際作用的小島，故此撤出
鼓浪嶼，加強舟山和香港的兵力。

　　《香港法例彙編》曾記述 1844 年英人主張放棄香港佔據舟山
之說，其記云：

　　　　一八四四年之時，當任庫務司馬田曾做成報告
　　書，主張放棄香港，謂此地不適合歐西人士居留，提出
　　例證，以當地駐防第九十八團英軍在二十一個月內有

二百五十七人死亡，又炮隊一百三十五人，前後兩年死
亡五十一人，以本人觀察，香港必不能成為商埠⋯⋯英
國上下初惑於馬氏之言，對於在華根據地之選擇，其為
舟山乎，抑為香港乎？兩者取捨之間，爭辯殊烈。

耆英當時亦對英人之提前撤出鼓浪嶼有所疑慮，他向道光皇
帝奏稱：「本年五月間，德酋初來廣東，即有俟十二月銀項交足，
鼓浪嶼先行退還之議。奴才以夷情叵測，今無故將鼓浪嶼先還，
焉知不為異日緩交舟山地步？」足見當時中國朝野對於英國的每
一行動，已提高警惕。

到 1846 年，被迫賠償鴉片戰爭時的賠款完全交清時，英兵
仍然留在舟山不肯走，這樣一來，道光皇帝屢催耆英向德庇時交
涉，德庇時推辭了幾次，最後不得不照會耆英，叫他到香港來討
論。這就是耆英第二次到香港的原因。

那時，香港已經增加了很多的建設，在 1845 年時，和 1843
年時已完全不同，德庇時是希望耆英來看看香港的情形。故此請
他來港。

1845 年 10 月，耆英收到德庇時的照會，立向道光皇帝奏報，
略稱：

據德酋來文，又稱交還舟山後，不准他國佔據，並
約臣耆英前往會晤面商。竊思舟山雖定海之一隅，而既
經交還，總不致給予他國。現在各國亦並無求給舟山之
事，揣度其意，或因與佛夷凤有怨嫌，而佛夷又有協助

中國共擊英夷之說。此次該國夷使剌萼尼來粵，臣等屢
與接晤，該酋疑及中國用以夷攻夷之策，或暫留佛夷駐
舟山，因而預先訂明，免遭牽制。否則各夷中實有覬覦
舟山之意，曾向該酋微露其端，抑或該酋另有所聞，均
未可知。臣等再四熟商，似應乘其請見，訂期前往，藉
詢各情，再行相機妥辦。

所謂佛夷，即是法國，上年，耆英與法國的剌萼尼（Théodose
M. M. J. de Lagrené）在澳門接觸過，其後於 1844 年 10 月 24 日在
黃埔簽了《中法五口通商章程》，耆英以為德庇時害怕法國佔據舟
山，是以遲遲不肯撤退舟山的英軍。不知這是一種藉口，叫耆英
到香港來討論。

耆英於 1845 年 11 月 20 日，即道光廿五年十月二十一日親到
香港，與他同行的，依然是升任巡撫不久的黃恩彤，還有趙長齡、
潘仕成等。他們在香港住了四天，到 11 月 25 日才離港返廣州。

放棄舟山　進佔香港

原來當時英國已決定放棄舟山而佔香港了，因為經過四年的
經營，舟山方面的英國軍官，亦有報告書向倫敦報告，說舟山的
地理環境還不如所傳說那樣有利，在這四年中，英軍曾在舟山廣
招當地人員以鞏固其統治，但並無若何進展，他們雖飭令紳士充
當醫理事，「安良緝匪，並逐日交給字條，令其捐銀建設書院、育

嬰院、養濟院、孤老院、埋葬屍棺，延請男女塾師教訓學生，收
捐銀給予差役」。但，仍然是「英夷日與定海居民為讎，或罰銀
錢，或加鞭韃，視紳士如捕役指良民為匪徒」。統治十分脆弱。

德庇時想耆英到香港來見他，首先要談的是保障舟山方面的
人員的安全，其次才是談交還舟山的細節問題。耆英當時奉道光
皇帝之命到香港，事後奏報來港的情形如下：

> 臣耆英於十月二十一日（11 月 20 日）帶同委員趙長
> 齡、潘仕成等由省登舟，行抵黃埔，適德庇時遣夷目三
> 人，駕火輪船二隻前來迎接，當即乘船前往，於是日駛
> 抵香港。該夷肅列隊伍，迎入館舍。

> 德酋於次日率領夷目多人來見，執禮甚恭。據稱尚
> 有應商各事，或在臣行寓或在伊洋樓，聽候酌定。臣即
> 於是日帶同趙長齡潘仕成前往洋樓，該酋屏去從人，祇
> 留夷郭實拉（吉士笠）一人在側。臣告以本年應交洋銀
> 尾數業已備齊，可定期來取，舟山亦應如期交還，以符
> 成約。該酋復稱銀兩應俟屆期再行請領，舟山必定如約
> 交還。惟英兵在舟山數年，該處人民多與往來，交還之
> 後，乞弗深究。臣等答以該處民人皆天朝赤子，和約內
> 經已載明，凡係中國人與英人往來者，概准免罪，豈有
> 舟山退還之後將該處民人苛待之理？當為出示曉諭，俾
> 共釋然無疑，可以無庸過慮。

> 該酋復稱：還交舟山，最有關係，應派大官前往
> 接收，方為妥協。臣思該夷佔據舟山數年，現當交割接

收，撫綏安緝，自不可稍涉率忽，必須熟悉夷情之員，前往妥為辦理。查現任江蘇常鎮道咸齡，前隨奴才辦理夷務，素為該夷所信服，當向該夷告知，擬派咸齡前往接收舟山如何？該夷酋復稱咸齡既係執人，又係道員，實屬妥當，極為欣喜。

這是耆英與黃恩彤奏報在香港談判情形的前半篇奏稿，還有下半篇云：

（該酋）復稱：舟山一島，應請大皇帝明降諭旨，英國歸還之後，斷不給別國駐守。因詢其何以慮及於此？該酋惟稱：奉硃批以安本國人心等語。當諭以舟山本係中國土地，既經收回，斷無給與他國之理，豈得以憑空懸擬，率登奏牘？況地歸中國，應由中國主持，又豈外國所宜干預？若代為陳奏，必奉大皇帝嚴飭，並恐他國聞知，轉生猜疑，尤為未便。復經趙長齡、潘仕成等再三曉諭，該酋始領悟，不復堅求。……

臣恪遵歷奉諭旨，堅守條約，如約者即為應允，違約者概行駁斥。該酋均一一聽受，並無異言，隨備夷筵，恭敬款待。又據國水陸兵頭等更番邀請，臣亦置酒相答。連日酬酢，該夷等均極歡洽。臣與委員等隨時宣佈皇仁，用言開導，諭以中國既與該國和好，斷無暗相圖謀之意。嗣後惟宜恪遵條約，安分貿易，諸事無庸疑慮。該酋等頗知感激，均於席間舉觴舞蹈，恭祝萬壽，

情形似尚真誠。

　　臣查辦事竣，即於二十六日，帶同委員等仍坐火輪船回署。臣等察看現在夷情，舟山自必如約交還，尚無藉口要挾之意，亦不致另起釁端。惟該夷性本詭譎，恐此後妄有所請。仰蒙訓示周詳，令臣等代為設想，層層臆度，免至臨時又費唇舌。查夷情雖變幻莫測，而每有希冀，未嘗不露其端，必應先事圖維，預防藉口。即如該夷前有先還鼓浪嶼之說，臣等即慮其將來遲交舟山地方，當經卻而不受。迨該夷備文訂明，始允所請。嗣夷兵退出鼓浪嶼之後，又以廈門屋宇湫隘，請留夷商數人在鼓浪嶼租房暫住，臣等恐其潛圖佔據，即按約力爭，不肯稍留罅隙。該酋尚知遵守條約，惟當外示信義，內慎防維，庶可潛消反側。

　　從奏稿上可見，當時德庇時是請他參加餐舞會的，而耆英亦設宴回報，彼此都按外交禮節談判。

　　究竟當時耆英、潘仕成、趙長齡等住在什麼地方，無法考證，但從奏稿中可分別出「臣行寓」與「伊更樓」兩詞，說明他們所住的地方，不是洋樓。

　　相傳當時耆英等所住的地方，是現時文武廟內，持此說者，是根據東華三院開幕典禮時，西教所載開幕時，該廟有一張椅子，是潘仕成所帶來的。這可能是帶來給耆英辦理公案的椅子。

　　根據中西史料有關耆英這次在香港的記述，說他除了官式的飲宴之外，還有很多會外活動。

例如他乘火輪船環遊香港島一周，從中環開始，經西環而到香港仔，然後由鯉魚門經筲箕灣而返中環。據說，他第一次到香港時，香港仍是一個荒島，但兩年之後，卻有了不少建築物，使他非常驚奇。又如德庇時曾邀他策馬，因此臨別時，德庇時送他一匹白馬等等。

英國政府又提出入城條件

當時耆英以為到香港與德庇時談妥交還舟山問題，不料他回到廣州之後，德庇時突然又提出廣州入城問題。原來廣州人一直不肯答應准該英人入城，故耆英非常焦急，他於十二月二十日向道光皇帝奏稱：

> 今年夏間，該酋復有進城之議，旋因向阻中止。臣等即慮其屆交舟山之際，或生枝節。臣耆英是以前赴香港，與之面議。該酋於交還舟山一款，堅稱如約，毫無遲疑，至進城一節，則更端以請，並不牽及舟山一字。今接據來文，乃竟牽合為一，藉以挾制，於屢次成約，均伴為聾瞶，概置不理，實非始料所能及。臣等竊思該夷駐兵舟山，所費不貲，寧波雖已通市，貿易甚屬稀少，似無久行佔據，徒滋糜費之理。惟現既藉端要挾，求進粵東省城，若不允所謂，恐未必即肯退還；而粵省民情浮動，若不俟眾議允洽，驟允夷人入城，又恐易滋事端。臣等日夜籌

思，與同城司道各官，悉心酌議，權利害之輕重，審時勢
之緩急，舟山固應如期收復，而民情未協，亦未便操之過
蹙。似不如稍寬時日，相機辦理……

許諾三年，才准英人入城

後來耆英知道無法壓制百姓堅拒英夷入城的運動，只好向
德庇時說了個大謊，許諾三年之後，一定准他入城，僵局才算打
開。最後，德庇時約了耆英在虎門簽了交還舟山協定。直到 1846
年農曆五月九日，耆英派員到香港，與德庇時約定交還舟山的一
切細節問題，然後在六月十日，才正式收回定海城。

關於收回舟山的經過，浙江巡撫梁寶常的奏稿曾言之甚詳，
特錄於後，以結束本文：

據江蘇常鎮道咸齡，寧紹台道麟柱，六品頂帶鹿
澤長，候補知府陳之驥，署寧波府知府楊鉅源稟：本年
四月十二日接奉欽差大臣耆英札飭，以前在虎門，與德
酋續議五條，業經恭摺馳奏。現接德酋照會，俟奉到硃
批，即飭駐定英官，將舟山繳還，扎飭遵照等因。旋據
駐定英官懇秘力照會，以欽差大臣與德酋所議五條，已
奉奏大皇帝批准，令伊先繳還舟山。其夷兵伺撥到火輪
船，另有札諭撤退等情。該道等亦奉到欽差大臣耆英札
飭，以該酋交還定海城池，其駐定英兵一千五百餘名，

俟派齊火輪船四隻，分批撤退等語。

該道等當於五月十二日，帶同署定海同知王玊顯，前任石浦同知舒恭受業東源。行抵定城，士民耆老人等，夾道歡迎，以重睹中國威儀，共深慶幸。該道等宣佈皇仁，飭令聽候安撫，靡不鼓舞感頌。

該道等進城，與懇秘力接晤，該夷執禮甚恭，即與該道等於十七日，先將城門交還中國看守。……惟查城內駐黑夷共計二百數十名……隨復向懇秘力要約，先撤城內之兵，餘再陸續分撤，以期彼此相安，該夷亦即應允。

現有已到火船輪一隻，先將城內之兵撤退……一面移會署定海鎮標牛營游擊葉炳忠帶領弁兵，馳至定城，於十七日會同署定海同知王玊顯將城門收回，派撥兵弁，分門巡守。該夷復以數年夷人埋葬之墳墓，求為查勘立界，禁民刨掘。其與夷人往來，及在夷館處服役之人，亦求示禁民人，不得藉端強擾。聞德酋有即日來游之信，該道等候其到，即當妥加撫馭，飭令速將夷兵儘數撤退，收回全境。……

英兵最後撤出定海日期，據咸齡奏云：「閏五月十四日德庇時乘坐火輪船與該夷續派兵船三隻，先後馳到，來自懇秘力等同城外夷兵一千餘名，於二十八及六月初一（7 月 23 日）等日，陸續登舟，初五日併開行南去。」

百多年來省港關係發展史話

香港和廣州關係密切。除了因為地理原因之外，也有歷史的原因，政治和經濟的原因，是這些原因，使兩地的政府，不能不忽合忽離，有時聯繫得很好，有時又忽然惡化起來。這原是很辯證地的，主要是對方都有自己的政府，有自己的社會背景，有自己的經濟利益，當利益合乎對方的條件時，便緊密合作，當利益有矛盾時，就會變得不愉快。百多年來香港和廣州關係的歷史，足以說明這一點。

但在漫長的百多年的歷史軌跡上，也說明了雙方密切聯繫，對雙方都有利，同時也說明彼此能互相諒解，就可緊密合作下去。

英國最初在廣州貿易的經過

廣州是英國和中國展開貿易的富有歷史性的商埠。明朝嘉靖年間開始，廣州一直是中國對外貿易的商埠，當時，葡萄牙人來到澳門，葡人從歐洲運來的貨物，雖然先到了澳門，但並非就在澳門貿易，他們是將貨物運往廣州才交易的。英國最初展開對華貿易的時候，是在崇禎八年（1635 年）。是年，英國東印度公司的「倫敦」號來到澳門，要求到廣州去貿易，但為澳門葡人阻撓，澳門葡人只將「倫敦」號的貨物買下，並不把中國的貨物賣給船長，該船只好駛回英國去。

英國人知道受了葡人的欺騙，也知道中國對外貿易的商埠是廣州，因此到了第二年，即 1636 年，由威戎（John Weddell）率領五艘英國船再來中國，這五艘英船於 1637 年 6 月 27 日抵達澳門，這一次威戎不肯再上澳門葡人的當，他向澳門的中國官吏要求到廣州去貿易。但等了個多月仍無消息，於是不顧一切，率領五船，直駛廣州去。

這次英船到廣州展開對華貿易，並未成功，其後 1644 年（明崇禎十七年）又來華貿易，1658 年（明永曆十二年，清順治十五年）再來一次，1664 年（康熙三年）又再來，都未成功。

到了 1685 年（康熙廿四年），清政府大開海禁，確立了粵海關制度，和指定廣州為對外貿易的商埠後，英國對華貿易，便在廣州進行，並准許英國人在澳門居住。自那個時候開始，以迄鴉片戰爭前，廣州一直是中英貿易的商埠。由於葡人十六世紀得澳門之利的啟示，英人很早就計劃在中國取得一處「英國人的澳門」，鴉片戰爭後，他們終於選擇了香港。

香港首次與廣東合作

香港在開埠之初，極需要廣東方面的合作，那個時候，香港只有泥土和石頭，而這些泥土和石頭，極需要人力去開採，因此必須吸引廣東的勞工到來參與建設；建屋用的磚、瓦、木材和工具，都要靠廣東運來。因此，在當時，第一任港督砵典乍，要和廣州合作，當時有些英國人，認為英國是戰勝國，應該自由進入

廣州城，但當時廣州人民仍是堅拒英國人入城的。砵典乍不跟他們一般見識，繼續和當時的兩廣總督耆英修好。原因是：香港需要廣州的合作，把香港建設起來。

第二任港督戴維斯，仍然是執行上任港督的政策，他雖然受到香港的英國商人的壓力，要求入城，但為廣州當局拒絕之後，他也不再提出了。原因是，這時香港已有自己的貨倉，把英國的貨物存起來，不必等候沽出貨物然後回航，使英國的船隻更快速地營運。中國的貨物，也從廣州運來香港，存於貨倉，英船一到，就可以運貨出口。這些營運極需要廣州方面的合作。同時，香港的糧食、日用品，也要靠廣州供應。廣州把全國出口的貨物集中，以帆船運載來港，又把洋貨運返廣州，也得到利益。中國對英國苛索的鴉片戰爭的鉅額賠款，能依期全部支付給英國，完全是將從貿易上獲得的利益支付給英國的。

第三任港督般含爵士，也執行省港修好，緊密合作政策，因此香港更快地建設起來，這是 1841 年至 1853 年間，省港關係的第一階段。

省港關係惡化的原因

第四任港督寶靈於 1854 至 4 月 13 日抵港，他藉著「亞羅號事件」，發動第二次鴉片戰爭，這時候省港之間的關係極端惡化。香港動盪不安。著名的裕盛毒麵包案在那時發生，全港華人採取不合作運動。中英貿易全面停頓，香港蕭條。英國對華戰爭總司

令依利近，雖然佔領廣州，在廣州利用柏貴成立傀儡政權，希望廣州方面繼續和香港緊密聯繫，解決各種困難，無奈人民的反英情緒極高。合作不是武力能夠達到的，相反地，只有增加困難。第二次鴉片戰爭，英國雖然得到很多在華利益，但對香港來說，這些得益已削弱了香港的地位。那時很多投資者都放棄在香港投資，改到上海及其他通商口岸去投資，實際上是把香港的發展，拖慢了步伐。

很多研究香港歷史的學人，以為第二次鴉片戰爭之後，香港又有很多建設，說成是第二次鴉片戰爭促進香港繁榮。他們忽略了假如沒有這一場戰爭，香港的建設更以一日千里的步伐前進。因為，香港是唯一的對華貿易的商港，全世界的資本家，都來香港投資，建設得更加多，更加快。第二次鴉片戰爭之後，歐美各國的商人，都將資金投資到各處租界上，分薄了在港的投資，使香港保持一個長久落後的時期。

最顯著的一點，是從前的香港港督，兼任英國駐華商務總監之職，寶靈發動第二次鴉片戰爭後，他自己的官銜，已經被摘去了全權大使和商務總監的兩大重要職位，從那個時候開始，港督的地位，已經降格為局限於主理香港地方政府的職位。這一點已足夠說明，第二次鴉片戰爭，對香港的發展是不利的。

第二次鴉片戰爭對香港只有一點好處，是幫香港提供更多土地可資利用，這就是取得了九龍半島自尖沙咀至界限街以南的一大片土地。但是這些土地，差不多要到九十年後，當英國人放棄全部在華特權時，才能廣泛使用。

希望得到廣東方面的支持

事實上是，香港獲得更多土地，就更加需要和廣州合作。依利近雖然藉《天津條約》為香港擴大了可供利用的土地，但他也知道省港間的合作極重要，而且需要廣東方面的官民的合作，故此他回港後，立即撤退佔領廣州的軍隊，並且希望對方緊密合作。近人馬沅寫的《九龍割讓史略》，對當時割讓九龍半島的情形，有如下的敍述：

一八六一年一月八日額爾金（港譯依利近〔Earl Elgin〕）南下抵港。時保陵已卸任歸國。新任總督為夏喬士羅便臣（Hercules Robinson）。是月十日在督轅舉行歡迎額伯爵大會。同月十二日額赴廣州。商洽撤銷聯軍共管政府事。結果完滿。當將廣州政權歸還滿清。而駐粵英軍是月廿一日亦全隊撤回。溯自廣州受治於該委員會，至此將及四年矣。十九日星期六（咸豐十年庚申十二月初九日）香港政府正式接收新割九龍地方。是日發號施令，調遣海陸軍警渡海。先事佈置一切。下午三時。額爾金偕總督羅便臣，前廣州英領事巴夏禮（Harry Smith Parkes），署正按察司亞當氏（W. H. Adams），暨文武官員西人紳商等抵埗。當與滿清官員四人會見。略事應酬。即由為首滿清官員一人用黃紙裹土塊一件，遞交巴夏禮，轉呈額爾金。表示以土地讓與之意。然後由額伯爵諭知巴氏朗讀受地宣言。並發表佈告。宣言與佈告

同。禮成。陞旗鳴炮。由九龍昂船洲各礮臺及軍艦鳴炮廿一响，軍隊施放排槍，於是宣告九龍半島永遠割讓於英國，歸併英屬香港管轄。

其佈告及宣言詞云，英國特派駐華欽使伯爵額爾金。為布告事。照得大必列顛國與大清國於一八六〇年十月廿四日在北京簽立條約。由大清國皇帝將廣東省九龍城地方割讓於大必列顛及愛爾蘭國女皇及其嗣君。併入英屬香港管轄。查該處地方原由兩廣總督部堂劉於年前簽訂契約租借與當任駐粵英領事官巴夏禮者。當經本大使代表女皇陛下接收上述九龍地方。劃定疆界。互相遵守。茲特布告公眾咸使聞知。嗣後大清國官員不得在九龍地方行使職權。此地現由英國政府管轄。設官駐守。執行統治。並遂照英廷樞密院制定法規辦理。本大使遵照英廷授命行使職權。用特布告週知。該地現暫附屬於香港。由香港總督兼陸軍總司令海軍副司令夏喬士羅便臣全權統制。設官統理一切大小軍民事務。專候英廷諭旨辦理。凡爾人民。各宜凜遵。此示。一八六一年一月十九日。上主佑我女皇。特簡欽使伯爵額爾金簽押。

這段記述，說明香港的發展，必須廣東方面官民的合作才有前途。文中所述依利近赴廣州撤退佔領軍，以及舉行儀式時，也要廣東方面的官員參加，並且在佈告上要求民眾支持。就是這一表現。

第五位港督喬治‧羅便臣，雖然致力於改善省港間的合作，

但由於戰爭的傷痕猶在，這種合作未能為香港帶來繁榮，終羅便臣任內，香港經濟全面衰退。林友蘭在《香港史話》中，有這樣的描述：

> 香港經濟衰退的原因，主要是由於《天津條約》簽訂後。中英雙方簽訂「通商章程」，規定中國進出口稅率，一律以值百抽五為原則，而上海得長江開放通商之利，一躍成為中國最大的貿易站所致。據香港總商會百年史指出：在一八五六年至一八六六年的十年間，上海貿易後來居上，趕過香港。一八五六年，香港和黃埔的貿易，共值九二七‧六○七鎊，上海的貿易值九九三‧三○四鎊。到了一八六六年，前者的貿易為一、三五一、九五八鎊，後者則為四、二一○、九四七鎊。換言之，在這十年間上海的貿易比香港和黃埔增加了三倍以上。這些貿易三分二屬於棉布和毛呢。對華貿易中心，此時已從香港轉移到上海去，香港的經濟生存又遭新的考驗了。

香港是走私基地

第六任港督麥當奴於 1866 年 3 月來港履新，他在香港經濟衰退的時候上任，設法把香港繁榮起來，因此他和廣州的關係弄得很好，在攪好省港關係之後，他才以公開賭博這一招，作為繁榮香港的手段。

關於麥當奴開賭的情形，讀者可參考拙著《香港賭博史》，此處不再贅述。在他任內，省港之間已有定期的輪船行駛，兩地合作無間，很快就把香港的經濟衰退局面扭轉過來。不過，後來又引起不愉快事件。

原來當時香港經濟復甦得這麼快，證明與開賭無關，故後來麥當奴也放棄開賭，自動收回公開賭博政策。究竟是什麼力量促使香港經濟迅速復興呢？原來是走私活動把香港的經濟暫時繁榮起來。

當時很多英國商人勾結走私分子，把香港作為走私基地，將貨物從香港運經廣東其他地區去，逃避廣州的稅關。這樣一來，廣州關稅收入劇降、廣州方面要求香港方面合作，但沒有圓滿的答覆，於是省港關係又惡化起來。

當時，廣州海關派出大批緝私船隻，在本港海外截查來往的帆船，對於那些載有洋貨和鴉片的船隻，強行要他們繳納關稅，對於那些進入本港水域的帆船，發現船上有中國出口貨物，而又未納稅的，亦強迫納稅，否則便將船扣留。當時大嶼山急水門、佛頭洲一帶，仍屬中國水域範圍。廣州關稅當局，便在急水門的馬灣島及佛頭洲，設立稅關，把那些走私帆船拖到該處去定稅或扣留於附近。現在馬灣島上的中國稅關石碑，就是當時的遺物。

當時香港的英商，形容廣州海關這一保護行動為對香港實行「封鎖」，要求以武力對付。但是，當時的中國海關的總稅務司是英國人，怎可以用武力解決？

這件不愉快事件，只好留給第七任港督堅尼地去應付。堅尼地於 1872 年 4 月來港接任，他是知道英商和華商合夥走私的，

當時最大量的私貨是鴉片。鴉片戰爭把這種毒品強迫中國使之合法化，滿清政府接受了之後，把它作為有稅品，抽進口稅，這已是極不人道的事，想不到販運鴉片來港的英國商人，還要勾結私梟，逃稅潛運入內地。這是無論如何說不過去的。堅尼地企圖不顧本港英商的壓力，解決走私問題，他打算與廣州方面合作，共同緝私，以免海關的緝私船，干擾帆船的運輸，使香港的糧食和日用品價格日漲。但是，他無法擺脫英商和華商的壓力，他就任只年多時間，便返英國去，一直不回香港。

當時大部分英國商人不明白省港間的關係對香港的影響，他們叫囂著要向中國抗議，要向北京施壓力，制止粵海關在香港四周截查帆船。他們上書英國殖民地部，還聯合華商上書，彷彿他們與走私活動無關。這樣的態度，自然無法改善關係，香港當時是非常落後的，比上海的發展，落後了二十年。

到了軒尼詩任港督的時候（1877 年），他認為香港的走私活動，是違反本港法例中的 1866 年第六號《香港海口及海岸條例》的，根據這條法例，凡運出港口的貨物必須報關，運入的貨物亦要報關，但當時的帆船運出的貨物，全部不報關，顯然是違例。他企圖大刀闊斧地推行這一條法例，無奈他不敢執行。因為，那時港府很多官員都參與這一活動。

軒尼詩任內，也無法改善省港間的關係，他離任之後，到第九任港督寶雲爵士於 1883 年來港，寶雲被英國商人說成是一個好大喜功的人，因為他在倫敦時已清楚那些人參與走私活動，他來港之後，首先著手改組立法局，又勸告一些官員退休，他是準備改善省港關係，而解決走私問題的。

但是，1884 年，法國在越南挑起中法戰爭，當時劉永福在越南擊敗了法國軍隊，鼓舞了民心，不料法國軍艦轉而向台灣、福建、潮汕等沿海地區開炮滋擾，激怒了公憤，和廣東局關係攪得不甚偷快的香港，終於爆發了一場罷工風潮。這場工潮是由於碼頭工人、駁艇工人和運輸工人因拒絕替法國輪船工作而引起的，由於港府大力鎮壓，使罷工擴大，港府終於要頒佈「緊急法例」，並實施宵禁來應付。

中法戰爭結束後，英國又和滿清政府簽了《中英緬甸條約》，走私問題，於 1887 年終於解決。

解決的辦法是：香港規定凡進出口的貨物必須報關，其中以鴉片一項特別嚴格，凡鴉片運出口，必須報明存量及轉運往哪一港口，違例即判罰。第二，港方協助粵海關抽稅，凡報關轉口鴉片，港方即將該船號等資料通知粵海關，使能立即到九龍關完稅。第三，所有來往香港及內地的帆船進出口必須向海事處申請，嚴禁走私，這一來，粵海關才撤退所有的緝私船。

當時中國的總稅務司赫德（Sir Robert Hart）早已獲知走私活動的情況，是他運用影響力，經過多年努力的清洗，使很多參與走私活動的官員離職，故能順利執行協議。

有些學者把這為期約二十年的粵海關緝私行動，稱為中國對香港的「貿易冷戰」，這名詞正好說明當時省港間的關係的冷淡。

解決了走私問題後，香港和廣州之間的關係良好，當時的兩廣總督張之洞，與港督德輔常有聯絡，這期間香港的建設一日千里，龐大的中區填海計劃就是在這個時候進行的，香港從這個時候開始，正式成為華洋百貨的轉口港，中國進口的貨物，百分之

五十五經由香港運入內地，中國出口的貨物，香港比所有的通商口岸為多，全國出口貨的百分之三十七，是經香港轉運出口的，可見一個穩定的局勢，對香港有利，而這種穩定的局面，是從省港關係良好表現出來的。

廣州和香港的緊密合作，自 1887 年開始，維持了十幾年，香港的建設，中間雖然經過 1894 年的鼠疫，使香港蕭條，但當時廣州也有鼠疫。其後鼠疫經控制後，香港又漸走向繁榮。1898 年香港擴大了新界的版圖，更加需要大量的華人來港投資，故維持良好的省港關係。

1905 年美國要求中國繼續簽訂《限禁來美華工條約》，這條約是 1894 年簽訂的，以十年為期，即十年內不許華人赴美謀生，到了 1905 年，該約已期滿，美國又擬續約，廣州發起「拒約運動」，香港商民也響應，這次運動，並未影響省港間的關係。當時港督彌敦，保持中立。後來事件平息後，張之洞向香港贖回粵漢鐵路借款合同，1906 年廣九鐵路也興建，這都是兩地關係良好的結果。

1907 年香港和廣州的關係，又因利益上起了一次衝突。這就是「西江捕盜權」問題。當時，西江一帶有幾夥大盜，行劫來往船隻，其中被劫的船隻，是在香港註冊的，香港方面認為廣州當局無力捕盜，竟然派出英船到西江去捕盜，這些英船水兵，不分好歹，凡屬華人船隻都搜查干擾，於是引起公憤，又掀起一場反英運動。

這件不愉快事件，很快就結束。當任港督盧押上任不久，初時不明情況，後來他知道這樣弄得雙方不愉快，對香港無益，於是把軍艦撤回香港，與兩廣總督張人駿研究捕盜問題，和平解決了。

　　由於兩地的關係良好，故這一年，香港籌備辦香港大學，廣州方面各界都響應，紛紛捐款，只兩廣總督張人駿，就捐款二十萬元。

　　民國成立前夕，廣九鐵路通車，民國成立後，廣州經常為軍閥所割據，但不論是哪一個軍閥統治廣州，香港都與廣州保持良好關係。那時的幾任港督，都了解到兩地關係密切，有利於雙方的發展。

　　1922 年港督司徒拔任內，發生了海員大罷工，這場大罷工只延續了五十六天便解決。原因是司徒拔就任之初，與廣州方面維持良好關係，罷工工人全部回到廣州之後，他知道必須與廣州方面聯絡解決工潮，所以很快就把工潮解決。

　　但是，1925 年 6 月發生的省港大罷工，港督司徒拔卻無法解決，因為當時廣州已出現一個新的革命政府，這次工潮，留給下任港督金文泰來解決。

　　金文泰於 1925 年 11 月來港。他的使命就是設法和廣州方面聯絡，解決工潮。他在光緒年間來港在新界田土廳工作，做過理民府官員，當時大埔新娘潭上的新娘橋興建，他還捐款二百元資助，張人駿任兩廣總督時，他任助理輔政司，他和廣州方面的富商們有過交往，被視為解決工潮的最佳人選。他就任之初，就致力於改善和廣州的關係。

　　經過一年多的耐心，省港罷工在 1926 年 10 月 10 日宣佈結束。

　　海員大罷工因迅速解決，對香港的經濟損害不大，省港大罷工持續年餘，損害香港經濟較大，但當兩地政府維持良好關係後，經濟就漸漸復甦。1930 年金文泰離港時，香港經濟已復甦了。

　　陳濟棠在粵主政時代，香港和廣州都得到空前的發展，這期間兩地政府，每年都有官式的拜訪，省港兩地正式有文化交流，廣州的海珠橋和愛羣酒店是在這時候建成的，面對皇后像廣場的滙豐銀行大廈也是這個時候建成的，城門水塘的龐大工程，以及把九龍各水塘的食水運到香港經過的海底輸水系統，也是這個時候建成的。廣州和香港，都得到合作的利益。

　　可惜不久，爆發了蘆溝橋事變，八年抗戰期中，廣州淪陷，香港隨後不久也淪陷，日軍統治了香港和廣州，但日軍也懂得兩地聯繫的重要性。

　　抗戰勝利後，香港重光，廣州也光復，省港兩地又恢復了緊密的聯繫。在 1948 年間，省港每天都有定期班機來往，雙方都致力於修理被戰火摧毀的殘痕。

　　廣州解放後，省港關係陷於停頓狀態，這期間，由於香港執行美國提出的「禁運政策」，省港關係處於對立狀態。香港人的生活水平，仍維持戰後初期的水平，生活是非常艱苦的。

　　直到 1956 年九龍暴動發生後，省港雙方才開始「對話」，這一次暴動是由黑社會分子，利用國民黨的旗幟煽動起來，傷害了香港的經濟。事件的性質表明，省港的長期對抗，對雙方都沒有好處。

　　因此，到了 1960 年，才有東江水供應香港的供水協定的簽訂。自那時開始，省港間加強了聯繫，從前要持有回鄉入境證才能到羅湖去的限制，也在稍後取消，只要持有回港證，就可以返廣州。

　　但可惜，文化大革命的浩劫，又衝擊香港和廣州的關係。1967

年的騷動，使兩地關係惡化，幸而雙方都能忍耐，不久，關係又好轉。

　　試看香港的發展的步伐，就知道省港關係良好，發展就較迅速，關係不愉快，發展就較緩慢。當 1950 年至 1960 年間，發展得是十分緩慢的。1960 年以後到 1967 年前，發展十分迅速，那時因為建築樓宇發展過速，曾發生銀行擠提事件。而 1969 年以後，至 1979 年，這十年間的發展，可以說是一日千里。

一八八〇年代的香港

1980 年代的香港，應該以地下鐵路的全線通車作為標誌，正如 1970 年代的香港，以海底隧道通車作為標誌一樣，顯示香港的進步。至於今後十年（1990 年代），香港將有什麼發展，目前很難預測，至於社會上的發展趨勢，那就更難預測了。不過溫故知新，回顧一下 1880 年代，或許對預測今後十年香港的變化會有些幫助。

1870 年代末期的香港狀況，和 1970 年代末期有很多相似的地方，其中最相似的是地價的飛漲，和炒地皮之風的興盛。到了 1880 年代第二年，炒地皮之風更吹到巔峯上去，有點似目前的情形。

置業收租　八年翻本

1850 年以前的香港，由於中區還未填海，住宅區和商業區都是集中在中環德輔道以南，以及上環到西營盤正街一帶。從開埠到那時為止，新增的土地就只有填平永樂街到上環南北行街口的一段海灘。香港地少人多，四十年來只增闢這些土地，自然不夠。因此引起商人向地皮與樓宇投機。到底當時香港的物業市價是怎樣的呢？我們可以看看東華醫院的嘗產的賬目，就知道當時一座樓宇的一般價錢值多少了。

《東華三院發展史》一書，內有〈三院嘗產之設置及現況〉一

章，敍述 1873 年和 1875 年購置舖位樓宇時的價目，載云：

本院創設於同治九年，（庚午）公元一八七〇年，創院後三年，至同治十二年（癸酉）一八七三年，本院總理，首先倡議購置舖業收租，使院方經費，有所利賴。一八七三年主席招雨田任內，開始購置院產，同年二月，以白銀三千二百四十兩，與區元買受海傍永樂坊四十號舖業乙間（該舖現座落於永樂街，門牌仍為四十號，但該街已非位於海傍），此舖即為本院自資購置之第一間院產。該舖交易後，略加修茸，至三月初二日，以月租三十六兩，租與茂和祥（本院產業第一戶承租人），後至光緒二十七年，（辛丑）一九〇一年，陳紫垣主席任內，以該舖已十分舊爛，應斥資重建，經議決於同年以三千陸百餘元改建成四層木樓一座，以迄於今。光緒元年（乙亥）一八七五年，吳竹修主席任內，以七千四百八十八兩與彭芳圍購入當舖二間，其一坐落文咸東街六十四號，另一間坐落乍畏街九十一號。同年又以四千四百六十四兩，與英國人威林購入鴨巴甸街四號貨倉乙間，及後至光緒十五年（己丑）一八八九年，招雨田翁再任主席時，以鴨巴甸四號佔地頗廣，倘將原有貨倉拆卸，改建新舖，對租項收入方面，當可增加不少，旋於該任內改建成鴨巴甸街二至六號舖四間，及東華里一至六號舖六間，共用去六千二百六十餘兩。東華里舖六間，在第二次世界大戰時拆毀，後於一九四六年

八月，由承租人均益酒家出資建回一、二、四號三間。

以上這些記載，足以說明 1870 年代前期香港的樓價和地價，並說明了當時香港的土地多落在英國商人之手。當時的永樂街稱永樂坊，屬於海旁地帶；位於永樂街的一幢樓宇，只售白銀三千二百四十兩，這幢樓宇的面積約一千呎，月租是三十六兩銀。

應該指出，當時香港的樓宇，是中國舊式的樓宇，只用磚石和木材建成，樓高只兩層，舖內沒有天井，和後來所稱的「唐樓」不同。三十六兩銀的月租，在當時算是普通的租金。

1875 年的樓宇價格，亦和 1873 年差不多，坐落文咸東街和乍畏街的兩間舖位樓宇，以七千四百八十八兩成交，同這兩座樓宇所在的街道接近永樂街，可算出也是值三千多兩一幢。至於同年向英人威林購入的貨倉地皮，從後來可建四幢樓宇，可知應有四千多呎。以四千四百六十四兩成交，每呎也只一兩銀左右而已。

原來自開埠到 1870 年代，香港的地皮多落在西人之手。西人買了這些地皮，或建成洋樓，或蓋搭簡單的上蓋，租與人囤貨。初時的地價很平，後來華人來港謀生日多，買地建屋出租或出售極有化算，擁有地皮的西商，便乘機抬高地價。

從上引東華醫院嘗產的一座永樂街樓宇可以看出購樓收租的利息是相當高的。以三千二百四十兩買一座樓宇，月租三十六兩，一年收租四百三十二兩，假定除去三十二兩作為差餉地稅等開支，至少也有四百兩銀一年收入。那末這幢樓宇是八年便可以翻本。週息率達一分二厘以上。因此到了 1870 年代後期，炒樓和炒地皮之風便興起。

　　當時香港政府對樓宇的建築不似現時的有所限制，對華人樓宇視為傳統的屋宇，故此買地建樓，差不多一千呎地，可建足一千呎的上蓋，不需留出空位以流通空氣。建築費又便宜，難怪商人向地皮和樓宇發展。

炒樓炒地皮　1881 年達最高峯

　　炒樓炒地皮之風，從 1877 年開始大盛。據安德葛（G. B. Endacott）在《東方轉口港》一書描述，從 1877 年到 1880 年，香港主要的稅收以印花稅、物業稅和拍賣官地為最大宗，可以見到炒樓炒地之盛。在 1870 年至 1880 年代第一年，買賣土地樓宇的印花稅，平均每年為十二萬元，物業稅呢，約為十九萬元。從這些數字可見一斑。

　　炒得最勁的是 1881 年。當年物業稅已增至 211,700 元了，買賣物業的印花稅亦增到 167,000 元。港府因為土地有價，亦立即開山取地，及收回若干出租空地拍賣，賣得地價達 203,000 元之數。可見炒風之盛。

　　當時很多西商也參加炒樓炒地，不過他們在 1881 年上半年，已乘地價最高峯時轉賣給華人，華人並不知道危機將至。炒得瘋狂，就像二十世紀今天一樣狂熱，見樓就買，見地就炒。因此華人所買的樓宇和地皮，已經從西營盤一路伸展到中區的心臟地帶，這些心臟地帶從前是西商雲集之地，包括威靈頓街、皇后大道中、雲咸街一帶，並向上伸展到荷李活道東段。

　　當炒風最盛的 1881 年上半年，西人拋出的土地和物業共達一百七十一萬元，全部由華人承購，最大的業主，除怡和洋行之外，就是華人。據說當年每季納地稅達一千元的業主共十八位，其中十七位是華人。可見華人在炒樓炒地到達高峯時，是這個投機市場中的「接棒」者。

　　為什麼西商放棄原日自認為屬於西人地王的中區心臟地帶的物業和地皮呢？原來他們預知這些心臟地帶的地皮，落在華人之手將沒有什麼用處，遲早也要賤價拋售。同時，又知道地價會下跌，所以乘高價拋出。

　　而且西商知道政府將會取締華人屋宇。上文說過，華人屋宇是保持傳統的鄉村屋宇的形式，屋宇內部沒有通天通風設備，一千呎地就建築一千呎的上蓋，樓高兩層，加上當時所用的燃料為柴草，空氣特別污濁。又因政府還沒有建設地下水渠以流通污水，衛生環境極差。當時港府內部已有人主張取締這種樓宇，提議的人是當時的衛生醫官艾理斯（Dr. P. Ayres），但他孤掌難鳴，後來因為華人買了很多西商的地皮，這些地皮不少是接近德忌笠街的軍營附近，於是他告訴駐港英軍司令，說如果華人屋宇接近軍營，英軍的衛生環境大受影響。這位英軍司令便向倫敦報告，要求倫敦陸軍部派員來調查。英國陸軍部的檔案，有早期英軍在港染瘴疾死亡的紀錄，而這些紀錄也註明當初英軍駐紮的地方在西營盤，環境衛生極差，是以染病率和死亡率都很高，後來將軍營移到中區心臟地帶，英軍才健康良好。這時接到報告，認為確有調查必要，便派了一位總軍醫官來港調查。

　　這些內部的活動，華人都不知道，但西商早已明瞭，這也是

西商拋售物業的原因之一。英國總軍醫官的調查報告於 1880 年 9 月 1 日送交陸軍部，報告書譴責當任港督軒尼詩忽視環境衛生，並得出結論，認為「華人絕不適宜與歐西人士為鄰」。但華人多不知道有這一回事。

直到 1881 年英國殖民地部再派人來港調查，這個人就是前任皇家工程師翟域（O. Chadwick），他是個水務專家，在港多年，不少華商認識他，這時才知道政府將要取締華人樓宇，於是爭相拋地，地價、樓價便大跌。尤其在中區心臟地帶的物業，拋風最盛。於是不少物業，又回到西人的手裏。

伍廷芳因炒樓失敗離港

據說 1877 年的樓價地價，到了 1881 年上半年最高峯時，漲價達六倍之高，其後打回原形。華商破產者極多，傳說當年首任華人代表伍廷芳博士，就是在這一次炒樓失敗之後，悄然離開香港，到北方去任李鴻章的幕僚的。

說到伍廷芳，大家都知道他是本港第一份中文報紙《中外新報》的創辦人，也是本港華人任立法局議員的第一人。而他就任立法局議員的時候，又恰恰是 1880 年。

關於伍廷芳於 1880 年任立法局議員的經過及其歷史，馬沅的《香港法例彙編》乙冊內，有如下的敍述：

伍廷芳博士，在前清及民國均有深長之歷史，國人

知之綦詳。無庸贅述。茲段所記。僅限於伍博士未仕滿清政府在港執狀師業之時之事略而已，攷伍博士名才，諱廷芳，號秩庸，廣東新會人氏。少時畢業本港聖保羅學校。（該校創立於 1843 年 6 月，由基督教會創辦者）離校後，嘗受聘於裁判署任通譯員。旋赴英國留學，習法政，入林肯法律學會，考選英國狀師及格。1877 年返港，5 月 18 日向高等法院呈請登記，由當任總檢察官費立浦代請正按察司史美爾批准執業為狀師，稱狀師伍才，為華人考選英國狀師之第一人，亦為華人在本港執業狀師之第一人。且為華人在全英國司法院執行狀師職務之第一人。1880 年 1 月 19 日，本港政府公報發表委任狀師伍才為立法委員會無官守委員，伍博士乃為立法會華人代表之第一人。明年（1881 年）5 月，政府公佈任命狀師伍才署理裁判司之職，於是伍博士又為華人出任英國司法審判官之第一人。迨 1897 年，伍博士受清廷簡命出使美國，任駐美公使兼西班牙、秘魯兩國使節。是年 3 月 5 日，港僑及伍氏親友開盛大歡送會，翌日本港當道暨司法及律師界亦開會歡送，酬酢甚歡。伍博士後嘗任滿清大學士李鴻章之法律顧問。入民國，官至國務總理。生於民國紀元前七十年（1841 年），卒於民國十一年（1922 年）6 月 23 日，春秋八十有一，葬廣州一望崗，而在越秀山建立銅像，民國二十三年雙十節舉行開幕者也。

這一段敍述，沒有敍述伍廷芳創辦《中外新報》，同時將任

李鴻章顧問的事先後倒置。其實他於 1880 年 2 月 19 日被委任為
立法局議員，任期三年，到 1883 年 1 月 21 日才任滿的，但 1882
年，他已經到了天津，把辭職信寄到香港來，他是在未任滿後離
港，因此傳說他的悄然離港，是因為 1881 年炒地皮失敗。

　　事實上 1880 年代的香港，完全是由華人建設起來的。因為
在 1870 年代中期，很多英商和歐西商人，都已轉向上海謀發展，
他們認為上海的地位比香港重要，更容易發財，是以結束在港的
商務，到上海及其他通商口岸去。華商則相反，從廣東、福建、
江蘇、浙江而來的商人日增，他們挾巨資而來，雖然在物業投機
中損失慘重，但仍有不少大官僚繼續湧到香港投資。故香港的稅
收，大部分來自華人。當局不能不正視這一事實，在立法局不能
不增加一位華人議席。同時，為了方便以後遴選華人入立法局議
員起見，開始訂立法例，准許華人歸化英籍。

　　1881 年，立法局通過華人歸化條例。當年第一個華人入英
籍的人名馮明山，其次為黃樹德、施常啟、彭淹、葉謙先、袁文
才，這是第一批獲准入英籍的華人。1882 年，一批華人紳士都申
請入英籍，其中吳履卿、陳廷初、邱中平、陳滿榮，都是當時社
會名流及東華醫院的值理。而 1883 年，黃勝才入英籍。

華人歸化英籍和擴大立法局

　　黃勝入英籍的原因，是因為當任總督寶雲因伍廷芳辭職，立法
局需要一位華人作補充，而當時在港英商，很多都反對華人參與香

港政務，入了英籍，就方便得多，那些反對的人，再沒有什麼藉口了。故此 1883 年，黃勝入了英籍，便選了他去代替伍廷芳的職位。

黃勝是《循環日報》創辦人之一，也是東華醫院創辦人之一，以他的資歷，實無須入英籍也足以擔任立法局議員。但在殖民地政治制度下，只有英籍人士才有資格參與政務。1880 年代奠下這一基礎，為今日立法局增加華人議席而鋪路。

除了廣開了華人歸化英籍的途徑之外，立法局的非官守議員議席的增加，也是在當時開始的。寶雲於 1883 年向英國殖民地部建議改組和擴大立法局，將從前的九席，擴大為十二席，即官守議員七席，非官守議員五席。這五席非官守議員當中，指定其中一席為華人，一席為香港商會的會員，另一席則為非官守太平紳士。同時，在立法局增設工務委員會和法律委員會，以研究香港的公共建設及制訂公共法例。

這些都是 1880 年代影響到本世紀的設施。至於其他的有深遠影響的設施仍是很多的。例如上述取締華人舊式屋宇就是。

當 1881 年翟域的調查報告書發表之後，他指出華人舊式屋宇的衛生環境的確極差，足以引起瘟疫，必須取締。但他認為，如果只取締舊式樓宇，而不從其他方面改善衛生環境也是沒有用的。他主張增建水塘，以改善華人的食水，擴闊街道及增闢地底的下水渠道，並且設立一個組織，經常檢查這些樓宇的衛生情形。

翟域的報告書發表時，軒尼詩剛在英國，後來他返港，不久就任滿返英，故翟域的若干建議，便要由繼位港督寶雲執行。寶雲首先實行增加供水計劃，興建大潭水塘，同時，設立「潔淨局」。這兩項措施，是反擊當時一些滿腦子種族歧視的英國人的

論調，例如那位認為中國人無論如何不適宜與歐西人為鄰的英國軍醫官，這種論調是不從實際出發，忽略了環境衛生是和公共建設分不開的。住著數十人的一層樓宇，只得幾桶水可用，環境衛生自然不會好；下水道又不通暢，污水遍地，自然引來蚊蚋和老鼠。故寶雲一面在立法局設工務委員會，研究公共建設，一面開闢水塘，而另一面則設立「潔淨局」以檢查衛生。

《衛生修正條例》在 1883 年 5 月在立法局通過，宣佈成立「潔淨局」，授權檢查所有民房，對不合衛生的居住環境，有權強制執行消毒工作，並有權強行從屋內移去病人。這法例自然遭到那些大業主所反對，因為矛頭已指向他們建築簡陋的屋宇，只顧收租，不肯改善環境衛生。

上世紀的越南問題也影響香港

但當時通過這條例不久，卻爆發了「中法戰爭」。這場戰爭的起因，是 1883 年中，法國強迫越南簽訂《順化條約》，將越南變成法國的保護國。12 月法軍向中國軍隊進攻，於是挑起中法戰爭。戰爭初期，清兵失利，李鴻章力主向法國低頭妥協，在 1884 年 5 月，於天津與法國大使簽訂了《中法會議簡明條款》，以為讓法國佔了越南便可獲致和平。不知當時的法國，志不在此，認為中國可欺，應可掠奪更多的利益。6 月向諒山清兵再進攻，同時在沿海擴大攻勢，8 月法國艦隊攻台灣，同時在福州馬尾港襲擊清兵水師船，擊沉了九艘。在諒山一戰，劉永福的黑旗更大敗法國軍

隊，重傷法軍敵前統帥尼格里（F. O. de Négrier），鼓舞了人心。

這場戰爭不在香港發生，本來對香港沒有影響，但是香港以華人居民佔大多數，華人都是愛國的，因此當 1884 年 8 月法軍攻擊台灣，襲擊福州時，引起全港華人極大的憤怒！

一場針對法國的風潮在 9 月興起，當時全港華人抗議法國的無理侵略，在海面的艇戶，紛紛拒替法國貨船起卸貨物。法國一家輪船公司要求警方拘控罷工的艇戶，於是更引起憤怒，所有的起落貨工人都實行罷工，掀起一場大風暴。

當時很多商店也罷市，各業工人亦罷工。港府一方面派軍隊在市面巡邏，一面宣佈《維持治安法例》，到處捕人。香港社會受到這一次打擊，要經過兩年多才能恢復元氣。

這是 1880 年代越南問題影響本港的事實，想不到二十世紀的今天，越南問題也影響到香港來，大量越南難民至今仍由香港納稅人維持他們的生活。可見香港雖是彈丸之地，它的安定與繁榮，是和鄰近地區的安定分不開的。

由於 1884 年因中法戰爭而引起一場風暴，寶雲的「潔淨局」的計劃便不宜強制執行。在華人處於憤怒的情緒當中，假若再入屋檢查衛生，強迫病人離開，強制消毒，將會更加令華人情緒激動。是以這計劃拖延了兩年。

寶雲於 1885 年 12 月退休返英，香港有差不多兩年的時間沒有港督署任。這是 1880 年代的一個特點。從 1885 年 12 月，到 1887 年 10 月，署理港督一職，先由輔政司馬沙出任，繼由駐港英軍司令金馬倫出任。這時香港華人的情緒已經平復，故在 1887 年正式成立「潔淨局」，將寶雲的政策付諸實行。

「潔淨局」就是後來的「市政事務處」的前身，亦是「市政局」的雛型。因為當時的「潔淨局」並非完全屬於衛生局的性質，它是由六位市民代表，其中四位是西人，兩位是華人，以及警察司、殖民地醫官、土地總測量官和總登記官（華民政務司）所組成，具有官民共同維持本港環境衛生的性質，並討論和改革本港社會事務。後來就是從這一基礎上，發展成市政事務處和市政局。

德輔於 1887 年 10 月來港就任港督，他開始執行取締華人舊式樓宇計劃。首先，他限制華人再興建新的舊式樓宇。原來，在 1881 年時，買入西人樓宇的華人，雖然有很多已在地產低潮時售回給西人，但亦有不少仍然不肯賤價沽出的，他們仍希望將西式洋樓拆去，改建舊式唐樓出租。德輔一上任就宣佈了一項保護西人住宅的法案，這法案名為《歐人住宅區保留條例》，規定由堅道到威靈頓街的東部地區，只准興建西式樓宇，不能興建舊式的華人樓宇。這一來，買了該區的西人樓宇的業主，便不能拆去洋樓，改建舊式華人樓宇了。

為了說明一下樓宇的實際情形，以免讀者誤解一些現有的印象。現時通稱為唐樓的建築物，並非 1880 年代的唐樓。現時的唐樓，實際上即十九世紀的西式洋樓。這些樓宇有一座騎樓（露台），而屋後則留有一個通天（天階）的空間，作為廚房及尾房開窗之用，這是十九世紀歐式樓宇的一般結構。而那時的唐樓，則是既無騎樓又無通天的。前者因多留空位，實用面積就少了許多，後者因沒有空位，實用面積就多。

德輔一面又提出《收回官地條例》，將人煙稠密的舊式唐樓收回，闢作街道，建下水道，這條法例等於取締舊式唐樓。

　　當時又宣佈樓宇建築條例，規定新建的樓宇，在建築物後部，必須保留三百立方呎的空間，作為流通空氣之用，為保障業主的土地損失，樓宇的高度可增高至三層以上。

山頂纜車通車和置地公司成立

　　因此，那些於早幾年買入西人物業，而又位於威靈頓街東部的華人業主，便根據這一條例，建築中西合璧的樓宇。樓宇的前部，保留露台，後部有通風的空間。這些樓宇，在十多年前仍可見到。

　　只知改善環境衛生，限制樓宇面積，是不能解決居住問題的。故此德輔同時又宣佈中區填海計劃，將中區海旁的德輔道，填到干諾道去。同時，當時堅尼地城的填海已完成，當局大量供應土地，使居民向西遷徙，不再局限於上環和西營盤一帶。

　　一直具有影響香港地產市場實力的置地公司，也是在 1889 年成立的，這間公司由洋商和一位華商李陞組成，集資五百萬元，購買剛填好的必打及德輔道中的地皮，興建大廈。一直以來，該公司都集中在該區發展。到了今天仍是一樣。

　　1880 年代的建設，在交通方面，以山頂纜車的通車為代表。山頂纜車於 1888 年 5 月 2 日正式通車。這條登山纜車建成，使西人的住宅區向山頂伸展，減低了他們阻止華人地產商向原住於雲咸街、堅道等地發展的壓力，故對以後的發展，具有一定的影響力。

　　在文化方面的建設，代表性的是西醫學堂的開辦。西醫學堂於 1887 年開課，它是香港大學的前身。

一八五六年香港的「十月」

前言

　　香港掌故以歷史上 10 月份所發生的事件為題材的，就筆者所存的資料中，發現第二次鴉片戰爭（即亞羅號事件）恰巧發端於 1856 年 10 月 8 日。這次戰爭的結果，在香港方面導致九龍半島的「先租後割」，而香港的幾條著名的街道，後來以曾參與這次戰爭的幾個英國主要人物命名：如寶靈道的寶靈，他是當時的香港總督，又兼英國駐華公使。依利近街的依利近，他是這次戰爭的英國全權代表，是戰爭後期的直接指揮者。西摩道的西摩，是當時的海軍司令，是他率領英國船隊橫衝直撞的。因此筆者就以此為題材，寫成這篇〈一八五六年香港的「十月」〉。

亞羅號事件的真相

　　1855 年，香港政府頒佈第四號法例，名為《本港船舶註冊條例》，該例第六條有如下的條文：

　　本殖民地的中國居民，可申請並取得殖民地船隻執照。只要作為船隻所有者，而申請人或人們，是本殖民地皇家土地的註冊租戶，並有兩個租戶的保證人，而彼

等在本殖民地擁有二千元財產者，經審核屬實，即可領取合法船舶執照。

當時有隻綠殼型（LORCHA）貨船亞羅號，就是根據上述條例，於 1855 年 9 月 27 日，在香港註冊。執照有效期一年。船東是一位洋行買辦方亞明。他僱用英人譚馬士‧肯尼迪（Thomas Kennedy）為船主，其餘水手是中國人。這隻亞羅號貨船，經常航行於香港、澳門、廣州及汕頭海域。名目是運貨船，實際上是和海盜勾結，專門幹接贓的勾當。

當亞羅號貨船於 1856 年 10 月 8 日上午 8 時到 8 時半左右，停泊在廣州海珠炮台附近的碼頭時，廣州水師千總梁國定率領官兵四十餘人登船捕匪，從船上十四名中國水手中捕去十二人，因為有人舉報這是賊船，並認出其中十二個是海盜。當時船長肯尼迪在岸上看見，馬上向英國駐廣州領事巴夏禮報告，巴夏禮立即向中國官員提出無理交涉，說：亞羅號是英國船，他認為中國官員在英國船上捉人，是對英國侮辱；他向兼任英駐華公使的港督寶靈報告，寶靈態度同樣橫蠻。於是將事件擴大，釀成了第二次鴉片戰爭。

10 月 22 日，海軍司令西摩奉寶靈之命從香港率領英國艦隊向廣州進攻，23 日抵達珠江，24 日炮轟廣州，廣州人民奮起抵抗。這場戰爭便由此而爆發，一打就打了四年，到 1860 年，英國政府強迫滿清政府簽了不平等的《北京條約》和《天津條約》，以及將九龍半島南部先租後割為止。

號召同胞離港禁運糧食

當英艦炮轟廣州的時候，香港方面的中國同胞，十分憤怒，認為太豈有此理，亞羅號雖是在香港註冊的船隻，但船東方亞明是中國人，捉的又是中國水手，不應借端開戰，轟我省城，殺我同胞！因此紛紛離港回鄉，以抵制香港。同時，愛國知識分子在香港街頭，貼大字報，號召同胞離港，不運糧食蔬菜前來。據蔣孟引著《第二次鴉片戰爭》第 64 頁引《中外新報》的資料載云：

> 對於英國侵略者，不僅廣州軍民進行了英勇的抗戰，香港及其鄰近地區的中國人民也進行了頑強的鬥爭。斷絕貿易的標貼，到處皆是。據當時報載：鄰近香港的地方，有告白禁止中國人往香港去，或賣任何食物給外國人。如膽敢違反，當將其船焚毀，其人格殺勿論。還有告白，令在香港為外國人傭工的，即速回鄉，否則焚其屋，罪其親屬。

由此可見，當時香港已掀起了鬥爭的風潮。香港的西人，大為恐慌，他們召開「香港公民大會」，主張用高壓手段對付香港同胞。但當任總督寶靈，認為這樣，足以激起民變，因為，他知道西摩的英國艦隊，在廣州並未打勝仗。英軍正遭到頑強的抵抗。前方不利，後方仍需要懷柔分化。關於當時寶靈反對採取強硬政策的事，馬沅的《香港法例彙編》第一卷乙冊第 13 頁也有說明：

港督寶靈不敢清查華人戶口

　　初，總督葉名琛下令有殺一敵者賞三十金，及戰啟，增至百金，盡焚英商十三行，復招致華人離境歸國。……

　　本港西人，當時風聲鶴唳，草木皆兵。嘗以籌備防衛起見，於一八五六年十月十六日召集公民大會，一致通過，擬舉行清查華人戶口，惟總督保陵不予接納。並發表其意見，謂留居港地之安分華人，在商言商，不涉政治，不特毫無仇外心理，且多出任維持治安。若竟挨戶清查，徒滋紛擾。既足以灰華人之心，勢恐發生惡感。此清查戶口之不能行一也。香港商務漸見繁榮，其在華人勢力經濟之下者尤鉅，一旦施行戶口清查，誠恐不加驅逐而亦去之，則影響於本港商務者甚大，此清查戶口之不能行者又一也。此議遂不果行。

　　當時西人公民大會主張清查戶口，意思是大捕可疑華人，認為這樣可以打擊香港同胞的抵制浪潮，不知如果真的清查戶口，無形中把未離港的同胞也趕跑了。港督寶靈不答應的原因在此。

　　後來，他知道廣州的英軍不能佔領廣州，廣州城那麼大，幾千英兵走進去，在人民戰爭的汪洋大海中掙扎，他們被殺的被殺，被捉的被捉，英兵只得龜縮在戰艦上。西摩後來回港，向英國請救兵，但當時印度爆發戰爭，英兵無法增援，戰爭就陷於膠著狀態。

戰場又失利，香港方面又風聲鶴唳，寶靈為了爭取香港的華商，爭取一些游離分子，以免香港繼續蕭條，特地用中文刊印一本《丙辰粵軍公牘要略》的小冊子派發，企圖製造輿論，把戰爭責任推在當時的兩廣總督葉名琛身上，勸華人不可離開香港，繼續安分維持業務。

派人收買撫華道及警務處長人頭

1857 年的《英國國會文書》存有很多這次戰爭時期有關香港九龍的史料，其第 2 輯第 43 卷 2223 號，有一封名為〈陳芝廷給陳桂籍的信〉，信的內容很有趣。例如描寫當時香港的情形：「看來英夷非常小心，夜間定時打炮以維持士氣。汽船及其他船隻，大小不一，共二十艘，日夜巡邏不絕。每一家洋行，都有夷兵守街，一到薄暮，即準備大炮以為防衛。警察以十八人為一隊，出巡各街道，巡至認為危險地帶，即集合更多的人數，先行放槍，才敢前進。」從這份史料中，又知道當時陳桂籍曾以五萬元和六品官職，收買當時香港兩位高官的人頭。其中一個是當時香港的「撫華道」（相當於今日的民政司的職位）高和爾（Caldwell），另一個是當時的警務處長威廉堅（Caine）。霜崖編著的《香江舊事》一書亦載其事：

當時有一位新安縣的舉人陳芝廷，和他的哥哥曾任戶部主事的陳桂籍，都是負責當時新安縣抗英工作的當

地士紳。陳桂籍曾通過香港附近的一個崗哨之手，送了一封密函給香港的一個中國地保和看管英人房屋的中國人，向他們購取高和爾和威廉堅兩人的人頭，代價是五萬銀元和六品的官職。陳桂籍在這封信上向這人說：

「你們一定得到夷人的信任，我想你們一定能進入鬼子的房屋而不會引起他們注意。倘若你們在他們沒有防備的時候，出其不意突然下手，成功是確定的。無論如何，你們必須趕早行動，切莫延遲。如需船協助，請通知我。」

投機商人張亞霖與毒麵包案

由此可見，當時香港的市面，確是風聲鶴唳。而不久，又發生了一件毒麵包案。這件案曾轟動國際，因為被毒害的有四百個西人，其中包括港督寶靈的太太在內，是香港歷史上著名的奇案之一。

當時香港已有很多華人離港，其中與滿清官吏有關係的商人，亦都結束所業回鄉，香港市面經常貼有告白，警告那些仍然售賣糧食給英人的商人；如果仍不知悔改，便將他們鄉間的祖屋燒毀，捉他的親人。因此，如肯冒險在港投機的，便不愁沒有英人幫襯。有一位名叫張亞霖的商人，就是這一類投機分子，他開了一間「裕盛辦館」在大馬路，平時專辦洋船糧食，這時因為大多數商人歇業，他便大做生意，不但包辦了船上伙食，連全港英

國人的伙食，也由他包辦，因此生意滔滔。

張亞霖曾被當時香港同胞警告過多次，他在廣州的一間店子已被燒毀，但他仍然繼續供應糧食，於是在 1857 年 1 月 15 日，爆發了驚人的毒麵包案。

這天早上，裕盛辦館的麵包工場，將供應四百多個英國人的麵包及糧食送到各個訂戶家中。稍後，這些英國人吃了麵包之後，全部中毒，嘔吐大作，立即報警，送院救治。經化驗後，發現所有當天送出的麵包，全部有強烈的砒霜在內。由於砒霜下得太多，所以吃了毒麵包的人，因而嘔吐，把砒霜毒也嘔了出來，反而不死。四百多個英國人入院之後，並無一人斃命。

這件案發生後，香港警方立即拉人封舖，把製造麵包的工人五十一名全部拘捕。至於張亞霖，發現當天早上，和他的父親、妻子、子女一起全部乘早船去了澳門。

當時港督寶靈的太太也中毒，他認為這是張亞霖受了威迫下此毒手，於是下令派戰艦到澳門去追那隻港澳輪船皇后號回來，以便拘捕張亞霖。

誰知張亞霖並非舉家逃走，他是送父親及妻子兒女去澳門；而且在船上，他的女親、兒子和妻子都吃了他帶下船去的毒麵包。當時他的親人在船上也嘔吐大作，他已知道麵包有毒，也心知肚明，知道是當時的戰鬥分子不知用什麼方法在麵粉上下了毒，因此他要求皇后號的船主，立即駛回香港。

由於張亞霖的父親和兒子妻子都吃了毒麵包，證明他並不知情。那五十一名麵包工人，其中八個被控故意放毒，但張亞霖都說他們是好伙記，他自己因為要包辦英人伙食，已被中國政府

通輯，八個伙記也是不能回鄉的人。對於這一類效忠於英人的分子，如果判以罪名成立，在當時的環境，是對香港十分不利的。因為亞羅戰爭仍在進行中。

當時負責為張亞霖辯護的律師是必烈啫士（W. T. Bridges，今上環必列啫士街即以其名命名），他從法理上力替張亞霖辯護，而檢察官為了緩和吃了毒麵包的憤怒的英國人的情緒，不能不大聲疾呼，説毒案已經是事實，有關人等就是兇手，本寧枉毋縱的宗旨，應判他們有罪。

終於，宣判張亞霖等人無罪釋放。但是，為了緩和中過毒的英國人的情緒，港督寶靈簽發遞解出境令，著張亞霖自由離境。他當時既是被滿清政府通輯的人，如果遞解回原籍香山縣，等於判他死刑，是以讓他自由離境。他當時就乘船去了越南的西貢。而必列啫士稍後升了官，任為輔政司了。

劫走省港港澳輪船及豬仔船暴動

恩格斯曾寫了一篇〈波斯與中國〉的論文，評論毒麵包案及 1856 年 10 月以後在香港所發生的事。譯文排在人民出版社出版的《馬克思恩格斯論殖民主義》第 121 頁內。該文的註釋部分，譯述當年香港發生過的幾件重大事件，是一般寫香港歷史的學者所忽略的，茲錄於後，作為本文的結尾：

（125 頁註 2）恩格斯這裏是指中國游擊戰士襲擊「第

蘇」（Thistle）號及「皇后」（Queen）號等輪船事件。
1856 年 12 月 30 日中國人民反帝戰士約 17 人，喬裝搭
客，登上來往香港廣州之間的英輪「第蘇」號，船抵虎
門附近，突起而襲殺船上英國士兵及船長等 11 人，奪取
船隻，駛至附近焚毀。又於 1857 年 2 月 23 日，以同樣
的方式襲取了來往香港澳門之間的滿載鴉片的英輪「皇
后」號，在船上發生戰鬥時，擊殺歐人數名，奪取船隻
駛至佛山附近的赤霞村。（筆者按：「皇后」號港澳輪船，
就是當日毒麵包案張亞霖所乘的輪船，這兩件事件，都
是戰士們在香港喬裝搭客下船的。）

（註 4）在這期間，被脅迫誘騙到外國去的中國苦
工，在販賣奴隸的船上奮起反抗的英勇事件經常發生。
當時香港新聞紙《歐陸中華之友》就曾這樣刊載過：「苦
力恐怖事件正在經常地、每週刺激我們，本報請大家特
別注意本期刊登的『古尼亞』號船長的一封來信，注意
『古尼亞』號苦力暴動的史實，最長秘魯船『卡蠻』號又
給暴動船隻名單上增添了一個船名。」（見 1857 年 3 月
30 日該報）。

關於「古尼亞」號事件，本是發生在汕頭的，但當時香港販
運華工往外國去的「豬仔館」很多，「古尼亞」號豬仔船是香港派
往汕頭去販運華工的。至於其他在香港開行的「豬仔船」亦經常暴
動，他們暴動不成功時，便鑿穿船底，與船上的「豬仔頭」俱亡，
所以當時香港的西報，對此極為重視。

香
港
早
期
三
合
會
活
動
史
話

前言

　　1950 年，筆者在石塘咀一茶樓內，由友人介紹認識當時一位三合會領袖，他綽號「肥仔潤」。當時他並不很胖，年紀已六十多歲，相信這個綽號是他年輕時的綽號。筆者請教他，希望他講述一些有關香港早期三合會的事跡，他非常願意合作，但有一條件，是不能在他有生之年發表。筆者答應後，於是一連十多天，天天會面，從他口中，知道不少有關香港早期三合會活動的故事。

　　又在 1954 年，筆者在澳門認識一位避居澳門的「白紙扇」，又從他口中獲悉很多有關三合會的資料，雖然只是口述資料，但卻很有趣和極有研究價值。其中有很多與「肥仔潤」所說的吻合，足見他們所知道的，都是有所本的。

　　這兩位先生已去世多年，最近整理舊書和筆記冊，把三十多年前記下來的口述資料，重溫一次，並把近兩年研究所得，綜合起來，寫成這篇掌故，希望能夠幫助有意研究香港三合會歷史的朋友參考。

三合會起源的傳說

　　有關三合會的起源，除口述歷史外，並有幾本書籍敍述，差

不多都是説，三合會是個反清復明的秘密組織，有「前五祖」和「後五祖」等歷史人物。這些人物，都是創造三合會的忠烈之士，他們創會的經歷如下：

福建少林寺和尚，在康熙年間，助康熙平定西魯王之亂，各僧回寺修道，只有一位俗家弟子鄭君達留任總兵之職。鄭君達的妻子和妹妹鄭玉蓮仍在少林寺學武。誰知有位俗家弟子馬福儀，排行第七，圖姦鄭玉蓮，被寺僧發覺，驅逐下山。這位馬福儀便向福建巡撫告密，説少林寺和尚密謀造反，於是演出一幕火燒少林寺的故事來。

當時逃出少林寺的和尚，僅得五人，他們都作俗家打扮，並回復俗家姓名。他們的姓名是蔡德忠、方大洪、馬超興、胡德帝、李式開。這五位就是「前五祖」。他們逃出少林寺後，來到沙灣口，折桂樹的樹枝作香發誓曰：「天之長、地之久，縱歷千萬年，誓報此仇！」這個故事，成了三合會隱語和入會儀式的來源之一。

三合會入會時，有「插桂枝」一儀式。這儀式由「前五祖」折桂樹的樹枝而來。因此現時三合會隱語，稱拜神的神香為「桂枝」，由此引申。連香港也叫「桂枝港」。由於叛徒馬福儀排行第七，三合會也諱言七。把七字用吉祥的「吉」代表七數，故三合會又稱「天地會」。

這五位還俗僧人，其後吸收另五位同情者入夥，這五人名吳天成、方惠成、張敬之、楊仕佑、林大江，就是三合會的「後五祖」。

後來這十位來到湖北，遇到一位大學士陳近南，原來陳近南招賢納士，密謀反清復明，於是這前後「五祖」，就在陳近南家中

住下。陳近南介紹一位名叫朱洪竹的少年與他們相見。原來這位
朱洪竹，是崇禎帝之孫，是太子李妃所生。據說這位朱洪竹儀表
非凡，方口朱唇、雙耳垂肩、手長達膝，眾人認為有帝王之象，
又是明室血嗣，一致擁他為盟主。

　　有一天，他們在河邊發現一個白石香爐，爐底有「反清復明」
四字，還有「五十二斤十三兩」幾個細字，陳近南説：五十二斤，
即五湖和南京北京二京，十三兩，即十三行省也，這是吉兆，於
是擇定七月二十五日丑時，在紅花亭召集志士結拜，由陳近南主
香，訂立規矩，以先來者為兄，後來者為弟。眾兄弟均由紅花亭
所出，大家都姓洪。七月二十五日丑時是各人誕生之期，然後領
導各人發誓，斬雞頭，燒黃煙。

　　結盟之後，就起義進攻。聲勢浩大，稱為洪軍，佔了幾座
城池，追隨加盟的人凡數萬眾。不知這時，已被滿清混入兩個奸
細，一名田堅、一名符理，兩人武藝高強，初時表現極好，於是
由田堅統領第七軍，符理統領第四軍，他們軍權在握後，與清兵
裏應外合，在木楊城一役中，洪軍全軍盡墨，所有主帥軍師均被
殺死，只有天佑洪一人率領少數弟兄逃出，再潛伏伺機舉義。

　　據説自從天佑洪之後，三合會的入會儀式就更加嚴格，入會
儀式中，設一「木楊城」，城上插五色旗，這「木陽城」用一個木
斗來代表，斗上插的五色旗一是代表被殺的先烈，同時發誓也發
得極其恐怖，儀式也像祭鬼祭神一般。有所謂三十六誓、七十二
款、十禁、十刑等等。

　　上述這些有關三合會起源和發展的故事，照筆者認為，不外
是將現行的入會儀式和隱語所代表的事物，使之成為有歷史根據

的一種編造。所謂前五祖、後五祖，即使真有其人也是化名，至於助康熙平西魯王之亂的少林寺和尚，更加是沒有歷史根據的。

廣東三合會起於 1801 年

查《廣州府志》和《東莞縣志》，廣東三合會起於嘉慶六年（1801 年），首領名陳禮南，相信所謂陳近南，當是陳禮南。所謂在康熙年間陳近南在紅花亭結盟，相信是陳禮南在嘉慶六年被殺後，餘黨把歷史改寫成上面許多曲折故事。

《東莞縣志》（陳伯陶編，下同）卷三十三〈前事略〉載嘉慶六年三合會首領陳禮南的事跡云：

> 是年緝獲東莞天地會為首奸人陳禮南，實之法。先是福建奸人陳禮南潛至邑中，煽誘無賴，斂財結拜，號天地會。藉勢詐勒，橫行城鄉，弱戶小姓，多被脅從，人心惕惕。大吏密札委員查緝，獲陳禮南及為首數人正法，餘黨流徒有差。邑賴以寧。

陳禮南伏誅之後，三合會並未解體，有一位陳爛屐四，率眾在惠州、博羅、東莞、香山、新安、龍門等縣作亂，那是嘉慶七年（1802 年）的事，《廣州府志》（史澄編，下同）和《東莞縣志》均有記載，如《廣州府志》卷八十一〈前事略七・嘉慶七年九月條〉，載云：

　　九月陳爛屐四竄匿羅浮山，尋又竄匿增城流杯崗，被官兵搜獲伏誅。惠州會匪，亂延及廣州香山四大兩都，隆都、古鎮所在皆有，而黃梁都尤甚。巡撫瑚圖禮欲夷之，知縣許乃來設法擒其魁，黨遂散。是役也，新會兵乘機肆掠，指民為盜，守備曹某者，虐尤甚，許乃來鞫得實，盡釋之。是年博羅羊矢坑賊陳爛屐四謀亂，其黨甚眾，蔓延龍門、河源、長甯等縣。龍門知縣師保元諭各鄉紳士獲盜即斬，無庸解送。命長子先甲，家人范二，從千總某往鼇溪大陂等處堵禦。時賊黨潘亞穩、鮎品黃、塞鼻老將六等千餘，潛踞蓼溪之石塘，受爛屐四密約，中秋夜犯縣城。監生李珍先期探聞之，即與族人步坑會六約壯丁輪守各隘，詣縣請兵勘捕，八月十二日兵尚未至，珍等見事急，親率壯丁趕石塘焚剿，俘斬過半，謀主黃某亦被擒，餘黨遂散。陳爛諭四之亂，路溪一帶皆戒嚴，紳士沈日躋等督率鄉民擒賊黨。羅猛、韓福旋會同營弁曾明貴赴鄧屋坑，破賊巢穴。

兩廣總督覺羅吉慶因三合會而自殺

　　看了上面的一段引文，就知道當時三合會在廣東活動情形，也見到官兵藉圍捕三合會而乘機濫殺鄉人，又乘機掠劫平民財物，這些消息傳到北京，有人對嘉慶皇帝說，兩廣總督覺羅吉慶有濫捕濫殺之嫌，嘉慶皇帝派大臣那彥成到廣東密查，並將覺羅

吉慶革去大學士銜，連御賜的雙眼花翎也拔去，吉慶因而自殺死。《東莞縣志》卷三十三第 11 頁載之：

　　按《東華全錄》陳爛屐四，其父為陳士莊，係捐納按察司照磨，家道饒裕。蓋天地會首惡，有心倡亂者。天地會亦作添弟會，當時會匪徧布廣惠間，故吉慶於八月二十二日奏稱：絮獲首夥，地方寧謐。二十九日又奏稱：東莞、增城、龍門等處均有匪徒繼復添入河源、歸善、石龍三處。至陳爛屐四伏誅後，十月二十一日又奏稱博羅匪徒曾思六，勾結永安匪曾清浩、官粵壨等數千人。上疑其濫殺激變，派那彥成赴粵東密查，並將吉慶革去協辦大學士，拔去雙眼花翎，解兩廣總督任。吉慶聞之，遂自戕。嗣經那彥成查奏，謂非濫殺激變，乃不復追論其事。令吉慶家屬扶柩回旗。

以上是三合會在香港開埠前的活動情形，他們的活動範圍，也接近本港地區，《東莞縣志》記載他們在本地區活動情形：

　　陳爛屐四擾東莞之土瓜鐵岡，鄉人擊去之。先是陳爛屐四蠢動，總督吉慶聞變，調兵未集，邑令朱振瀚諭悉土瓜為東江往省咽喉地，立即帶兵扼守，並勸諭附近鄉民各選壯丁相助，未幾，賊至，土瓜鐵岡等十餘鄉合力奮擊，賊敗走。既復垂涎石龍鎮，密布奸細為內應，已而謀洩不果。自是不敢復犯邑境，人咸頌朱邑侯之功云。

陳爛屐四領導的三合會平定之後，只隔幾年，到嘉慶十二年
（1807年），又有三合會在香山縣、南海縣、新安縣活動。《廣州
府志》卷八十一引《香山縣志》云：

> 九月奉大府檄緝拏南海荔支園會匪。初，荔支園
> 賊譚四、葉高傑、李乃文等結三合會，分東、西、中三
> 路，令其黨勒各鴨埠基圍掛號銀，視所出貨為等。差紙
> 票蓋圖章。儼若符信。西路則順德之高讚，桂洲馬甯是
> 也，以葉高傑為首。東路、中路邑之橫門、蕉門、大黃
> 圃、潭洲、黃角。順德之容奇及番禺、新安等處是也。
> 以李乃文、羅成才為首，至是捕之。

由此可見，有關香港三合會起源的傳說，都是沒有歷史文
件為證的，而可考證有關三合會在廣東活動的史料，則有上述各
種。其中嘉慶十二年的文獻，更加指出三合會分東路、中路和西
路，指出他們在新安縣、番禺縣、順德縣、南海縣、香山縣的各
鴨埠勒收保護費，向各沙田圍口索取掛號銀，完全是一個爭取經
濟利益的團體，與反清復明的政治活動無關。

上述這些史料，並沒有提及三合會的入會儀式，以及會員的
名稱、職位、隱語，可見初期的三合會，入會儀式是很簡單的。
由於多次的活動被清兵剿平，後來入會儀式加強了。到本港開埠
後，縣志和府志才記載三合會入會儀式。《東莞縣志》卷三十四，
記道光二十三年（1843年）廣州三合會的活動情形云：

廣州三合會匪再起。初起時，撰妖書，造隱語。傳教者曰亞媽，引見者曰舅父，又曰先生，曰升上。主文字者曰白紙扇，奔走者曰草鞋，各頭目曰紅棍。拜會曰登壇演戲，入會曰出世。每拜會，亞媽裹紅幘服，白衣。設五色旗，上書「彪壽合和同」字，分布五方。從某方來者，隸某旗。設三重門，每門二人持刀作八字形，拜會者匍匐入，自稱曰仔，赤身披髮跪伏拜斗，念三十六咒，割指血盟，受隱語、三角符。符內寫「參天宏化」，四字，髮辮繫兩線，辮結一圈，頭目曰天牌，圈正額。司事曰地牌，圈腦後。先入會者曰人牌，圈左耳。後入會者，曰人和牌，圈右耳。俱身披短襖，綵帶藍襪，銳屐、露刃。彼此相遇問姓，各以洪對，或稱三八二十一，便知是會中人。不肯入教者曰皇仔，冒其教者曰野仔，曰瘋仔。每入會科銀一，銅錢三百六十，曰祝壽錢。不識其隱語暗號者即被掠。三合會即天地會之變相，嘉慶間有之，至道光初漸盛。十六年邑人黎攀鏐，官給諫，曾疏請查辦，不能絕也。至是遂熾。始拜會在香山，旋蔓延廣州。東莞諸鄉多有之。咸豐甲寅之變，即肇於此。

這一段記載，把三合會的發展，已略為提及，並指出「甲寅之變」和三合會有關，所謂「甲寅之變」，就是指洪秀全在金田村起義。換句話說，三合會有反清復明的口號，是在鴉片戰爭之後才出現。不過，這段記載並無人名，查《廣州府志》記載得特別

詳細，有名有姓。載於卷八十一道光二十三年條下：

　　　　三合會再起，始事者石甘金秀，踞老巢嘯聚至於劫掠。拒捕者，則隆都高明遠、周配琚也。初起時，撰妖書造隱語，傳教者曰亞媽，引見者曰舅父，又曰先生，曰升上。主文字者曰白紙扇，奔走者曰草鞋，各頭目曰紅棍。拜會曰登壇演戲，入會曰出世。每拜會，亞媽裹紅幘服白衣，設五色旗，上書「彪壽合和同」字，分布五方，從某方來者隸某旗。設三重門，每門二人持刀作八字形。拜會者匍匐入，自稱曰仔。赤身披髮，跪伏拜斗，念三十六咒，割指血盟。受隱語、三角符，符內寫「參天宏化」四字。髮辮繫兩線，辮結一圈，頭目曰天牌，圈正額。司事曰地牌，圈腦後。先入會者曰人牌，圈左耳。後入會者曰人和牌，圈右耳。俱身披短襖，綵帶藍襪，銳屐露刃。彼此相遇問姓，各以洪對。或稱三八二十一。便知是會中人。不肯入教者曰皇仔，冒其教者曰野仔，曰瘋仔。每入會科洋銀一，銅錢三百六十，曰祝壽錢，不識其隱語暗號者，即被掠。甘秀之黨，崖口譚仁階，半沙許藹佐，南蕑程建，新會梁雄、譚紅等。於山門葫蘆地，上柵、太保廟及官塘、北山、澳門、潭仔、灣仔等處先後拜會。劫黃泥塘、大逕山。秋七月，汪洪戴香來自新會，主於高明遠家。明遠，故綠林魁首。周配琚，尤險狠，頗通文墨，傳之。翼設偽文武都督、將軍、元帥、軍師名號。在卓旗山舉

事。蔓延於三角塘、中心村、庫涌、鰲溪朗、九曲林一
帶。附城之愚頑者靡然從之,泥墊沙岡尤甚。兵役亦多
入其會。

值得注意的是,「兵役亦多入其會」,以及在澳門、潭仔等
處先後拜會。就是說,當時三合會已發展到澳門和澳門對岸的灣
仔、潭仔等地,自然也發展到香港來。

道光二十七年,即 1847 年,清兵在香山縣和廣州一帶,圍
攻三合會,捕獲很多三合會首領,他們供出香港有三合會堂口共
二十六個,兩廣總督琦善曾開列一張名單,交由廣州總領事移送
港督戴維斯,這張堂口名單,現保存於英國劍橋大學圖書館內。
羅香林先生曾引用這份文件,作為〈西營盤與張保仔禍亂之平定〉
一文的「增註四」,現將各單引錄於後:

> 訊過盜犯郭亞萬等供:匪徒在香港太平山一帶地
> 方開設各堂名單開列:聯義堂係未獲之盲頭開設。悦來
> 堂係現獲之陳光頭開設。天義堂係現獲之李孔懷開設。
> 建心堂係被挐之葉亞仇開設。保勝堂係未獲之許亞福開
> 設。知心堂係未獲之許亞喜開設,洪興堂係未獲之麥亞
> 得開設,忠義堂係未獲之方亞馨開設。四成堂係未獲之
> 不知姓跛手志開設。洪勝堂係未獲之趙亞受開設。合義
> 堂係未獲之方海開開設。信義堂係未獲之不知姓大頭連
> 開設。利勝堂係未獲之尹亞澤開設。長義堂係未獲之李
> 亞受開設。達來堂係未獲之鄭康台開設。賽心堂係未獲

之鄭景大開設。萬來堂係未獲不知姓亞幅開設。合友堂
係未獲之梁阿女開設。德合堂係未獲之譚聯開開設。馨
心堂係未獲之史阿女開設。聯心堂係未獲之陳矮仔幅開
設，洪順堂係未獲之陳亞澤即陳君仔開設。忠義堂係未
獲之陳千八斤開設。萬勝堂係未獲之陳豆皮日開設。忠
臣堂係未獲之陳亞五開設。浩心堂係未獲之黃亞超開設。

我們從上面地方志有關三合會的史料中可以看到，除陳禮南
和陳近南一名相近之外，其餘各時期三合會首領的名字，都和傳
說中「前五祖」和「後五祖」人名沒有相似的地方。這便有兩個
可能，第一，陳禮南於嘉慶六年，即 1801 年被捕時，同時被捕的
人當中有「前後五祖」的人名，因志書沒有記載而失傳。第二，
是可能那些「前後五祖」人名都是死難者的化名，用以表示紀念
這一批創辦人。

道光年間已有不少堂口

自 1801 年起，三合會不斷擴大他們的組織，到道光廿七年（1847 年）已在港澳活動，並在香港建立了二十六個堂口之多。

這二十六個堂口其實都是小堂口。當時香港人口只不過兩萬餘人，相信每個堂口一百人不到，像這樣多的堂口，而組織又不大，自然很容易被警方撲滅，或聯絡若干三合會以撲滅其他三合會，這是本港初期治安當局慣用的手法，於是，香港的三合會，便由二十六個逐漸合併和分化。有些三合會的組織擴大起來，有些則因站不住而到別處地區去發展。到太平天國起義時，很多三合會回國參加太平軍，使太平軍的聲勢更加浩大。

太平天國失敗後，很多三合會首領或會員為了逃避清兵的追殺，不得不逃往海外，他們寧願賣豬仔「過埠」。他們到了美洲和南洋，就成為該處的洪門，在各外洋地區發展。

清末民初香港三合會

歪咀皇帝盲忠與和合圖

約在 1884 年間，本港開始形成若干較大型的三合會組織，其中一個三合會，名叫「和合圖」。這個組織是由很多個小組織結合而成的，故稱為「和合圖」，意思是和平聯合大展鴻圖。能夠聯合

幾個小組織而成一大組織,當然要有一位有號召力的人物才能成功。這個人物,綽號「盲忠」,又稱「歪咀皇帝」。

「歪咀皇帝」並非真正歪咀的,「歪咀」是「和合圖」的代號。三合會人物對自己所隸屬的組織,都習慣用代號來稱呼,通常是用會名的頭一個字加以隱語化。因此本港市民長久以來對三合會會員,通稱之為「字頭友」。字頭就是三合會組織名稱頭一個字之謂,這種習慣至今未改。「和合圖」頭一個字是「和」字,「和」字的口在旁邊,故名「歪咀」。「歪咀皇帝」這綽號,是當時三合會會員賜給他的綽號,意思是指他在「和合圖」的地位,有如九五之尊一樣。經他的「金口」承諾了,下面的會員絕對遵從,可見他受擁護的程度。

「盲忠」是他初期的綽號,他並非雙目失明,而是雙目常常合成一線,像盲了眼一樣,是以名之為「盲忠」。他是一位傳奇人物。他姓賴名忠,是東莞人士,母親是一位跌打醫生,武藝高強。盲忠自幼練武,擅使一對「倀雞腳」。在南方武術源流中,「東莞倀雞腳」是很有名的。

盲忠拔萃學生

他自幼就在香港受教育,在拔萃書院讀書,讀書的名字叫賴文星。至於他怎樣加入三合會,並無詳細說明,只說他自幼即在東莞入會,屬於哪一個堂口,已無可考。

由於他的母親是跌打醫生,他也常常幫助母親替人醫跌打,

到來光顧的人，很多是本港各三合會的會員。由於他們常常為爭
地盤而打架，受傷之後必須找醫生，這是他和本港各三合會人物
接觸之始。

中法越戰引起碼頭罷工

1884年（光緒十年）10月，本港駁艇拒絕和一艘法國貨船接
駁貨物。原來，當時正是中法越南戰爭之時，本港市民痛恨法國
無理侵略。當駁艇載著起落貨工人到停泊於港內浮筒的法國貨船
船邊時，艇戶和貨運工人看見是艘法國船，便齊聲高呼：「打倒法
國鬼！唔同佢卸貨！」法國貨船的船主，立即發出緊急求救訊號，
向海事處及水警求救。於是大批水警船隻駛來，將艇戶及貨運工
人拘捕。

當時被捕的艇戶及工人並無搞亂，盲忠認為拘捕他們是不合
法的，由於很多被捕者的家屬都是醫館的熟客，他們知道盲忠識
講英語，便紛紛託他到水警處和海事處查詢。盲忠便去查詢，警
方告訴他被捕各人觸犯1879年第九號《商船條例》，這條條例十
分古怪，其中有一條款大意是說：凡未有工作而拒絕運卸貨物即
屬違法。盲忠告訴當值的警官，這樣拘捕他們，等於製造混亂。
他們既未搞亂又無犯法，而且警方亦無法證明他們是未有其他工
作做的。但是警方不理，盲忠只好出來，當時聚在門外打聽消息
的，有很多起落貨工人，他們問明情由，盲忠將經過情形說出，
並說：「你地一盤沙咁散，今日佢地被捕，明日話唔定有人慌死執

輸，擒擒青又去同法國佬起卸貨物了！」那些工人被他一激，紛紛説：「明日開工的是衰仔！」

於是次日，激起了全港大罷工。當時香港並無什麼工廠，所謂全市大罷工，只是運輸工人和碼頭工人罷工。這樣一來，使得本港貨運全面停頓，香港政府不得不派軍隊鎮壓，警察出動到各「咕喱館」去強迫工人搬運貨物，雖然各人被強迫到碼頭，卻都有氣無力，平時每人可托兩包米的，此時兩人才抬一包米，但也勝於完全停頓；但對於法國貨船的貨物，仍是不肯起卸。這次罷工由 10 月 3 日起至 10 月 9 日止。

「老歪十二皇叔」

必須説明的是，本港開埠之初，並無工會組織。三合會成為初期團結工人的幫會，是以很多出賣勞力的工人，為了維持工作，必須加入幫會，加入了幫會，則這一幫獲得一個工作地盤，就全幫都有工作。就以碼頭工人來説，也分成很多個幫會，幫會擁有會員多，便有能力承包各種工作，則全幫都有工作，這是開埠初期有很多小幫會的原因。自中法越南戰爭引起人罷工後，這些小幫會領袖發覺力量不足。很多小幫會由於激於義憤而罷工，後來卻由警方聯絡另一批幫會到他們的地盆去工作，連原有的地盤也喪失，因此產生聯合小幫會組成大幫會的念頭。

當時有十二位小幫會首領，他們都各有綽號，姓名則不詳。這十二人的人名如下：(1) 馬騮王、(2) 方萬仔、(3) 痘皮梅、(4)

大眼勝、（5）尖不甩、（6）叻仔、（7）袁陀陀、（8）先生多、（9）矮仔周、（10）扁撻撻、（11）駝背華、（12）崩牙才。由這十二位小幫會首領，推舉盲忠為首領，組成了一個大幫會，取名為「和合圖」。

孫中山曾與「和合圖」聯絡

中法越南戰爭結束後，以前因各小幫會的碼頭工人和起落貨工人失去的地盆，迅速就由「和合圖」出面收回。這中間自然有不少是通過武力的爭奪，亦有通過由盲忠出面談判而恢復的。這樣一來，「老歪」的名字就更加響了。

「老歪」的勢力範圍擴大，是隨著香港的經濟發展而擴大，原因是貨運多了，各江船渡增加了，他們擁有大批人力，便可以承包各碼頭的人力貨運工作。由於地盤多了，也可以吸收更多的人入會。有些新興行業開業，例如戲院，戲院經營者為了防止無票入場的人，自然要找有勢力的幫會中人負責守門和在戲院內維持秩序。於是入會的人便可介紹到這些新興行業去工作。自然，還有包娼庇賭等不法的勾當。

這十二位組成「和合圖」的小領袖，後來被稱為「老歪十二皇叔」。到清末時，孫中山先生在港展開革命活動時，也和他們聯絡。據說，黃花崗七十二烈士中，有很多都是本港三合會會員。當時香港三合會除「和合圖」之外，還有幾個大組織，合稱「五大公司」。其中有「全」字頭，代號「尖頂」，因「全」字上面的

「人」字尖如屋頂而得名。有「東」字頭，代號「高腳」，這是因「東」這像一個高腳木而得名。有「聯」字頭，代號「單耳」，這是取「聯」字左邊一個「耳」字而命名。有「同」字頭，代號「冇下扒」，因「同」字下面不密像一個沒有下顎的人而命名。連同「和」字頭，合稱五大公司。

香港華人社團的發展史
——三易其名的香港中華總商會

香港中華總商會是本港華人團體中最具歷史性的團體，也是代表全港華人的團體。它是有限公司，但卻不用有限公司的名字，它名為商會，但也有個人會員，並非只限於商店或商業團體才能參加為會員。因此它的意見，可代表全港大多數華人的意見，屬於華人團體中的領袖團體。

從同鄉會到「南北行公所」

香港中華總商會最初是用「中華會館」的名字成立的，其後稱為「華商公局」，後來又改為「香港華商總會」，最後才正名為「香港中華總商會」，即是現在所用的名字，這個名字，包括了它的幾個歷史時期的名字在內，「中華會館」中的「中華」，「華商公局」中的「華商」，「華商總會」的「總會」等名字都包括在內。差不多每個字都有它的歷史、研究它的歷史和發展過程，亦足以了解香港華人為了爭取自己的權益而組織起來的經過。

香港開埠後不久，已有華人團體的組織，但這些團體，多由同鄉或同一行業所組成的小團體。這些團體多以某某堂或某行公所的名義組成。主要的工作，在於聯絡感情，及為同業工友辦些紅白二事。到了同治八年（1868年），最大的公所「南北行公所」成立，才算有一較大的華人團體存在。但「南北行公所」只限於

南北行同事參加，其他行業的商號或工人依然是各自有各的公所和堂口。因此，若遇到政府的施政對華人有重大影響時，就缺乏一個領導的組織，代表全體華人發表反對意見以及進行交涉。

例如 1867 年港督麥當奴實行開賭時，華人表示反對，但那時沒有一個代表華人團體的組織，無法表示反對意見，只好用聯名蓋章的方法上書反對。由熱心公益之士，帶著呈文，逐家商店去請求東主蓋章其上。這種做法，既麻煩又需要很長的時日才能完成，極不方便。但是，在沒有總其成的團體組成之前，只好如此。所以反對開賭雖起於開賭之初，卻要到四年之後才禁賭。

反映華人意願　組織中華會館

到了 1894 年，香港發生鼠疫，當時港府實施了很多影響華人的政策，例如禁止染病的人離港，發現染病者即強迫送去醫院隔離，對病死者的遺體不發還殯葬等等。華人曾表示反對，但沒有代表性的團體表示意見，只有東華醫院的總理代表出頭，但他們只是華人醫院的代表，不能代表全港華人，故未為當局重視。這一來，反而令到市民誤會東華醫院的總理不去力爭，一位總理因此被人擲石攻擊。

自香港開埠至 1894 年，經過多次類似的事件後，本港商人和有見識的華人，無不認為有組織一個具代表性的團體之必要，因此提議組織「中華會館」。發起組織「中華會館」的人，有寶隆金山莊的古輝山，聚昌號疋頭綢緞莊的黃堯卿，和中華銀號的馮華

川等幾十位知名人士。「中華會館」的組織，多少是受美國華僑所影響的。

原來當時早年到美國去當「契約勞工」的華僑，這時多已回國，能夠回來的華僑，多少都有些收穫，他們在美國，也組織了「中華會館」，回到香港，看見香港商人和華人仍是一盤散沙，極感訝異。古輝山是做金山莊生意的，金山莊的生意除貨運貿易外，另一業務是接駁僑匯，因此認識很多歸國華僑。華僑極贊成在香港組織「中華會館」，並且答應捐款建築會館的館址。古輝山和一羣志同道合的商家，便進行興建「中華會館」的館址，把全港華商組織起來。

當時港府已開發堅道至般含道的一大片山地，該處的地價較廉，因此便在般含道購地建築會址。該會址落成之時，特別邀請當時九龍方面的中國官員參加主禮。當時還未訂《展拓香港界址專條》，九龍界限街以北仍屬中國所管，這大片土地的地方官，是駐在九龍城內的九龍協副將，當時任這個官職的是陳崑山。

番禺才子潘飛聲，當時任《華字日報》主筆，他也被邀請觀禮。事後他寫了一篇〈中華會館落成記〉，刊登於《華字日報》上。後來這篇文章輯在《說劍堂傳》中。他把當時會館開幕的情形寫得極詳細。現將全文錄出，供讀者參考。

中華會館落成記
潘飛聲撰

　　港中華商薈萃，貿易繁盛，向未設有會館。光緒二十一年乙未十二月始落成，初三日奠土。是日，紳商諸君，衣冠齊集，恭詣關聖帝君神座前行禮。九龍協陳崑山副戎，命駕渡海而至，同人即延副戎主祭。

　　華堂既敞，酒醴備陳，樂三奏，為迎神曲三獻禮，皆有肅穆之容，神之格斯如在。其上下陪祭諸君，以次拜階下，趨蹌左右，恭敬以將。曲譜送神，繼之團拜，諸君安和愉悅，揖讓從容，一堂之內，其氣雍雍焉。至夜，張筵宴以樂之，歌頌辭以祝之，酒壺畢傾，酬酢悉洽。是日之會，為極盛矣。

　　館址據山之崇阜，構堂三楹，紆迴以上，其地爽塏，距遠市廛。九龍諸峯，列於堂下；海澄若鏡，晃耀南榮；具山海之奇觀，洵巨靈之鴻寶。來遊者莫不嘖嘖羨之曰：是地鍾靈蔚秀，形勝佳哉！余維會館之設，所以聯鄉誼而通商情也。港中商務日興，吾華旅其地者亦日見其眾，整頓商務，國家之關係重焉。然非設館以聯絡之，必有勢分懸殊，扞格相窒者。今諸君鼎力以成此舉，其維持商務，即有裨於國家也。春秋子產對韓起曰：先君與商人世有盟誓。詩曰：維桑與梓，必恭敬止。余觀是會之禮客，而知諸君之成全商務大矣。因樂為之記。

1896 年 1 月中華會館開幕

照潘飛聲這篇〈中華會館落成記〉所述，「中華會館」落成於光緒二十一年歲次乙未十二月初三日。查光緒二十一年，應為公元 1895 年，但是，那年的陽曆大除夕，是乙未年的陰曆十一月十六日，十一月十七日已是 1896 年的元旦。因此中華會館的開幕日期，應為公元 1896 年 1 月 17 日。

這間會館的地址，十年前尚在，那就是學海書樓的那座建築物。現在學海書樓的圖書，已送給大會堂圖書館，原址已經拆建，變成新式的建築物了。

香港的商業中心在中環和上環一帶，作為華人商業團體的中華會館卻在半山區，顯然是不實際的。但是始創人亦有他們初衷：一則是希望立即組成一個團體，使之成一機構；二則是限於當時建會址的經費，只能買地價較廉的地來建築。只要會館建成，組織完備，其他的問題，可以慢慢地解決。

中華會館當時究竟有多少公所和商號參加，現在已無可考，照潘飛聲所記，當時開幕拜關帝時，倒也熱鬧，而且還作團拜，事後又設宴聚餐。相信參加為會員的各行公所及商號，為數亦不少。

到了光緒二十六年庚子（1900 年），馮華川、陳賡虞、何澤銘、何隸五、羅少鎧、盧冠康等人，提議將中華會館，擴大為「香港華商公局」，將會址出售，得款在中環另購會址。這提議自然極受歡迎。因為會址在般含道上面，委實來往不便，有很多團體或商號，是因為會址遠離商業中心區而遲遲不肯加入。把會址設在商業中心區，必然有更多華商參加。當時德輔道中剛有兩座

新樓出售，那是三十號至三十二號，售價是四萬四千元。便買了下來。另加萬元裝修和傢俬雜物經費。不足之數，由四百餘名會員，鼎力捐助。

當時公推馮華川任主席，他是銀業界鉅子，又是地產商，他在「華商公局」主席任內，為華商所辦的第一件大事，是反對政府徵收「額外水費」。

本港的自來水供應，自 1890 年開始，在差餉徵收時，加百分之二，作為支付水費。因此當時樓宇業主，如肯付出裝水喉費用，即可將自來水引入屋內使用，如不肯裝水喉，則可在街喉擔水入屋使用。當時是沒有水錶作為計算水費之用的。交了差餉，即已交了水費。

到了 1900 年前後，水務專家翟域認為這種收水費的方法不實際，因為入屋的水喉水費定了額，居民就會浪費食水，在屋內安裝水錶，給予一規定的免費額，超過此用水額之後，就照收水費，這種收費制度，正是現時本港實行的收水費辦法，本來是合理的。

但在 1900 年時，情況和現在不同，當時由於已實行水費在差餉內支付，業主出租樓宇時，並無訂明水費由住客付的，如今一旦實施收「額外水費」，將來一定引起業主和住客的糾紛。同時，當時樓宇的居住環境極為複雜，一層樓住上幾夥人家，他們一向不必交水費，新例要裝水錶，超過限額即要交水費，如果不交水費，就截斷水喉不供水，萬一有一兩夥人不交「額外水費」，包租人豈不要代付水費，若不代付，則截斷水喉。因此易起爭端。當時已有「華商公局」設立，華人業主便在華商公局內召開會議，

向政府提出反對意見。

「華商公局」獲港府批准成立時，其英文名字為 Chinese Commercial Union，已被認可為代表全港華商的團體。港府收到「華商公局」的意見書，亦不如以往視之為「少數華人」的意見，因而進行認真的研究，並予以答覆。當時全港華人已認識到組織起來的重要性。

「華商公局」在官方心目中，已承認它是代表大多數華人的團體。在華人方面，亦認為它是領導華人的團體。因此當時華人業主與承租人，曾多次在公局內集會，討論政府回覆的意見，以及再向政府提出新意見。

當時港府認為，新建樓宇的業主，多願意安裝水錶，反對安裝水錶的，全部是中環、上環和西營盤一帶的舊式樓宇的業主和住客。但政府的供水系統只有一套，不能有些裝水錶、有些不裝水錶，除非另外敷設一組供水系統，只供水給不裝水錶的樓宇。不裝水錶，便不須收「額外水費」了。但這一組供水系統的建設費用，政府不能負擔，如果各位肯負擔建設這一組的供水系統，問題就解決了。

就供水系統費用據理力爭

關於當年「華商公局」成立後經辦這件重大事件的過程，《香港建築業百年史》內，有如下的記載：

當年（一九○二）十一月十四日，本港華商公局（即今天的中華總商會前身），為商討食水問題召開會議，即席通過：建議當局敷設旁喉，所有華人樓宇，一律由旁喉供水。關於敷設旁喉的費用，可由業主繳納特種稅應支；所有旁喉區域內的樓宇，須繳養喉費百分之○‧二五（即差餉每百元佔二毫半）。

當年（一九○二）十一月十五日，英理藩院接獲香港華人團體的呈文，而當任港督卜力附帶亦有報告書，指出安裝旁喉費用，全部由華人業主負擔。後來，英理藩院將該呈文發交水務問題專家翟域氏詳查具報，翟氏經過兩月時間研究，於一九○三年二月十九日呈覆英理藩院，申述旁喉制度，原由他個人建議，是當時針對改善供水辦法而提出的，但安裝旁喉時，應注意下列兩點：（一）如遇鬧水荒時，可由水務局體察情勢，規定時間，輪流供水。（二）各區樓宇得由業主出頭申請安裝水錶，負擔過額水費。翟氏又指出：採取旁喉制度，有三個優點：第一、可避免限制供水的繁難；第二、對防止用戶浪費食水較易收效；第三、可促使業主、住客自動請求安裝水錶，用戶如欲不斷的保持正常供水，儘可安裝水錶，仍舊由大喉接駁。英理藩院對翟域氏意見詳加考慮，於一九○三年三月十一日電覆港督，批准在本港樓宇內安裝旁喉。

一九○三年水務修正則例既經通過，水務局實行在華人樓宇內安裝旁喉，安裝費用，由旁喉區域內的業

主平均負擔；區內有些樓宇，縱使不願安裝旁喉，對所攤派的安裝費仍須負擔。另有一些樓宇，將大喉改駁旁喉，業主同樣要負擔安裝費用。至於哪一處樓宇應安裝旁喉，安裝費用佔多少，由水務局體察實情而決定。當年凡在旁喉區域內的樓宇，如欲接駁大喉，由大喉供水的，須先獲得港督批准；如樓宇在域多利亞城以外，或九龍、新界各地，可由旁喉供水。安裝旁喉工程，由一九〇四年開始，至一九〇六年完成，喉長共達廿八里有多，安裝旁喉的樓宇，共有七千二百九十一幢，全部費用廿一萬二千八百零二元一毫三仙，由華人業主負擔。

引文中所說的「旁喉」，就是專為不裝水錶的樓宇而裝設的水喉，這種水喉就是另一種供水系統。因它安裝在地底中正式供水系統的水管之旁，故名「旁喉」。從這段引文可見有了「華商公局」之後，進行交涉和表示意見，確比以前方便而又有用。

辛亥革命成功之後，全中國都要求革除古老的思想，產生一種新思潮，對於一切舊的東西，都要求改革。那時國內外的中國人，都把辮子剪掉。這條拖在腦袋上的辮子，是陳舊而腐化的代表，剪掉它，表示換了一副新思想的頭腦。那時人名也改新，連商店名字也要新的，「華商公局」的名字，顯得不合潮流，因此 1913 年，當任主席劉鑄伯，建議將「公局」改為「香港華商總會」。

劉鑄伯的意見，認為民國成立後，本港各邑商會紛紛成立，這些同鄉商人組織的團體，都不用「公所」或「公局」這種古老的名稱，而用「商會」名義。假如仍用「華商公局」之名，便顯

不出它的領導性。事實上，各邑商會都加入本會，故本會實際上是一個總商會性質的團體，他請求正名為「香港華商總會」。當時獲何澤銘、陳賡虞、李葆葵、葉蘭泉等人和議，在會員大會時獲得通過。並定 11 月 22 日為「香港華商總會」正式成立日期。

在「華商公局」期內，只有百餘個會員，自改名為「華商總會」後，各行和各邑商會紛紛加入，會員立即增至千餘。

當「香港華商總會」於 1913 年 11 月 22 日成立時，該會已從德輔道中，遷至干諾道中六十四號和六十五號新址辦公，因這兩座新建樓宇比德輔道中的面積為大，可容納更多的會員開會。

1919 年，華商總會和《中外新報》合作，創辦《華商總會報》。初時，鉛字和印刷機，都是用《中外新報》原有的，到 1923 年，該會在會務會議中，認為鉛字和印刷機太舊，不能追上潮流。因此集資一萬五千元，自買機器和鉛字，自行出版，不和《中外新報》合作。

《華商總會報》的特點，在於經濟行情。這份報紙經過由商會經營，對於各種貨物的市價及洋貨的價格，都容易得到第一手資料。其次是船期，亦多數準確。但由於它還於重視一個「商」字，其他方面就顯得比不上其他各報。是以到了 1925 年初，覺得虧蝕太大，便將全副機器和鉛字，讓給《華僑日報》。《華商總會報》便不再出版了。

停辦了《華商總會報》之後，會址上就有很多空餘的地方可用，當時李右泉任主席，他提議利用這些地方，設一座圖書館，開放給市民及會員來讀書。但可惜，1925 年 6 月，就爆發省港大罷工，設圖書館的事，只好擱下。在省港大罷工期間，華商總會

曾向港府提出很多寶貴意見，也曾派代表奔走於省港之間，為解決罷工而努力。

省港罷工結束後，香港的商業活動漸次恢復，設立圖書館的意見再提出。當時，馮平山先生負起設立圖書館的責任，他是一位藏書家，又是熱心創辦圖書館的人，出錢出力，圖書館在他的大力支持下，於 1928 年 12 月開幕。這是本港社團，有一具規模的圖書館之始。

1936 年，商務印書館出版《萬有文庫》。馮平山先生兩位哲嗣秉芬、秉華，也送出全套《萬有文庫》，使華商總會的圖書館更為充實。那時香港藏中文書籍的圖書館極少，公開給市民閱讀的，除學海書社之外，便是馮平山圖書館，但這兩座圖書館不在市區，交通不便，商會的圖書館因位於市區，故成為最熱鬧的圖書館。

很可惜，這座圖書館的圖書，在 1941 年 12 月 25 日之後，即在日軍黑暗統治時期，已被人偷的偷，搶的搶，而蕩然無存了。

「華商總會」對香港文化貢獻很多，除上述創辦報紙，設立圖書館之外，另有兩件事值得一談。第一，是出版《年鑑》，第二，是出版月刊。

香港中文年鑑，以「華商總會」所編訂的為嚆矢。在該會的《華商年鑑》未出版之前，香港出版史上，未有中文的年鑑。《華商年鑑》於 1933 年出版，每年出版一冊。內容有一年來香港經濟概況、物價的波動、商業概況等。自然也有該會一年來的會務概況和會員名稱等內容。

推廣文藝　獨樹一幟

《華商月刊》於 1934 年創刊。這本月刊值得一談的地方，在於它每期刊登一篇新文藝作品。1934 年的香港，新文藝創作如鳳毛麟角。那時廣州方面，正在掀起復古運動，如廣州學校將《孝經》列入必讀的課本。香港有很多中文學校，也追隨廣州的復古風，也讀《孝經》。《華商月刊》卻能獨樹一幟，提倡新文藝，是相當難得的。

直到 1934 年，「華商總會」仍然未註冊為有限公司，在賬目方面，仍然用舊式的記賬法，這已經又跟不上時代的潮流。因此到 1935 年，主席黃廣田在會員大會上，建議應註冊為有限公司。但很多會員認為，如果中文名稱之下，加上「有限公司」四字，似乎容易使華人誤會商會是一商業機構，因此希望當局准許免寫「有限公司」中文於會名之下。在申請註冊時，果然批准，得在會名之下免加上「有限公司」的中文字。但英文名稱，已改為 The Chinese Chamber of Commerce。

日治時期　會務停滯

日治時期，商業幾陷於停頓，大多數會員都離港到內地去。會務幾陷於停頓。直到 1945 年 8 月，香港重光，商業復興，大部分商人紛紛復員，於是會務又振作起來。

1948 年 3 月召開戰後首次會員大會，會中高卓雄先生提出意

見，認為商會的組織，是 1913 年定下來的，又跟不上新的潮流。原來，當時商會仍用「值理制」，「值理」是民國初年的名稱。現時，全國的社團組織，都已用理事和監事制度，因此商會也應該跟大潮流，改為理監事制度。要改用理監事制度，便要修改會章。高氏的意見，獲得全體通過，接著投票選舉理事和監事，高氏獲選為首任理事長。

1950 年 1 月，由於戰後有更多的商業團體相繼成立，在該次會員大會中，有人建議會名的英文名字之上，應加上 General 一字，才顯出總商會的實際地位，於是通過，把英文會名改為 The Chinese General Chamber of Commerce，呈請港府備案。

但是，英文名字改了，中文會名，也應該同時配合。故到了 1952 年 9 月，在會員大會中，通過把中文會名的「香港華商總會」，改正為「香港中華總商會」便和英文會名相符合。在這次會員大會中，並通過修改會章，由理監事制度，改為更適合時代的會董制度。這次改選，高卓雄先生被公選為首任會長。

現時干諾道中的「中總大廈」，是在 1950 年開始興建，並於 1955 年 5 月 25 日，由當任港督葛量洪爵士主持開幕禮的。這座十一層高的大廈，當時全部建築費和內部裝修費用，達港幣二百三十餘萬元。

香港「江相派」所藏的各種秘笈

首先應當說明，「江相」和「土相」中的「相」字應讀「想」音。什麼叫「土相」呢？「土相」就是自設館口的那一派人物。例如租一層樓，自設相館，或算命館，或在樓宇內設一神位，作道館、齋堂之類，甚至在街頭設檔、擺地攤的相士和占卦先生，都叫「土相」。至於「江相」，則一定要有一座「古乘」作基地，才能稱為「江相」。「古乘」中的「乘」字，讀「醒」音，「古乘」即是廟宇，廟宇內的司祝，即俗稱的廟祝公，則稱「古乘公」。

「江相派」以廟宇為基地，如同和尚以寺院為基地，尼姑以尼庵為基地，道士以道觀為基地一樣。因此凡屬「江相」，都可在江湖上行走，他們去到一處，就可入廟留宿，各地廟宇的「江相」，都有義務招待他們食住。這種情形，如同和尚可到寺院去掛單一樣。因此，「江相」雖是沒有組織的，看來似乎又有組織，因為他們可以雲遊四海，三江五湖都可以去，而且不愁沒有地方居停。

人們只知有僧、道、尼，而不知有相，事實上中國的宗教人物，除僧人、尼姑、道士之外，另有「江相」，只因研究中國宗教的學者，甚少深入民間去實地考察，不知道有「相」這種人物。或由於看見廟宇中的「江相」也穿道袍替人喃嘸，便把廟裏的「江相」當作道士，列入道教一類。其實廟宇是另一種體系的宗教，既不屬佛，又不屬道，是佛教、道教和當地風俗相結合的一種宗

教活動，從事這種宗教活動事業的人，就是「相」。

　　中國從事宗教活動的人物，應分為僧、道、尼、相。為什麼廟宇的主持人稱為相呢？因為他是廟中的宰相之故。廟中的菩薩是皇帝，他是皇帝的宰相。更重要的是，歷史上很多皇帝，都只知享樂，一切朝政，多由宰相把持。廟中的菩薩正像那些只識享受的皇帝，而廟裏的一切，都由這位「宰相」把持。但是，這位「宰相」也經常要向「皇帝」叩頭。其情形和歷史上權傾天下的宰相，在接見時，也要向皇帝叩頭和三呼萬歲一樣。

　　關於「相」的形成及其歷史，筆者正在搜集資料，將來當另為文詳細說明。根據現存手頭所有的資料，可以略略說明一下。「江相派」的形成，最遲也應該在明朝中葉，可能會更早一些，並非在清朝時才形成。因為，明朝很多史料，都有談到「活祠」的事跡，所謂「活祠」，就是既非佛教，又非道教的廟宇。同時，明朝大江南北已有齊天大聖廟、五通神廟、包公廟、岳王廟等廟宇；在廣東，則有洪聖廟、天后廟、金花廟等廟宇，這些廟宇都有主持人。而最有力的證據，是各廟宇都有神籤。各種廟宇的神籤，都有一定的組織方法。這是廟宇主持者形成一種體制的明證。

香港「江相」秘笈 ——《英耀賦》

　　香港在開埠之前，已有很多廟宇，其中有些廟宇坐落人口較多的地方，廟中的「江相」可以謀生，便把「江相」的秘笈留存下來，及到開埠之後，人口大增，其他廟宇，也有外來的「江相」

在廟內謀生。故香港可以說是保留「江相」內部授徒的秘笈最多的地方。這些秘笈，相信國內已經沒有人保存。台灣可能仍有保存，但台灣的廟宇仍保持從前的制度，廟中的「江相」，不會將秘笈向外公開。只有在香港，由於廟宇的經營制度改變，那幾位老「江相」被迫退休，加上遇到筆者這樣多年相處的老友，才會將全部秘笈送給筆者，他們希望筆者在他們去世之後，才可將全部秘笈公諸於世。前年，是一位姓馮的「江相」最後去世之時，故筆者可以將香港的「江相」的秘笈全部公開發表。

申寶先生所公開的《英耀篇》，全文只得五百行字，而且內有缺文。這《英耀篇》，是「土相」的口授筆錄本，而不是「江相」的秘本。香港的「江相」秘笈，不叫《英耀篇》，而叫《英耀賦》，因它是用駢文寫成，屬於賦一類的文章。《英耀賦》全文如下：

入門先觀來意，出言要順人心，先千（恐嚇）後隆（籠絡），乃兵家之常法，輕拷響賣，是江湖之秘宗。有問不可遲答，無言切勿先聲。談男命，先千後隆，講女命，先隆後千。人人後運好，個個子孫賢。三五成群，須防有假，嘻呵成片，必定無心。來意慇懃，前運必非好景，言詞高傲，近來必定佳途。言不可多，多言必敗。千不必極，千極必隆。

父年高而母細，定必偏生庶出，己年細妻年高，當然苟合私逃，子年與妻彷彿，非填房定偏室坐正，父年與己年相等，不是過繼定螟蛉，老人問子，雖多亦寡，憂愁可斷。少年問子，雖有亦女，立即分清。早娶妻之

人，父業可卜，遲立室者，祖業凋零。當家早，父必先喪，當家遲，父命綿長。少女問親娘，有病在牙床，老父問嬌兒，定必子孫稀。

來意神清，定必無心談事，出言心亂，定當有意問災。年少過於奢華，其人必然浪子，老人過於樸實，此輩定是愚人。年嫩老成，千金可托之肖子；老來白霍，萬事無成之鄙夫。男兒問娼女，此輩終日談必烟花之俗子，婦人問翁姑，其人固念病體憂愁之賢女。男人身配獨鎖匙，未斷有室。婦人襟頭常帶乳，不是無兒。氣滯神枯，斯人現居困境，謀事十有九凶。色潤聲高，此子近處吉祥，十成九就。入門兩目流連，必多心而無專一，身搖浪定，定小相而帶輕浮。衣服樸而潔，銅匙墜帶，生意場中之能人，可卜權衡早創。履華而整，銀圓滿袋，遊樂上之浪子，當斷家業將傾。田園近有，定卜先貧而後富，家業變盡，必然先富而後貧。

少年隆他壽長，老人許加福澤。惡人勿言惡，祇許傍借而比隆千齊下。善人當言善，反正而說福壽同施。中年發業興家，此人善營善作；老來一籌莫展，是老失運失時。達客異方，宗祖每多富貴。近營內地，可斷兄弟貧窮。小人宜以正直義氣隆他，萬無一失，君子當以誠謹儉讓，臨之百次皆同。得英切勿盡吐，該防真裏有假。失英最忌即兜，留心實內藏虛。（按：英者，用神也。）見水（貧者）切宜用意，不可露輕視鄙賤之心，遇火（富者）理當謹慎，最好看定方正開言。剛柔並用，

拷夾齊施。有千有隆，搵黃（錢）祖宗，有隆有千，路路亨通。坐立須正大，言語要莊嚴。昆馬（用說話使對方更相信）不可盡出，聲氣定要相連。淡定吞吐，得意不宜再往，言詞鋒利，失之不可復言。

聲響視正君子相，目橫語亂小人形。男女同來，分清老少親親方可斷；單身再問，審定方向形勢始能言。寡婦詢去留，定思重配；老媼多嘆息，受屈難言。病詢自身，雖知亦宜慢洩，老詢壽元，未可即斷死亡。有子而寡，宜勸守節，將來終有好景。無兒問去，當要著其別棲為高，此乃看其人之年歲而立，切勿執己之私，少妾專橫，當失緣於夫子；老姑無力，定受制於媳兒。

兒童身上反覆追尋，前兒難養，老大自身查問壽算，現有病符。瞻前顧後，必當高聲喝問，以定其身。拉衣牽裙，定要暗裏藏識，以求其實。

十六七之少女問男，春情已動，異性亦然。五六十之老翁問女，冬雪既降，同偶何嫌。因人情而談世故，忖心理以順開言。倘遇硬鼻高頭，千中帶夾（夾者逼也），夾不受則隆，隆而吐則可，不吐連消帶打，高聲呼喝，千他古運將來（古者古力即厄運也），使其驚心動魄，言語必要真誠。若逢低首淺笑，隆中帶打（打者單打含譏諷意），不聲則千，千而吐則可，不吐要逐路微拷。低言講話，隆其苦盡甘來，言語溫柔，使其揚眉喜氣。

男子入門，志氣軒昂，袒胸露臂，高談雄辯，非軍政之途，定是撈家之輩。每要留心講解，恐因言失以招

災。女子進內，言柔步淡，低頭羞答，非閨秀之人，定名門之女。為勢必聽我軍，須從容旁敲側引。視同來而斬眼，恐非有意尋求。對自己作疏言，未必無心試探。非得真英，不可落軍馬，須防馬失前蹄。眼觀四面，耳聽八方，坐立必要端方，軍馬出於堅定。切忌浮言亂語，又忌俗語虛言。先用人品滌盪一番，英耀未到，軍馬虛中帶實，實中帶虛，切不可深入重地，恐防難以挽回。英耀一到，如千軍萬馬，單刀直入，自然馬到功成。

但論叩經（占卦）扣策（解籤）之法，如官府升堂審案，必要尋根尋強，一層一層。至緊深究沉底禍福，此法如入大座高樓，由淺入深，由輕至重。大概論之，至緊問自身日後，次問謀望新花。家宅占病，亦宜挨入自身，可決斷自身之法，人生品行，一世好運醜運，可為議論，亦要在自身入脈，可能知得內裏因由。大約之法，如行兵調將，務要隨機應變，仔細留心，不能一概而論，真乃變化無窮也。古人云：出人頭地，須用苦心，工夫後學必要常常念熟，自有進步。書云：學而不思則忘，思而不學則殆，凡問更新守舊，必要夾男定女，若男問必生意打工求財。若女問恐入八（死丈夫）復飛（再嫁）。用七（女傭）問恐用七本身打工求財，間中亦有了三點（水）不定，必要一一夾清，見生意，啟軍馬，必須鎮定。

騙術 · 心理探測術

這篇《英耀賦》共分八段，其中最後一段，自「但論叩經扣策」起，至「由淡入深，由輕至重」止。以下文采極差，故可斷定以下的一段，是香港的老「江相」在授徒時加進去的，因這一段文字，是教徒弟在運用《英耀賦》時，要勤力熟讀，以及在占卦、解答時，要從「自身」引入。所謂「自身」，是問卜求神者問自己的運程和身體健康情況的一種稱謂。

關於「英耀」兩字的解釋，並非英是家底身世，耀是套取手段。「英耀」中的「耀」字，並非讀本音，而是讀「妖」音。「英」是用神，「妖」是捉，合起來，就是「捉用神」。捉用神原是算命的一種方法，當排好八字之後，以「用神」為解八字開始，所以有了「用神」才能逐一算出命理。但「江相」是明知算命是不可信的，他們所指的捉用神，正是廣州話中的捉用神，就是說，用各種方法，令到自己知道對方的性格、近來的狀況，以及心中有什麼疑難問題，抑或是走來試探一下自己是否有道行之士。這篇《英耀賦》是「江相」必讀的秘本，熟讀了，就可以斷定進來的人的狀況。

因此，《英耀賦》第一段一開頭就說：「入門先觀來意，出言要順人心。」須知一座廟宇，有很多古跡，逛廟的人未必一定拜神，對於入廟的人，當「相」者一定要先觀來意，對於那些只來參觀的人，也要表示歡迎，順他的來意而說話，不能對他們不禮貌。對於那些來拜神的人，亦要順其來意發問，問他是不是來作福之類。至於「先千後隆」和「輕拷響賣」，這是當「相」者必須

精通的手法。「千」是危言聳聽。「隆」是送高帽，嘉獎來人。「拷」是旁敲側擊。「賣」是賣弄文采。這四字訣，是當「相」者經常要運用的方法，所以稱為「兵家之常法」和「江湖之秘宗」。

對於那些入廟參觀的人，必定先要危言聳聽，才能起嚇阻的作用，否則他們會破壞廟宇的東西。危言聳聽的方法很多，例如說這間廟，有幾百年歷史，菩薩很靈，有人因為對菩薩不敬，害了一場大病。跟著就說：「閣下是知識界中人，一品人才，不會對神不敬的。」跟著指著殿上的對聯，賣弄自己的文采，高聲誦出廟聯，說這對廟聯，是某翰林所撰，他在未中舉時，來廟求神，後來高中，寫了這一對聯，表示自己也是一位才高八斗的文人。然後用旁敲側擊的方法，問他們買不買幾枝香，拜拜神？拜得神多神庇祐，不是一定心有疑難才拜神的，求得平安福，便是有心人！這就是「先千後隆」和「輕拷響賣」之法。

對於那些入廟拜神的人，亦可用同樣的方法應付。因為從「先觀來意」中，已知道這拜神者為什麼來拜神，是以也很容易用危言聳聽的方法，令到他相信你的話。所以《英耀賦》的實際作用，就是要對方聽自己的話，相信自己得菩薩之助而一切靈驗。

第一段的主旨，完全是對進來的人的一種觀察術和試探術，所謂「談男命先千後隆，講女命先隆後千」，是指進廟的如果是男人，就要用先嚇後獎的方法，進來的是女人，就要先送高帽給她，讚她幾句然後說她近有不測之風雲。在讚人時，照例要說他晚途好，子孫一定出人頭地。對於來廟而懇懇上香猛拜的人，認定他近來一定有不如意的事發生。對於那些進來高視闊步，聲大大的來人，可斷定他最近一定好景，這完全是一種觀察的秘術。

筆者不把《英耀賦》作為一種騙術來研究，而將它作為一種學術去研究，原因就是它實際上是一篇極有價值的觀察術和心理探測術。某第二段，就有很多觀察術的秘訣在其中。例如見到進來的是三個人，兩男一女，從他們的互相稱呼中，知道他們的關係是父母和兒子，而這三個人，父親年紀大，母親年紀細，而兒子的年紀很細，則這個兒子，必定是庶子或填房之子，那女子如果不是妾侍，就一定是填房妻。如果來人的父子年齡相差不遠，則這兩人的父子關係，多是過繼、螟蛉，必定不是那父親的親生兒子。看見求神的老人求子，或為兒子作福，則這個老人必定不會有很多兒子，如果少年求神問子，亦可斷定他雖然有亦只生女。進來的是一對年青夫婦，衣著入時，可斷定這人的父親一定有些事業，不然的話，不會這樣早結婚。少女為娘親作福，娘親一定有病。第二段的內容，完全是觀察術。

第三段是從來人的舉動、服飾和談吐去觀察。例如年紀不大而老成的人，可斷定他是千金可託之子，不會是敗家仔，相反，如果衣服奢華，舉動輕浮，便知他是浪子。老年人白霍而好出大言，他即使有成就亦極有限。目光不定，左望右望的人，一定不會專心辦好一件事。這一段文字很淺白，細心研究，可以作為觀察朋友的一種觀察術。

又嚇又讚　再逼再諷

第四段是在交談時，用千（嚇）、隆（讚）兩種方法探測對方

的一切資料，讓對方將自己的資料供給「江相」作為預知對方運程的方法。在使用這方法時，要求自己坐立端正而聲音響亮和莊嚴，要鎮定，一句接一句地說下去，不可吞吞吐吐。在用說話套得對方的資料叫做「得英」，但有時對方說得不詳盡時，會產生錯誤的判斷，錯誤判斷叫「失英」。在「得英」之時不可盡情說下去，「失英」的時候不可立即改口。因此在探測時須防「實內藏虛」。對於窮人不可露輕視之心，還要加倍表達關懷之意，對有錢佬更要謹慎說話，以免得罪了權貴。總之，一面用嚇的方法，一面又用讚獎的方法，要對方把資料說出來，供自己使用。這是第四段《英耀賦》的主題。

第五段是在「得英」之後所作判斷的原則，這就是「江相」的道德標準，第一原則是如果寡婦詢問應不應該返鄉或到別處去，則這寡婦一定有再嫁之心。從前寡婦多不願坦白說出想改嫁的，大多數詢問回娘家好不好之類。遇著這情形，如果寡婦有子，就要說她將來母憑子貴，勸她養大孩子；如果寡婦無子，就應該主張她改嫁。第二，老人詢問壽元，不可說他還有多少年命，一定要說他福壽康寧，以免他心理受威脅而無人生興趣。第三，有病容的人問自身，雖然知他有病，亦不可誇大他的病，只可以說他應該病向淺中醫。這是他們的道德標準。這一段最末的幾句，是在出言探測對方時，對方精神不集中，或言語間有不相信之意，就要設法使之精神集中，聽自己說話。

第六段是指出只靠「千」和「隆」兩種手法之外，還要運用「夾」和「打」的兩套手法。「夾」是逼，「打」是諷刺。有些人在嚇他時，他不肯吐露真情，那就要逼他說出真情，這叫「千中

帶夾」。舉例可以說明這種手法的巧妙運用，例如向對方嚇道：
「人無遠慮也有近憂，你近來有一件事，暗藏禍心：究竟有無此事
呀！」對方如果一聲不響，就要再進一步逼他道：「機深禍更深，
聰明如孔明也在所難免，想當日孔明求壽，以為在後門求壽一定
不會被人撞破，誰知魏賢偏由後門入，撞毀了壽燈，假若當日孔
明宣佈在後門求壽，坦坦白白說出來，就不會如此的短命。看無
一言不發，此非好現象，鄙人以為，你還是說出來的好！」——這
就是「千中帶夾」。

　　在此情形之下，對方一定要說話，如果他心中有件事，就會
說出這件事來，如果他心中無事，也會說沒有什麼事。但必然會
自言自語，說出莫非是那一件事？總之，他在此種「千中帶夾」的
手法之下，一定會說出不少的資料。

　　假如這人在「千中帶夾」之下，再不說話，那就「夾不受則
隆」，即逼他他也不說，那就要送一件高帽給他。例如說：「閣
下真誠實之人也，不只萬金可託，且可寄妻託子，因為你是個推
心置腹的人，只可惜你心中有事不肯對人言，常常有如啞子吃黃
蓮。其實，你不是稟神都冇句真的人，對摯誠之友，亦應該坦坦
白白，等朋友為你分憂。何以你今日前程問卜，卻又不說真話
呢？」這樣「隆」他一下，他若再不吐露，就要「千他古運將來」，
就是要加強嚇的威聲，高聲喝道：「鄙人見你不出聲，就只好依著
直說了，你在三日之內，你有流血之災！」對方聽到這一段驚心
動魄的話，一定會問：究竟什麼叫流血之災？

　　這時他開腔，就可以說此災與剛才所問心中之事有關，他怕
有嗆血之災，一定說出來。假如再不說，而且還帶微笑，那就要

用「打」字訣，「打」即諷刺。例如說：「可惜你不聽山人的話，正是俾個心肝你，你亦當牛肺，算了吧！」說完了，必須深深的嘆息，停頓良久，看他的反應。

到了這時候，變成了一個冷場。但「江相」仍然很認真而莊重地望著他，還不時搖頭，好像已看到很多玄機，只可惜對方不相信，作無可奈何之狀。這個冷場局面，對方決難忍受下去，少不免會再問：「先生又看到什麼？」

這時候，就要把聲音放低，表示對他極為關注和惋惜，改用旁敲側擊之法去套他的說話。這就是「不吐要逐格微拷」。再用說話令他吐氣揚眉，滿懷高興，那時他就會說出不少的資料。

第七段和第八段，都是反覆解釋觀察術和探測術的要點，不必怎樣解釋，亦易看得明白。

這篇《英耀賦》是做「江相」的基本功，無論進廟的人是來求籤要求解籤，或是進來問卜，或是來睇相，或是來算命，都先用這種探測術和觀察術，使對方提供資料，讓「江相」做個能知過去未來的「生神仙」。

廟宇中的五門「功課」

「江相」是廟中的宰相，他必須懂得五種功課，那就是「經」、「丙」、「策」、「目」、「填」。「經」就是占卦，占卦名「經」的原因，是因為占卜術以《易經》為經典。「丙」是算命，批八字。因為算命時對方必須說出他的生辰八字，生辰八字是由甲乙丙丁等天

干，與子丑寅卯等地支互相配搭而成，因此將算命稱為「丙」。至於「策」則是解籤，籤筒上的竹籤，就是策，故名解籤為「策」。「目」原名「班目」，意即看掌看相，因看掌看相要用眼來睇，故名之為「目」。說到「填」，那是喃嘸唸經。由於經文是規定那幾句，但拜神的人要唸經祈福或解災，必須說出他的姓名年歲籍貫，在唸經時，把對方的姓名填入經文之內喃出來，因此名為「填」。

香港的「江相」中的秘笈，除了《英耀賦》之外，還有《叩經篇》、《論丙篇》、《扣策篇》和《班目篇》，最後，才到《扎飛篇》。《扎飛篇》又分〈頭簿〉、〈二簿〉和〈三簿〉三篇。此外有一本《填譜》，這是喃嘸的經文，無非是將道佛二家的經文移過來使用，論研究價值，以《填譜》為最低。

由於秘笈太多，不能不分別介紹和討論，本文就只介紹《英耀賦》為限。以後將逐篇介紹各種秘笈。讀者看到此處，相信一定會問：究竟現在香港的廟宇，還有沒有「江相」呢？筆者可以用一位老「江相」的話回答。他說：「『古乘』不衰，『江相』不減，『老一』飛來，不能不扎！」這句話是行內話，「古乘」是廟宇，「江相」是廟中的宰相，廟宇不淘汰，宰相是不會少的。「老一」即是迷信的阿丁（用丁字頭上一畫）仍有很多，他們飛進來，就不能不「扎飛」了。他表示，香港的廟宇雖由政府管理，但是實際的管理人仍然是「江相」，因為別的人不在行，很多拜神的程序別人不識，只有受過師承的人才能實際管理廟務。這些學過師的人，就是「江相」。不過現在香港的「江相」，很多是半路出家的人，而且在當局監管之下，「扎飛」已不如從前的順利了。

香港清末民初武術發展史話

香港開埠之初，即有人教授武術，但由於歷史文件甚少記載，無法證明當時有哪些人在香港教授武術。不過有一點可以說明開埠之初即有人教授武術，那是農曆新年期內的舞醒獅賀年，以及廟宇神誕的舞獅舞龍等慶祝儀式，是很早就流行於香港。舞醒獅是一種武術的藝術，只有懂藝術的人才能教人舞獅，亦只有練習武功的人才能將獅子舞得生動。至於有什麼證據可證明香港早期有舞獅舞龍等武藝演出呢？我們可以從本港立法上獲得證明。

開埠初期舞獅舞龍已有武術教練

《香港法例彙編》第一卷甲冊上，載有 1869 年第二號《公共集會交通規則條例》，這條法例是授權警察總監訂定規則，使各項恭祝慶典、酬神遊行等公共集會，得依指定交通措施。這一條法例在 1869 年 9 月 30 日公佈施行。說明到了 1869 年，由於舞獅等酬神或慶典遊行，已極普遍，影響到政府機關、娛樂場所、劇場、教堂等所在地的交通孔道，因而立例規定這些屬於會景巡遊或酬神賀誕舞獅所經的街道，不得擾及上述場所的交通。換句話說，在 1869 年之前，舞獅舞龍等武術藝術，已在香港流行。

是以我們從這一條例的訂立，就知道開埠初期即有武術師傅在香港教武術，至於教武術的人是誰，因無文字流行，無法確知。

同時，香港開埠之初，盜賊猖獗，治安很壞，來港謀生的各行各業工友，都要練習些拳術用以自衛。在港謀生的各行工人，其中在鄉間隨師學技者不少，來港之後，便將武術傳授給工友，或者這一行業的工人，合資聘請家鄉的武師來港教授武術，總之，教授武術是由工人團體開始的，目的是為了自衛。

陳公哲在《武術發展史》一書說：

> 人類有兩手兩足，異於四蹄走獸，兩翼飛鳥，功用雖殊，好鬥則一。手有指，用以撫摩；指有甲，用以抓物；腳有足，用以步行。其用於鬥爭之時，掌用以握拳，指用以插物，腳用以踢擊。人類於原始億萬年前，人與獸鬥，人與禽鬥，人與蛇鬥，強者生存，弱者滅亡，再經千萬年之自然淘汰，而有今日尚存之人類者，因有拳術以防身，是故拳術實與有生而俱來。當時已有其技而尚無其名，老子所謂「無名天地之始」者是也。
>
> 大凡人類事物，先有事物，後有文字，卷手成拳，省書作拳，折樹為干（甲骨文作丫），取自樹梗。拳為打鬥工具，干為戰爭兵器。四千六百餘年前，黃帝與蚩尤戰於涿鹿之野，人與人鬥之戰爭始見於歷史。其後，春秋時代，以戰國稱，足證當時已有集體戰爭。夫有打鬥則有拳術，有戰爭則有刀槍，人類之學術乃先有武而後有文，及後偃武修文，歷代帝王欲鞏固其王朝，以防反側，於是重文輕武為政治上之手段。

可見人類習武是為了自衛，香港初期的武術教師，也是教本港工友習武自衛，以及舞獅助慶。同時，也知道沒有文件流傳下來，是因為當時的風氣是重文輕武。

在港招募武士回鄉剿匪

隨著香港的發展，各行業組成了各種雛型的同業工會或同鄉會，這些會社都聘有武師傳授武術，在一個很長的時間內，著名的武師都是作為工會或同鄉會的教頭而存在。由於武師教授武術，會社內的精壯分子，便成了勇士，因而常有見義勇為，或恃武凌人的事發生，發生打鬥在所難免。

有一件有案可稽，和本港武術勇士見義勇為的事有關，值得介紹，作為香港早期習武之證。

《郭嵩燾奏稿》第 23 頁有〈肇慶各屬土客一案派員馳德辦理情形疏〉，中有一段云：

> 上年開平民譚三才寓居香港，私購洋人火器，約集其族人，盡殲開平所屬客民。於是恩平、高明、鶴山等縣乘機響應，聚眾相攻。

郭嵩燾這件奏疏，是同治二年（1863 年）自廣州送達北京的，文中所稱的「上年」，是咸豐九年（1859 年）。譚三才是 1859 年在香港糾集練習武術的鄉人，租用本港船隻，並且聘請外國槍手

和炮手，回鄉和客家人搏鬥的。

　　事件的經過情形是這樣的，譚三才是當時在香港經營金山莊的開平人，而當時本港亦有不少開平人在港謀生，當然是勞力的人多於經商的人。他們在各行業中工餘之暇，亦學習武術。1858年時，四邑地區發生了「走客家」事件，所謂「走客家」是一批無軍餉可領，又無安置的客屬兵勇到處流竄劫掠，當年流竄到四邑地區，當地鄉村的鄉民為避洗劫，逃難各方，故名「走客家」。

　　這批客屬兵勇，原是第二次鴉片戰爭時，由葉名琛招募而來，用以對付英法聯軍攻打廣州的，其後李文茂在佛山起義，響應在長江流域的太平天國，也利用這批客屬兵勇對付李文茂，但是事平之後，滿清政府對這一批兵勇既不發餉又不安置，他們依靠掠劫來維持生活。由於各縣都有客家鄉村，他們為了便於掩護，也煽動各客家鄉村的鄉民，合夥洗劫其他鄉村，便造成所謂「土客之爭」。

　　當時客屬兵勇洗劫開平和台山，譚三才的母親亦被殺害，旅美的開平、台山的華僑，紛紛匯款回港，託譚三才在香港招募練武的鄉人，租用火輪，配備槍炮，回鄉去剿平掠劫家鄉的客屬兵勇。

　　在香港練武的鄉人約有百人應徵，但這百人是不足以對付數千客屬兵勇的，是以譚三才又購置槍炮，聘請外國槍炮手，回鄉打仗。

高等法院檔案有譚三才案

　　本港高等法院檔案中，也有這件事的檔案。因為這件事後來被起訴。馬沅在《防禦海盜事略》中，將案情詳述如後：

　　一八六〇年（遜清咸豐十年庚申）二月廿一日高等法院刑事庭開庭，是期刑事案，內有一宗為藉名剿捕海盜，侵略中國地方，損害中國人民生命財產案。被告人譚阿才（即譚三才）、英籍船師詹士碧嘉（Captain James Baker）、大副湯瑪士巴刺斯（Thomas Brasil）、及英美籍船員多人。被控於一八五九年十二月（咸豐九年己未十一月），以輪船芝芝貝號（S. S. Sir Jamsetjee Jeejeebhoy）配備武裝，藉名剿盜，駛赴中國地方，侵略廣東台山縣屬村落，傷斃人命及損害人民財產罪。被告等遞呈訴狀。直承犯罪。

　　事緣七年前即一八五四年（咸豐四年甲寅）因中英兩國邦交破裂發生戰事之關係，廣東當道嘗招募客籍人千數百名，擔任游擊工作，頗收其效。及事平之後，當任兩廣總督葉名琛以交涉失敗，不特不予嘉獎，不予招安妥為處置，亦不發糧糈，且復加以虐待，客籍人乃率眾叛變，成為流寇。此剿彼竄，迄難肅清。而斯時正值洪楊作難，地方多故，此幫叛軍，遂得肆其荼毒，蹤跡所至，閭里為墟。當一八五九年之間，羣竄於台山，駐紮縣屬之中鄉，鄉人與抗，致被洗劫，擄掠婦女、驅逐

鄉人。而案中被告人譚三才，即原籍該鄉人僑商於本港者，譚氏家中財產悉被抄掠、老母遇難，親屬多受其害。

鄉人屈於暴力，逃避出外，籌商對策。嗣以譚三才在港廣交遊，有勢力，乃就商之。譚亦因母死家破，誓雪此仇，且訪村之人不少新舊金山之歸國華僑，激動公憤，不甘受辱，於是募集鉅貲，眾舉譚主持其事，兼司財政。決定租賃洋船。以重金招致西方勇士，配足槍械，回鄉圍剿。然以該村不近海，洋船不能到達，必須假道鄰村之漕涌亦名漕丫涌者登陸，遂以該村為總攻目標。

此幫客籍人亦以漕丫涌為通海孔道，乃就要隘建築炮壘，藉資防禦，迫後雙方鏖戰，互有傷亡，而是次應募之英籍槍炮手。有三名陣亡。及該輪回港，本港當道即調查此事真相，結果，認定該輪此次行動，牽涉政治範圍，被告等有觸犯一八五五年第一號及一八五六年第一號「實施制止本港居民干豫中國內爭」條例之所為。

被告人等譚阿才，本港華商。詹士碧嘉，芝芝貝輪船船長。湯瑪士巴剌斯，芝芝貝輪船大副。敬謹宣誓。遞狀法院。

（一）被告人等因無知無識，誤犯法律，以致違反本港實施制止居民干豫中國內政及戰爭條例，及違背英國取締外國招募士兵法律。某等如既知之，必不敢參加此次漕丫涌剿捕事宜。

（二）某譚阿才原籍台山縣屬中鄉人，當日有駐該縣都斛之軍官錢貴庸遣使來港，囑代租賃輪船一艘，並託

招募外籍槍手炮手載赴漕丫涌協助剿匪，而中鄉及漕丫
涌兩處均隸都斛管轄者。

（三）某於此次租船及招募事未嘗因以為利，亦不自
知事屬犯法，竊以梓里遭匪蹂躪，故激於義憤出為鄉人
助力及盡本人義務而已。

（四）某碧嘉及巴剌斯訴狀，某等未嘗參加此次稅船
及募兵行動，某等在芝芝貝輪船職司船長及大副為日頗
久，此次駛赴澳門附近之漕丫涌，事前實不知為剿捕海
盜，僅知奉命邁赴該處公幹耳。

又該被告三人聯呈訴狀稱：（五）某等對於此次被
控犯罪。擬自行提出證明，以表證當時行為確不自知為
犯法。因事先曾稟呈本港政府，借用軍艦一艘隨同保
護，至租賃本輪船駛赴該地，亦曾呈由總登記官轉達政
府核准在案。總登記官且謂人民租船屬於商事，政府必
不加干涉等情。被告人譚阿才碧嘉巴剌斯宣誓訴狀。
一八六〇年二月廿一日。

上開各訴狀誓章於公審日當庭宣讀。承審正按察司
亞當氏以按據事實，情有可原，乃下令從寬發落，著各
被告人簽具保單。隨時飭傳到案候判。判令譚阿才簽立
保單一千磅，又擔保人二名簽具保證每人五百磅。船長
碧嘉簽立保單五百磅，又擔保人二名各簽二百五十磅。
其餘大副巴剌斯以下，各自簽保二百五十磅。此案遂告
完結。

這件案因參加戰鬥的本港練武人士並無名冊,而且主謀是譚三才,故只起訴譚三才,把參加戰鬥的本港練武人士放過。

自這件案發生後,香港立即又制訂了一條新的法例,名為《外國招募軍役條例》,於 1874 年 11 月 16 日公佈施行。這條法例規定:除經港督批准外,任何國家、地區、省、縣等地,都不得在香港招募士兵為外國服務。

清末廣東各派武師來港設館

從這些法例和案件可以證明,本港早期武師教授武術是十分流行的,至於教授武術的武師,是屬於哪些門派,據很多老拳師說,當時在香港謀生以廣東人為多,故傳授的武術,多為洪、劉、蔡、李、莫等拳術。至於何謂「洪劉蔡李莫」,陳公哲在《武術發展史》中則說:

洪、劉、蔡、李、莫五家最流行

兩粵之技擊家,凡言拳術者必稱洪、劉、蔡、李、莫五家。洪即是洪熙官,劉即劉三眼,蔡即蔡伯達,李即是李巴山,莫即莫清嬌,皆為少林派系。第所稱少林者,非指嵩山,乃指福建之少林寺。世俗謠傳,福建少林寺僧,曾助清廷剿匪有功,後為清廷所忌,派兵焚

寺，僧眾之逃於兩粵者五僧。南方少林派系之傳說，所云與少林僧之助唐太宗平王世充之說相近，易唐為清，得毋訛耶？

又云拳家之出身福建少林者，於滿業離寺時，須由正門出，始稱正派。其由正門出者，須經廊道，與一百零八木人打鬥，挑撥踢格，能無傷損，技稱上乘。否則為所擊傷，抬返醫治，藝成復出，若功夫未到，畏由正門出者，則由偏門狗洞而出，即非正途出身，然亦不弱。

試問在科學發達之今日，所作機器人，亦只能作一二事耳，焉有如生人之能作打鬥者？若為試驗一二門徒之身手，竟設木人一百零八之數，遑論昔時之機械未有顯著之發明，以此誇張，未免近於荒唐。

名拳師為何多設醫館？

到了清末，已有很多著名的拳師來港謀生，這些拳師，一方面精於拳術，另方面精醫跌打刀傷，他們發現，教拳術的收入，不及醫跌打刀傷的收入好，是以都來香港設醫館，以醫跌打為正業，授徒則屬副業。當時來港的著名廣東拳師，有爛頭何、鐵頭三、蕭崑山、呂龍山、黃飛鴻、佛山贊先生等。

黃飛鴻在香港設分館

黃飛鴻是人所共知的廣東著名拳師，他來香港的時間很短，但由於名氣大，門徒又多，於是便有很多有關他在香港活動的傳說，這些傳說再被小說家和電影編劇家加以渲染和附會，便好像他曾在香港居留甚久。他和佛山贊先生一樣，主要的業務是行醫，醫館在廣州和佛山，香港的醫館只屬分館而已。

黃飛鴻是劉永福黑旗軍教習

黃飛鴻原名黃飛雄，又名黃龍昭，是劉永福自台灣撤退返廣州，奉命重組黑旗軍時，為劉永福軍中的武術總教習。在行軍的時候，管帶一營。黑旗軍劉永福在清末光緒廿四年至廿五年間（1898年至 1899 年）在廣東曾剿平很多土匪，又解決了多次鄉村中的械鬥案。軍威大振。1901 年，即光緒廿七年，廣州官場黑暗重重，有位廣州知府見黑旗軍軍餉充足，軍威大振，便運動兩廣總督，將黑旗軍調往海南島，留下兩營，由他統領，黃龍昭就在這個時候辭職的，羅香林輯校的《劉永福歷史草》第 288 頁，曾記其事：

　　廣州府龔心湛，意想運動接帶公（按：指劉永福，下同）之兩營為統領。公之部下各營人等，探聞此耗，即相約上見公，各營長曰：「現各勇丁等，聞得有人舞弄接統之說，惟現各哨長什長散勇等，均說無論何人，均

不服其接帶，若大人不帶，即請銷差！」云云。公亦無
可如何，但此點消息傳到龔心湛耳邊，龔知事不可為，
遂於運動接帶一層，棄置不議，且做好人情在公處。後
龔見公，謂曰：「現碣石鎮莫善積統有三營在該處矣；某
代回明督憲，札公並統帶三營，隨赴碣石鎮印務如何？」
公答曰：「既如此，爾回之便是！」龔遂稟陶督，奉照
准。公奉到公件，隨帶所部三營，往碣石赴任。路經捻
山，管帶廖發秀，因病不能出接公。廖力請假，求放人
接帶，公詢問實在情形，即照准放胡坤山接帶該營，於
是共統下三營，均隨公到碣石任事，時光緒二十八年。
後佈置胡坤山營，駐紮陸豐縣，留張來一營，及黃龍昭
一營，在碣石駐紮。時黃龍昭告假，即札花翎候補知縣
劉成章接帶。

這段歷史，可以和黃文啟的《先師林公世榮傳》互為印證。
林世榮是黃飛雄的門徒，黃文啟是林世榮的門徒，故在文中，稱
黃飛雄為先師祖，稱林世榮為先師，其文云：

　　先師林公，諱世榮，籍粵之南海平洲，武世家也。
箭掌拳，行月刀是其祖傳，幼承庭訓，未弱冠，武名馳
閭里。性亢爽，有古燕趙風，雖業屠，與椎埋屠狗輩
異，鄉人有爭訟，片言冰釋，非震其武，感其義也。
時　先師祖黃公飛雄辭劉軍門總教習歸，懸壺穗市迴瀾
橋，先師慕名踵門求為徒，　先師祖已關閉宮牆，不再授

技，懇之再，鑑其誠，命演技驗造詣，雖未入室，已窺堂奧，乃列門牆。先師祖技源少林，闖蕩江湖數十年，遇名手不鮮，因採各派精華，集各家大成，創虎鶴雙形拳，剛柔並用，變化循環，為武士道放一異彩，為拳術界軔一新紀元。愛　先師慷慨袓直，體偉力雄，悉技以授，從游二十餘年，武技已登峯造極，出而問世，設館穗市寶華正街，先師祖召而訓之曰，汝今自立門戶矣，余尚有一祕傳拳法，名曰梆子槌，悉以授汝，善用之可以無敵，當珍惜之。

文中所謂「辭劉軍門總教習歸」，就是指當時他不願介入官場的內爭而辭職。

林世榮有子孫介紹南派武術

林世榮約於民國初年來港，首先在肉行公會內任武術教師和跌打醫師，後來在中環竹樹坡（即弓絃巷）開設醫館和教授武術，他是本港第一位有系統地將黃飛鴻的「虎鶴雙形拳」和「梆子拳」及其他武術介紹到香港來的武師，他在攝影術未流行之前，聘請丹青名家，將拳式一招一式繪成圖形，供後學參考，並在一招一式中，加以文字說明，及到攝影術流行之後，又拍成照片，印成專書行世。

至於有系統地將中國南北各派武術介紹到香港來的，則是精

武體育會。精武體育會是民國初年全國性的體育會。關於精武體育的起源，陳公哲是精武體育會的創辦人，他在《武術發展史》一書中，指出精武體育會，原名「精武體操學校」，是上海各界名流為安置霍元甲而設的一所武術學校。霍元甲為河北省虎頭莊人，他被聘來上海，是為了在 1909 年，有一位西方大力士奧皮音，在上海北四川路亞波羅戲院表演大力戲，口出大言，說中國無人及得上他，諸多侮辱。當時上海各界，要選一位武師和奧皮音比武，有一位宋某，提議請霍元甲來，這是霍元甲到上海的原因。霍元甲來到上海，要和奧皮音比武，但奧皮音要求照西方拳賽的辦法舉行，即要戴拳套，不准用腳，及不准攻下陰等。霍元甲不同意，要求用摔角方式比武，誰被摔倒在地即作輸論。奧皮音原則上已答應。於是在靜安寺路張氏味蓴園內，架設擂台，以便比武。約定了比武日期，誰知到時，奧皮音並未赴約，卻悄悄地離開了上海。發起人見花了這麼多錢，竟然打不成擂台，為免觀眾掃興，便宣佈在座嘉賓，可以上台比武，以不傷人為宗旨，摔跌倒地即作敗。當時有一位鏢師張某上台與霍元甲比武，兩雄對抗，勢均力敵，但霍元甲終將張某摔倒地上而勝。

霍元甲初辦精武練操學校

約一個月後，上海三元里日本技擊館，約霍元甲到館中研究武術，霍元甲帶一門徒前去，日本武師在技擊館中和霍元甲比武，又被霍元甲打敗。於是霍元甲之名，傳遍中國。

當時正值國民發憤圖強的時候，清政府亦改革學校，設體操課，倡強國必須強身的理論，上海各界便設法留住霍元甲在上海，捐資在閘北旱橋西，租了一座舊式的西廂一所的平房，前有院落，可供練武之用，月租十四元，開設學校教授技擊，定名為「精武體操學校」。

但霍元甲六個月後即病逝。原來他因練氣功，傷及肺部，已患咯血病多時，這時病發，羣醫束手，遂死於上海。

霍元甲死後，學校無形中解體，霍元甲的兩位門徒劉振聲和趙漢傑，仍然在旱橋平房內授徒，只有幾位有毅力的青年繼續來學技擊，陳公哲是其中一位。後來這幾位青年，覺得如要發展武術，這地方是不足夠的，而且教學方法亦不足，於是由陳公哲發起，租用閘北萬國商團義勇隊舊址，於 1910 年 3 月 3 日，成立精武體育會。

支持精武體育會的經費，共有三人，陳公哲是其中之一，還有一位姚蟾伯，一位盧煒昌，稱為「精武三友」。陳公哲於《精武三友》中，曾詳為介紹他們三人的身世云：

> 公哲之識姚蟾伯、盧煒昌乃自精武始。盧煒昌，廣東省香山縣人，二十九歲，長余八歲，父業建築，出身於上海漢堡黎英文書院，能中英文，為人沉毅，身軀健偉，此時尚無財政權，對於公哲精武之設施，頗多協助。姚蟾伯，江蘇省，吳縣人，二十歲，幼余一歲，父業顏料，出身於上海萬竹小學，人極和善，身體修美，有經濟力量，於公哲言聽計從，為一純粹和平無機心之

人物。公哲為香山人生於滬，為江蘇，廣東兩跨籍，一九一零年時，年二十一歲，父業五金，出身於上海守真書院，復旦大學，以承襲父業，早歲當粵瑞祥五金號經理，未能赴校從學，乃聘各種專家到舍補習，有「百師齋」之室，生性豪爽率真，年幼時雖學問未充，性情果斷，二十歲當上海留美預備學校英文教授。

三人中有經濟力者為余與姚蟾伯。盧焯昌年最長，初在上海德國禮和洋行當文員，月入六十元，公哲為欲扶助其經濟，特開新瑞祥五金號以安置之，委為經理，使其不向外人折腰，全神注意於精武事業，余與姚盧三人因策動會務，進為莫逆交，積久會員贈以三公司之號（上海百貨公司之著者為先施，永安，新新，時人稱三公司）。

香港精武會成立於 1919 年

至於精武體育會香港分會的設立，經過情形是這樣的，陳公哲是廣東人，又經營機器及五金生意，經常來往香港和廣州，他每次來港，都是住在干諾道中弼志俱樂部內。弼志俱樂部是南北行若干商人組織的俱樂部，這種俱樂部自清末到民初是很流行的，通常由股商若干人合資租一層樓為會址，作為晚上消遣之用，或打麻雀牌，或吹鴉片，或召妓飲宴。同時，會員亦用來招待各江客商，作商務應酬之地。陳公哲來港住在弼志俱樂部，是因為這家俱樂部有三位會員都是他的朋友，他們的名字是余笑

常、阮文邨、劉季焯。

1919 年陳公哲再來香港，在弼志俱樂部中認識凌匹參、凌子俅兩兄弟，凌匹參提議在香港設精武體育會，余笑常說他亦早有這意思，只因會址問題未解決，不敢提出而已。凌正參說他有一間書室在銅鑼灣天后廟附近，樓高兩層，可以將樓下撥作會址。陳公哲又問：在哪裏找教武術的人呢？余笑常原來平日都練武，家中聘有一名教頭，是北方人名李樹山，可以叫他先行任教，等到會務展開，才聘請南北技擊教師，這樣就開設精武會。

可是，當時香港政府不准註冊。眾人商量後，改為學校，向教育司註冊，是以 1919 年的精武會，稱為「精武體育學校」。

到 1922 年，才准註冊為社團，正式成立精武體育會，眾推舉劉秀焯為會長，阮文邨為副會長，余笑常為總務。在九如坊戲院開成立大會，正式從上海聘請武師來港表演及任教，有系統地把北方拳術技擊介紹來港，同時，又從廣州請來南方武師表演，在九如坊戲院開幕禮上，是本港首次南北武師大匯演。

由於精武會提倡「精武精神」，即習武是為了強身自衛，並非好勇鬥狠，當時極受香港人歡迎，銅鑼灣的會址不夠用，便於 1923 年遷到堅道五十七號去。到 1932 年，在上環普慶坊自置會所。

香港的武術發展，在 1930 年代以前，大略如上。1930 年代之後，自 1937 年蘆溝橋事變後南北各大門派的武師亦因不甘在日軍的鐵蹄下生活，紛紛來港，太極門、螳螂門等北方門派武師，也來港設館授徒，也兼設醫館。南方各派，如白鶴派、詠春派、道派等武師也來港設館，一時南北武師各大門派在港授徒，幾百餘人，為清末至民國來港武術界的全盛時期。

辛亥革命前孫中山先生在港澳的活動

革命先行者孫中山先生，他的推翻滿清封建皇朝的革命活動，算起來，是在香港開始的。因為他十八歲從檀香山回國，首先是抵達香港。他在香港進入拔萃書院完成他在檀香山未完成的中學學業。然後又在香港投考西醫學堂。在這段求學時期裏，他已經在學校裏鼓吹他的革命思想。他在他的自傳中寫道：

> 余自乙酉中法戰敗之年，始決傾覆清廷，創建民國之志。由是以學堂為鼓吹之地，借醫術為入世之媒。……及余卒業之後，懸壺於澳門、羊城兩地以問世，而實則為革命運動之開始也。

所謂以學堂為鼓吹之地，就是在香港的書院裏鼓吹推翻清廷的活動。他承認他立志推翻清朝，是在乙酉中法戰爭之後決定的。乙酉即光緒十一年，公元 1885 年。那年中法在越南交戰，黑旗軍劉義在戰場上戰勝了法軍，但滿清政府卻向法國屈膝求和，簽了不平等的中法條約。當時有血性的中國人，異常憤激，孫中山先生自然不能例外。

先入拔萃書院後轉皇仁書院

　　1885 年中法戰爭時，孫中山剛在香港皇仁書院求學。他在拔萃書院和皇仁書院求學期間，爭取了很多同學為同情者，當時的同學，如楊衢雲、陳少白、李紀堂等，都是他的死黨，深受他的影響。這幾個同學都是當時的富家子弟，成為他後來在港設立同盟會時的主要經濟支持者。

　　1885 年的中法之戰，暴露了清朝的腐敗無能，激發有志青年投身愛國的熱忱，這是對孫中山先生的活動有利的。他除了 1886 年因喜嘉理牧師介紹他到廣州博濟醫院去學醫之外，其餘的幾年，都在港澳活動。由於 1887 年，香港設立了西醫學堂，孫中山便從廣州再回港入學。

　　關於孫中山在本港西醫學堂讀書的事跡，《香港法例彙編》第一卷乙冊第 110 頁載：

　　　　香港醫校原名華人西醫學堂，一八八七年創立，附
　　設於雅麗醫院，以西方醫學灌輸於華人。當其時西方醫
　　學東漸，華北有北洋醫學堂，校址在北京，為練北洋新
　　軍附設之西醫學校也。華南則尚付缺如。……故香港西
　　醫學堂不獨為作育華南西醫人才之元始機關，抑亦為創
　　立香港大學之導介，而孫中山先生，亦出自該校，其致
　　力革命，招合同志，誓覆虜廷，凡此密謀，蓋已造端於
　　在該校肄業之時也。

一面讀書一面鼓吹革命

　　當時孫中山在西醫學堂學醫，不但向同學們鼓吹革命，且借此開展社會活動。當時英人西醫學堂的創辦人康德黎（Dr. James Cantlie）醫生，對他的革命活動頗為同情，後來孫中山在倫敦被滿清派出的爪牙綁架，準備偷運他回國處決，就是靠康德黎救他脫險的。

　　那時，他又和西報記者打交道，借他們的筆，倡言革命救國，爭取港中的買辦階級和資產階級的同情。

　　孫中山當時又和洪門團體聯絡，也跟商賈往來。當時的何啟、謝纘泰，以及澳門的商人吳節薇、曹渭泉等人，都同情他的革命行動。洪門中人，則與洪全福拉上關係。《國父與歐美友好》一書第 80 頁載云：

　　　　洪全福又名春魁，為太平天國天王洪秀全的從姪，少時曾在太平天國擔任軍事，封為左天將、瑛王、三千歲。太平天國失敗後，秘密的逃至香港，受僱於輪船公司，在香港義和堂行船館掛名，而附籍於東莞洪屋圍村。那時他已航海四十多年，春秋已高，不再任旅，惟隱居於香港，以懸壺自給。他與謝纘泰的父親謝日昌本來相識，日昌知道洪氏在洪門中，勢力頗大，遂由謝纘泰介紹與國父和李紀堂等相交。

　　由此可見，孫中山當時的活動範圍，遍及港澳，也遍及中西

人士和各階層人士。

在西醫學堂畢業成績最佳

　　孫中山雖然一面讀書，一面作革命活動，但是他的學業成績
是至今仍然沒有任何一位香港大學的學生及得上他的。西醫學堂
是香港大學的前身，香港大學於 1912 年 3 月 11 日開幕，將西醫
學堂併入為醫學院。即使如此，至今仍未有一位香港大學的畢業
生得到十個「優」的，而孫中山卻是十「優」的畢業生。

　　當時的西醫學堂附屬於雅麗氏醫院內，雅麗氏醫院就是現在
的那打素醫院的前身。[1] 不過當時的雅麗氏醫院並非建於今日那打素
醫院的地點，它是建於荷李活道與鴨巴甸街交界的地方，即現在
鴨巴甸街警察宿舍 [2] 的近荷李活道的一段地段上。

　　孫中山於 1892 年畢業，該校舉行首屆畢業禮，畢業生只有兩
人，一個是孫逸仙，一個是江英華，孫逸仙就是孫中山。

　　孫中山在西醫學堂畢業之後，即到澳門去擔任澳門鏡湖醫院
的醫席，為澳門貧病大眾服務。當時澳門鏡湖醫院並無西醫西藥
的設備，他雖擔任醫席，院內並無西藥應用，因此必須解決西藥

1　編者註：雅麗氏醫院在 1893 年與位於般含道、卑利士道交界的那打素醫院合
　　併。1906 年，由於雅麗氏醫院和那打素醫院合併後，病床仍不敷應用，何福
　　堂牧師女兒何妙齡捐款並於卑利士道興建一新醫院，起名何妙齡醫院。1954
　　年，那打素醫院、雅麗氏紀念產科醫院及何妙齡醫院三家醫院合併為「雅麗
　　氏何妙齡那打素醫院」。1997 年，醫院由港島遷至新界大埔。
2　編者註：警察宿舍於 2014 年經活化並改建成「PMQ 元創方」。

問題。孫中山想出一個辦法，辦法是由他開設一間藥局，用他個人的名義自鏡湖醫院借款二千元，作為藥局的開辦費，借款的利息則作為鏡湖醫院的西藥的費用。就是說，他在鏡湖醫院替貧苦病人治病，西藥由他的藥局贈給病人，作為支付借款的利息。

關於孫中山向澳門鏡湖醫院借款二千元的借單，現尚保存。

在澳門與葡人合作辦《鏡海叢報》

孫中山在澳門開設的中西藥局，地址設於大街尾草堆街口，澳門俗稱石閘門的地方。他當時一面行醫，一面活動，不但結交士農工商，而且也和葡人打交道。葡人法蘭斯哥‧弗南第（Francisco H. Fernandes）是一位印刷商，孫中山獲得他支持，出版了一份中文報紙，名《鏡海叢報》。

法蘭斯哥‧弗南第是葡人旅居澳門的若干土著家族之一，遠在十七世紀，他的祖先即來澳門經商，因此該家族的成員，全部會說華語。法蘭哥斯‧弗南第久欲出版報紙，以便對澳葡政治加以針貶。孫中山便和他合作，出版了《鏡海叢報》。該報分中文版和葡文版兩種，每星期出版一次，葡文版星期二出版，每份五毫，中文版星期三出版，每份三毫。

這份分中葡文出版的報紙，其中的特點是，在中文版刊登的中文廣告，全部移刊於葡文，因此，中文版上常有鳴謝孫逸仙醫生的啟事，以及中西醫局的廣告，都在葡文版出現，這可能是葡文版不徵收廣告費的緣故吧！

《鏡海叢報》為戈公振的《中國報學史》所未收的中文報紙之一。

該報是八開張印刷的，摺起來就像十六開刊物般大小，每次出紙一張半，共分六版，第一版除目錄外，就是社論。第二版刊登國內新聞，包括「紫禁簪毫」、「丹鱗吐訊」、「青島傳書」的幾個欄目。第三版是外電和廣東新聞。第四版是澳門新聞。第五版和第六版有孫中山的醫藥問答以及廣告等。

《鏡海叢報》創刊於光緒十九年六月初七，即 1893 年 7 月 18 日。孫先生向鏡湖醫院借款之日是光緒十八年十月三十日，足見他辦事的能力了。後來，孫先生要到廣州活動，該報中文版於 1895 年 1 月 23 日以後停刊，葡文版則於同年 6 月 10 日後停刊。

用乾亨行名義在士丹頓街設機關

孫中山先生在澳門行醫約兩年，在這兩年中，曾來往於廣州和澳門，因為他要到廣州活動，策動起義。1894 年，甲午中日戰爭爆發，滿清的北洋艦隊全軍覆沒，又一次向日本屈辱投降，簽訂了不平等條約。孫中山認為時機已至，因為當時海外華僑深受這一戰役的影響，對腐敗無能的滿清政府完全失去信心，因此他離澳赴檀香山，創立興中會，召集革命志士回國以及募捐款項，準備在廣州起義。

據馮自由的《革命逸史》記載，孫中山於 1895 年從檀香山回港，租了中環士丹頓街十三號，作為總機關，外表上掛了個「乾

亨行」的招牌，以為掩護。

　　1895 年是孫先生在港活動力最強的一年，他在 1895 年 7 月 8 日，召集各地志士在香港西營盤的杏花樓舉行秘密會議，準備在廣州起義。除各志士之外，有何啟、黎德、鄧勤等人。黎德是《德臣西報》的英籍記者，鄧勤是《士蔑西報》記者，還有《南華西報》記者謝纘泰、高文（T. Cower）。會議通過由孫中山擬定廣州起義的方略，並領導執行。又議定由何啟和鄧勤負責起草對外宣言。所謂對外宣言是準備起義成功後，即在廣州成立民主政府，發給各國的英文宣言。後來何啟因身為太平紳士，而鄧勤又因曾被香港政府警告，不敢負責起草，遂改由黎德及高文兩個西報記者起草。

重陽節廣州起義失敗　港府下驅逐令

　　廣州起義是在 1895 年農曆九月初九日發難的。孫中山的計劃，是乘重陽節港人返鄉拜祭先人者眾，乘機偷運大批軍火到廣州，在該日舉義。不幸事機不密，為清兵發覺，陸皓東等人因此而被殺。孫中山脫險逃返香港，但不久，即接到情報，說清政府正向香港英國當局施加壓力，對孫先生不利，因此孫先生便離開香港，先赴日本，然後赴美，最後到了倫敦，於 1896 年 10 月 11 日，就被滿清政府的特務，把他誘禁在清政府的駐英使館之內。

　　當 1895 年廣州起義失敗後，香港英國當局，與滿清政府串通，故 1896 年初，當任總督羅便臣竟然於是年 3 月 4 日下令驅逐孫中山出境。但孫中山當時已到了日本的橫濱了。後來孫中山曾

致書香港當局，要求撤銷前令。當任輔政司史超活‧駱克覆函拒絕。原函云：

> 孫逸仙先生：頃接來書，謹悉一切，來函係未註明寄發日期者，茲奉上峯命函覆先生，本政府雅不願容許任何人在英屬香港地方組設策動機關以為反叛或謀危害於素見友誼的鄰國，茲因先生行事誠如來書所云「弔民伐罪，為解除國人備受轞虜之羈絆」，凡若所為，有礙鄰國邦交，自非本政府所能容許者，如先生貿然而來，足履斯土，則必遵照一八九六年所頒放逐先生命令辦理，而加先生以逮捕也。謹此奉覆。香港輔政司史超活駱克。一八九七年十月四日。

雖然驅逐令期限為五年，但在這五年之內，孫中山卻多次來過香港，不過並未「足履斯土」而已，他在洋船上和黨人見面，並授以機密任務。而五年之後，他仍然不履斯土。

港督卜力約他攬兩廣獨立被拒

孫中山因對香港當局不大放心，故此「放逐出境」期限已過，仍然不願「足履斯土」，有重要的決策，也只從日本乘船來港，在洋船上與黨人會商一切。

在這多次的足履斯港而不履斯土的行動中，有一次受當時的

港督卜力派人拉線，準備在港內和李鴻章會面，策動廣東獨立。

　　當年，帝國主義對中國，總想瓜分，劃分勢力範圍。當時李鴻章任兩廣總督，卜力希望他宣佈兩廣獨立，這就符合他們的最佳利益了。卜力知道李鴻章的生性懦弱，為了堅定他的信心，特地通過何啟等人，用興中會的名義，致書於卜力，由卜力交給李鴻章看，一方面，又由何啟等通知孫中山來港，以便時機成熟，即安排孫先生與李鴻章會晤。

　　但是孫中山並沒有答應，他知道李鴻章不會反對滿清，又知道卜力的野心。當時他乘法國郵船來港，在船上和各在港同志見過面，了解一下這件事，便赴南洋去了。

　　孫中山自 1895 年離港後，直到辛亥革命成功，才從日本乘船回國，在香港登岸，轉赴廣州，赴上就任臨時大總統。

八十年前三位華人名流趣事

香港是個華人社會，百年來華人名流輩出，但可惜從來很少人將早期的華人名流的事跡，詳詳細細記錄起來，或寫成專書，供後人研究。在這方面，反而不如外國人。外國人寫了不少香港早期西人的傳記的書，而中國人實付之闕如。直到 1936 年，才有一本較詳細的《香港華人名人史略》出版，稍後雖有類似的書刊行，但大部分屬於捧場文章，欠缺真實性和趣味性。

筆者曾嘗試搜集早期華人名流的傳記和趣事，當搜集資料時，發覺有不少困難，太早期的華人事跡，只得一鱗半爪，難作系統性的處理，只有在辛亥革命前後，即七八十年前的資料較易搜集，這是值得人們關注的。

關心焉在港推動剪辮運動

在辛亥革命前夕，人們都知道本港有所謂「四大寇」，這「四大寇」是指孫中山先生、尤烈、陳少白和楊鶴齡，但不知「四大寇」之外，有一個名叫「剪辮不易服會」，在辛亥革命未成功之前，在香港提倡剪辮。這個會的發起人，是關心焉醫生。

關心焉醫生是孫中山先生和陳少白的同學，他們都是在西醫學堂讀書的。西醫學堂即香港大學的前身，當時設於雅麗氏醫院

內，雅麗氏醫院又是今日的那打素醫院的前身。他既然是孫中山先生的同學，孫中山先生鼓吹革命，推翻帝制，他應該也共同舉事才是。孫中山先生經常詢問他，既然同意革命，為什麼不參加革命？他沒有辦法，只好說媽媽不准。

原來關心焉名景良，心焉是他的別字。他的祖父關允著於1860 年間已來港經商，開了一間錢莊，他的父親關元昌是一位牙醫，他的母親姓黎，當時在雅麗氏醫院工作，由於她識英語，又學過護士，常常指導西醫學堂各華人學生做功課，故此人人都叫她做契娘，這位眾人契娘雖然也同情孫中山先生搞革命，但她不准關心焉參加。

孫中山雖知這位眾人契娘品性慈祥，她雖是開明人士，但又非常怕事，怕關心焉參加革命會連累家族，因此也沒有勉強他。不過，關心焉卻要以事實來表示他贊成革命，用什麼事實來證明呢？就是在香港提倡剪去頭上的長辮。

當時政權尚在清帝手裏，沒有人敢提倡剪辮的，但香港早有剪去長辮的華人，那些剪辮的華人多數穿西服的。而且多數是從外國回港的留學生。穿中國服裝而剪辮的華人完全沒有。他提倡的正是穿中國服裝而不留辮子。

這個剪辮運動非常有意義，因為當時很多小市民都想剪去拖在背後的長辮，但剪去長辮而不穿西裝，似乎不倫不類；若穿西裝，又非經濟能力所許可，而且又不習慣。經關心焉發起了剪辮不易服運動，果然就有很多人剪辮了。

關心焉掀動剪辮運動確實花過一些心血。他首先要找一羣社會上有地位的名流，以身作則，剪去長辮而仍穿中國服裝，出席

各種大場面，作為一種示範。同時，他又要讓小市民相信在香港剪辮是合法的，表明香港政府並無法律規定華人一定要拖一條辮子，為此，他首先找到當時香港的「六老」參加，這六位老人，其中一位是他的父親關元昌，另一位是王寵惠的祖父王元琛，還有當時著名的區鳳墀老師，胡恆錦律師的父親胡禮垣、吳秋湖、溫清溪等六老人，另外還有一羣青少年。他組織了一個「剪辮不易服會」，向香港政府註冊，成立為合法社團。但這還未夠號召，他還要隆重其事舉行一次聲勢浩大的盛會。

根據記錄，當時「剪辮不易服大會」是在宣統二年庚戌十月初三日舉行，即 1910 年 11 月 4 日，地點是在華商會所禮堂上，當時特別禮聘愛爾蘭大樂隊一百二十人奏樂行禮，到會觀禮的紳商名流達六百餘人，可說極一時之盛。

禮成之後，拍照留念。然後樂隊隨同這一羣剪辮不易服的老少同志，在街上遊行。目的在顯示剪辮不必穿洋服，讓市民知道這種運動是合法的。這一次大遊行，經過本港各主要街道，沿途受到市民熱烈歡迎。從那一天起，以後就有更多的市民把腦後的長辮剪掉。

李煜堂和康有為父女鬥法

七八十年前香港華人名流中，還有一位李煜堂先生。這位華人名流最有趣的事，是支持當時鼓吹革命的《中國日報》和康有為父女鬥爭的事。

關於李煜堂的小傳，吳醒濂著的《香港華人名人史略》有如下的記載：

李公煜堂，原籍粵東台山東坑，後遷居同邑西關堡龍舟里。幼研經史帖括之學，抱乘風破浪之志，慕伯叔昆季先後以貨殖遊美洲，心焉嚮往。年十八輟讀，附帆舶偕行，留心考察商務，旁及遠西富強之術。在香江小為試展，設立金利源、永利源等藥材行，善於擇人任事，歲獲贏利。值清季甲午之役後。公深慨列強凌暴，華夏板蕩，益知興復之不容緩，遂斥資經營工商業，如廣州電力公司，及機器磨粉公司、泰山源出入口貨莊等。……睹國事日非，知維新為急務，慨然加入同盟會，以酬夙昔報國之志。乙巳，美政府佈華工入口禁，吾華舉國洶洶。本港僑胞以公負時望，相與策劃，成拒約會，美商患之，請和解，卒成立十二條款，禁例稍弛，公與有力焉。丙午，吾人倚為喉舌之中國報，厄於保皇黨之傾陷，業瀕於危，公徇陳少伯、馮自由之請，出資承辦，自丙午迄辛亥，亘六年之久。庚戌，廣州新軍起義，事敗，黨人為邏者所伺，眾以為憂。公又以其舊業金利源藥肆，為黨人集合中樞。自三月廿九日廣州一役，以逮民元國府成立，海內外軍需之出納，器械之貯藏，皆為金利源是賴。廣東光復，同志重公勳望，環請出長財政司，時軍需孔亟，一夕之頃，集款八十萬圓，士飽馬騰，歡同挾纊。在任六月，以積勞引退，嗣

後多致力於商務。……曾著「九國遊記」一書，用資國
人借鏡。蓋彼憂國愛羣之心，老而益熾也。溯公生於民
國紀元前六十年七月廿七日。終於民國二十五年一月一
日。享壽八十有五。哲嗣凡十七八人，男女各半。

這篇小傳中所說「中國報厄於保皇黨之傾陷」還有一段上文
因果的，頗足一述。

康有為是戊戌政變的主角，戊戌政變失敗後，他流亡海外，
組織保皇黨，和孫中山先生的興中會唱對台戲。康有為在戊戌政
變之前，曾到過香港，他當時已有君主立憲的政治思想，在香港
頗受一些買辦和商人的支持。因此他在戊戌政變失敗後，派他的
女兒康同璧在香港活動，籌集保皇黨的經費，康有為是南海縣
人，南海縣同鄉在港謀生者不少，而且還有不少是大商家，他們
又仰慕南海先生大名，很多人都捐款給康同璧，支持康有為的保
皇黨。

這本來是人所皆知的事，但《中國日報》是屬於孫中山一派
的機關報，為了爭取同情者，打擊保皇黨，便搜集保皇黨在港籌
款的資料，以及康有為和梁啟超等在海外花錢的資料，寫了很多
篇文章，在報上發表。大意是說：康有為的保皇黨不過是腐儒們
騙錢的招牌而已，就少不免提到康同璧在香港收集款項的事實。
於是康有為便叫他的女兒康同璧控告《中國日報》誹謗名譽。

當時香港的中文報紙註冊，並不如現在的需要繳交一筆按金
方能註冊出版。中文報紙的稿件，也未有檢查制度，《中國日報》
是由文裕堂書局出版的，文裕堂是香港一間老字號的書局，《循環

日報》於 1874 年出版時，也是由文裕堂出版的。到了光緒年間，《循環日報》已獨立出版，因此文裕堂出版《中國日報》，由陳少白主持報務，故康同璧控告《中國日報》誹謗名譽，被告者就是文裕堂。

文裕堂是本港最早印刷英文讀本和四書五經的書局，初期業務極盛。但到了光緒末年，由於不肯改進，版本過舊，加上有不少新的競爭者，業務一落千丈，已處於極困難時期，當接到康同璧的告票時，文裕堂連請律師的錢也沒有，準備和康同璧談判和解。

由於這件官司的原告人是女性，《中國日報》誹謗她行騙，文裕堂請教過一些法律界人士，所得的結論都是認為文裕堂必然敗訴，同時，如果沒有辯護律師辯護，更加不利。這是促使文裕堂和保皇黨談判的原因。

康同璧控訴《中國日報》，實際上是保皇黨和孫中山的興中會間的鬥爭。保皇黨認為，通過談判，可以把《中國日報》接過來，成為保皇黨一份有力的報紙，因此他要求文裕堂將《中國日報》賣給他，作為和解的條件。

文裕堂為勢所迫，不能不考慮答應，這就是李煜堂小傳中所說的「厄於保皇黨之傾陷」這句話的來由。

文裕堂支持孫中山先生辦《中國日報》，也有一段上文因果的，事緣孫中山先生在港畢業於西醫學堂後，曾到澳門設中西醫局，在澳門鏡湖醫院行醫，後來，又到廣州博濟醫院任醫席，結識了一位廖翼鵬先生，由廖翼鵬介紹文裕堂股東支持《中國日報》出版的，因此當文裕堂股東準備和解時，廖翼鵬便通知孫中山先生，叫他設法解決這件事，否則，《中國日報》便會落在保皇黨之手。

　　當時李煜堂的外甥馮自由，也是《中國日報》主筆之一，孫中山先生當時被香港政府「驅逐」出境，不能回港想辦法營救，只能寫信給馮自由，叫他設法。馮自由便請他的舅父李煜棠，出面向文裕堂買回《中國日報》，使《中國日報》脫離文裕堂組織之外。

　　李煜堂當時是本港華人名流，是有名望的商人，他以五千元向文裕堂購買《中國日報》，文裕堂正陷於經濟困難，當時的五千元是個相當大的數目，可以解決很多問題，同時，文裕堂出賣了《中國日報》，又可解除了保皇黨的壓力，因為保皇黨控訴文裕堂，目的在《中國日報》，如今脫離關係，保皇黨可以直接控訴《中國日報》，與文裕堂無關。

　　這件事在秘密進行，保皇黨事前不知，因為事在法院定期審訊之前，故此等到法律廣告刊出時，才知道不能控制《中國日報》。

　　李煜堂此舉，一方面暫時解救了文裕堂（後來文裕堂因敗訴而宣佈清盤），同時也解救了《中國日報》。他知道康有為不能過於和香港的華人名流過不去。他在購回《中國日報》之後，並拉攏幾位香港商人投資，成為該報的股東，並且改組該報，由他的外甥馮自由任社長，馮自由在他的《革命逸史》第三冊中，對這件事有如下的敘述：

　　　　康有為之女同璧控告中國報賠償名譽損失案。先是中國報搜羅康梁師徒藉保皇黨名目棍騙華僑巨款種種證據，揭諸報端，涉及康同璧名字。同璧乃委託保皇會員葉惠伯為代表，在香港法院控中國報誹謗名譽，要求賠償損失五千元。此案涉訟經年，迄未解決，中國報所

舉證據極為充足，大有勝訴之望。惟英律凡被告無能力延律師抗辯，即等於敗訴，訟費須由被告負擔。時中國報屬文裕堂有限公司資產之一部，故文裕堂如因營業虧折，宣告破產，則所附屬之中國報亦須付諸拍賣，以供訟費之需。時陳少白束手無策，余以此舉關係全黨名譽之巨，乃求助於外舅李煜堂，得其助力，於事前以五千元向文裕堂購取中國報，始得免於拍賣。總理在南洋聞之，以文裕堂雖無力供給此案之訟費，然為民黨名譽計，仍當繼續抗訴，以竟全功。特匯款三千元於少白。使延律師力爭。少白以訟事牽纏，費時失事，主張不再興訟。故此案結果遂為無形之失敗。

　　余等於是歲八月接收中國報後，遂遷報社於上環德輔道三○一號。新股東為李煜堂、李紀堂、李亦愚、潘子東、伍耀廷、吳東啟、伍于簪、麥禮廷等，眾舉余任社長兼總編輯，於是全局改組。壁壘為之一新。同時陳少白亦辭退同盟會長一職，眾舉余承乏。

李紀堂為「大明順天國」而傾家

　　李紀堂也是本港八十年前的華人名流，他的父親李陞，是1880年間香港的首富，現在港島西營盤的李陞街，就是以他的名字命名，當時，李陞興建高陞戲院，高陞街、李陞街的樓宇，都是他的物業，他又是置地公司第一位華人董事，可見他的富有。

李陞有子女八人，死後家產分給兒女，李紀堂佔一份，在當時估計，也值一百萬元，但是他這一份家財，一半為支持孫中山先生革命而耗盡，一半則為支持大明順天國而花掉。馮自由的《革命逸史》，有〈革命富人李紀堂〉一章，現節錄其中一段於後：

是歲（一九○○年庚子）六月，總理自日本赴越南，舟過香港，衢雲引紀堂登輪相見。總理大喜，蓋自乙未（一八九五）廣州兵敗之後，港人無出資襄助革命者，紀堂之加入革命黨，實不啻為興中會添一最強大之生力軍也。時總理立給紀堂軍資二萬元，使充駐港財政主任。從是日起，以至惠州三洲田之義師解散，黨人之給養補充及遣散撫恤等費，所耗不貲，大部由紀堂解囊供給之。又自庚子以至丙午（民前五年一九○六）秋文裕堂書店歇業，此七年間香港革命機關之黨務報務，均由陳少白負責主持而其經費則皆仰給於紀堂。而紀堂對於少白所請，有求必應，毫無吝色。故紀堂對於革命事業之貢獻，亦以此七年間為最偉大，可以謂之庚子至丙午時代興中會之中流砥柱。

謝纘泰與楊衢雲友誼最深厚。自楊衢雲於庚子年冬被清吏派人刺殺之後，日謀在廣州舉事，以為死友復仇。其父日昌為三點會前輩，與太平天國天王洪秀全之從姪全福相善。全福在洪門中資格甚老，有號召各地會黨之能力，屢欲起兵反清，而缺於財。纘泰父子謂如得紀堂相助，大事可成。遂於民國前十年壬寅（一九○二）

八月，介紹全福與紀堂相見。紀堂聞為洪天王族姪，曾封左天將瑛王三千歲，慨然信之，即允擔任發動經費五十萬元。全福於是大舉進行，定期癸卯（一九○三）正月元旦在廣州發難，預定國號名曰大明順天國。紀堂對於組織內容絕不過問，祇預製自用之軍服刀劍等物，以備屆期赴粵，參加恢復河山大典。此次運動，與興中會幹部絕無關係，祇由纘泰父子與全福秘密進行。時總理方居越南河內，嘗約陳少白往會。紀堂於少白首途時，特餽贈總理旅費一萬元，託少白攜往，並略告以是役計畫經過，並謂待吾奪得廣州即迎中山先生回粵云。及是歲除夕，全福等以事機不密兵敗，全福與主事人梁慕光、李植生等分途出險；被逮及殉難者，有梁慕義等十餘人。事後，紀堂復出資辦理撫助遺族諸事。日昌憤極成疾，逾年病故。而紀堂經是役後，家漸中落，日形拮据之象。最可異者，紀堂是役費如許資財，而於謝洪等所定國號茫無所知，甚至所撰討滿檄文亦未過目；陳少白謂其少不更事，誠為的論，至謂其「欲過皇帝癮」，則未免謔而虐矣。

馮自由說李紀堂只負責出錢，一切有關「大明順天國」的事都不過問，其實並不如此，因為馮自由和李紀堂雖然是老友，但在「大明順天國」起義失敗之後，香港當局非常積極協助清政府在港拿人，李紀堂為避免受嫌，雖老友也都說全不知情。同時，馮自由寫《革命逸史》時，有關洪全福大明順天國一案的很多歷

史文件還未發現，他所知實在有限。最近國內發現該案的一批文件，可把當時李紀堂幫助洪全福舉事的情形，刻劃出來。

洪全福又名洪杏魁，是洪秀全的從姪，是當時香港三合會的首領，他的三合會稱「洪順堂」，黨徒遍佈省港和惠州一帶。打著反清復明的旗號，四出活動，謝纘泰是當時《南華西報》的記者，他的父親謝日昌也是洪順堂三合會會員，洪全福早有在廣州起義之心，但因為沒有軍火及糧草經費，無法起義，便由謝纘泰請李紀堂支持，李紀堂當時一口就答應出資五十萬元，並和謝纘泰洽購軍火。

當時有一間德國洋行名「布士兜」洋行，是專門出售槍械子彈等軍火的商號，李紀堂和這間洋行的主事人相熟，就向該洋行購買大批軍火，偽裝是其他貨物，先運到廣州去，放在廣州和記公司的貨倉內。

廣州和記公司的貨倉，是在芳村德國教堂旁邊，洪全福手下有兩位親信，是這間教堂的教友，因此就將在港縫製的軍服和刀斧等兵器，先運到這間德國教堂去，準備在光緒廿九年（1893 年）農曆元旦舉事。

洪全福在港印備很多文件，這些文件都是由李紀堂的兒子去印刷的，其中有《討清檄文》、《紀律告示》、《安民告示》、《賞格告示》等。按照他們的計劃，除在廣州起義之外，同時同日，在惠州城、博羅縣城起義，故此軍火和文件，分別也運到博羅縣城去。

當時廣東巡撫德壽，因兩廣總督陶模年老多病辭職，署理兩廣總督。德壽在巡撫任內，知道香港有很多革命黨人活動，又因當時朝廷捉拿康有為梁啟超，派了很多密探來香港活動，四大寇

之一的楊鶴齡（衢雲），就是被德壽的密探，在中環結志街上開槍刺殺斃命的。這些密探發現省城同興街的信義號店主梁慕信頻頻來港辦貨，又與洪全福來往，便在他返省城時，在船上搜他的行李，搜出了他所帶的一批貨物之內，有很多「大明順天國」的文件。就是上述的《安民告示》等文件。

「大明順天國」起義因此便告流產，最近國內故宮博物院明清檔案部，在故宮軍機處找到了當時署理兩廣總督德壽給軍機處的電文，這是和本港有關的歷史文件。現將這電文錄出，以供參考：

德壽等為洪全福私運軍裝約期起事事致軍機處電
光緒二十九年正月初四日

上年十二月間，訪聞香港有會匪勾結，潛謀不軌，私運軍裝進口，約期舉事，先攻省城。當經分飭水陸各營嚴密防範，並搜拿軍裝，以遏亂萌。廿八日，准英總領事函稱，香港巡捕已查獲會匪窩聚之所，並起出會黨簿據等語。次日，又准送交刊就偽示多張，內有「大明順天國南粵興漢大將軍」字樣，語極悖逆：並有匪黨與省城其昌街德商佈士兜洋行買辦，及同興街德教民梁慕光所開之信義店往來逆信多件。

查得匪黨所運軍裝，均係托名貨物進口，由德商佈士兜洋行代報完稅，送至省河附近之芳村德國教堂收藏。當即密派幹員並照會德領事會同前往搜查，在教堂通連之和記公司起獲旗幟、號衣、褲、窩角鐵、斧、刀

剪、草鞋、九龍袋及餅乾、牛肉，共一千餘箱。其梁慕光所開之信義店，亦經飭縣查封，並拿獲匪黨梁平、蘇亞居等十餘名。訊據供稱：在港匪首係洪杏魁，綽號三千歲；省城辦運軍裝，一切均係梁慕光主謀，送交德總教士郭宜堅收藏。等供。

查此次該匪等膽敢分佈省港，刊刻偽示，私置軍裝，勾結謀逆，實屬罪大惡極。而洋行、教堂人等復與勾串窩藏，蹤跡尤為詭秘。幸經先事覺察，並得英總領事、香港總督不分畛域，協力查拿；德領事亦能破除偏私，實力相助，得使逆謀敗露。此皆仰托朝廷福庇，平日辦理交涉，遇事和衷，用能使中外一心，不致釀成巨患。

除仍飭水陸各營一體嚴密防範，查拿匪首洪杏魁、梁慕光等，務獲懲辦；一面將現獲各犯研訊同謀黨羽，及搜查軍火是否另有寄藏，暨將詳細情形另行奏報，並電外務部、軍機處外，伏乞酌核代奏，以慰宸厪。德壽、李興銳。支。

（軍機處收電檔）

這件文件是在破獲洪全福起義機關後約一星期給軍機處的電文。當時還未捕獲梁慕光及洪全福，到了二月三十日（陽曆 3 月 28 日），德壽又再向軍機處報告將洪全福擊斃，以及在惠州、博羅等地捕獲大批人犯的情形，電文全文如下：

德壽等為已將洪全福格斃等事致軍機處電
光緒二十九年二月三十日

　　省港會匪勾結謀逆，先將訪查破案，起獲軍裝、糧食各情形，於正月初四日電奏。奉旨：仍著嚴密訪拿匪首洪杏魁、梁慕光，務獲懲辦；至私藏軍火之和記公司，著一並查明究辦。等因欽此。

　　二月初七日，續奉電旨：梁慕信係梁慕光胞兄，如果知情同謀，應與監禁之伙犯多名，速即訊明正法。等因欽此。

　　查去年臘月搜獲逆信內，有赴惠州路程單，各匪亦惠州人居多，誠恐由港赴惠，踞省上游，先經電告惠州文武嚴查防堵。詎本年元旦，博羅縣南門外貼有偽示，與查獲刊就偽示相同。數日間，惠城各鄉匪徒麕集，焚殺搶擄，勢甚披猖。當經嚴飭各營分路防剿。獲匪供稱：均由香港潛來，本與省城各匪約期並舉等語。復經添調總兵孔祥達一營赴惠，以厚兵力。先後拿獲逆黨頭目黃譚福、李錦華、林富傳、陳東生、鍾亞冠、陳亞晚、邱亞發等及伙匪四十餘名懲辦，匪勢略靖。省城先獲匪黨梁匠、蘇亞居等十餘人，又獲梁慕光胞兄梁慕信，隔別研訊。其謀叛逆首為洪春魁，即洪全福，偽號三千歲，寄跡香港，富有資財。在省招人運械，係梁慕光。糾黨辦事各匪，為劉玉歧等十餘人，各招匪黨數百人、數十人不等。約定臘月三十夜，在城內放火為號，齊攻省城。其附省北路之大頭目為劉大彪，允招三千

人，先攻城外製造局，搶取軍火。嗣以逆謀敗露，遂各逃竄。當飭司道督同印委各員，覆提現獲各犯逐一勘訊。據匪兄梁慕信及匪黨劉玉歧、蘇亞居、葉亞福、陳學林、何亞萌，均各供認聽從糾黨謀逆不諱。稟經批飭正法梟示。餘匪或須研鞫，或訊未同謀，分別監候待質，懲辦發落。劉大彪係著名劇盜，曾懸賞銀三千圓，久未弋獲。因飭營員團紳設法覓線，將劉大彪槍斃，由縣驗明戮屍梟示。餘黨亦即解散。

首逆洪春魁等逋逃洋界，前經電致駐英欽使張德彝商之英外部，轉達港督，設法處治，毋任容留。現准覆電，英外部已允照辦。正在密飭水陸各營購線訪拿間，適該逆首洪春魁即洪全福，於本月二十六日潛回內地，經營員訪明，跟蹤圍捕，當場格斃。搜獲「全福之寶」金牌一面，將屍身運省，由縣提犯指證確實，戮屍梟示。

至私藏軍火之和記公司及梁慕光所開之信義店，均已由縣查封。惟前起軍裝數千件，糧食千餘箱，獨無槍枝子碼，迭飭營縣嚴查。僅於番禺縣大墩頭鄉起獲洋槍百餘枝，增城縣屬新塘河面截獲槍碼萬餘粒。訊據匪供：港澳禁運軍火，付銀定購，一時不能交足。現將起獲軍裝發房存儲，乾糧等件給營犒賞。

仍飭各營縣嚴拿梁慕光及各伙匪等，務獲懲辦，並將詳細情形另行具折奏報外，所有懲辦逆匪，地方安靜緣由，陳乞代奏。德壽、李興銳謹肅。卅。

（軍機處收電檔）

　　從這兩件電文可以知道，梁慕光當時並未緝獲。這些大明順天國的三合會員，也未供出李紀堂之名，也許當時洪全福並未對黨人說出由李紀堂支持的。因此李紀堂對這事也諱莫如深，不敢對人說。

　　但當時很多香港人都知道李紀堂是直接支持和協助進行的人，因此港人說他想做皇帝，才肯傾家蕩產。當時另有一種傳說，說李紀堂相信一位風水先生的話，風水先生說他的家山風水，必發皇帝，因此他就和洪全福協議，將來事成，他當大明順天國皇帝，洪全福任南粵興漢大將軍，又說他已經在港，請了一位裁縫為他製造大明順天國皇帝的龍袍，準備登基時之用。這些都是傳說，馮自由說他所預製的，只是軍服而已，相信這是最可靠的。

七十年來被淘汰的事物

1970 年代早已飛逝，歷史車輛踏進了 1980 年代，回顧過去的七十年，我們感到香港變化很大。單就中區海旁的建築物，就起了極大的變化。有人説香港是每十年換一次新面目，如果把 1900 年至 1979 年的中區海旁風景照片，每十年一幀地排列起來，的確是看得出十年一番新面目。説香港十年一變，不是沒有根據的。

七十年來香港面貌變化很大。如把每一種變化加以詳細説明，恐怕寫幾十萬字也難以詳盡。縮小一點，把七十年來被淘汰的事物蒐集起來，也可以説明香港在七十年來所起的變化。因為這些被淘汰的事物，全部都是由於社會的進化而起的。從被淘汰的一面，足以看到香港進步的另一面。

大紅花轎和儀仗業被淘汰

七十年前，香港人結婚仍用中國傳統的禮節，從議婚到成婚，要經過三書六禮手續。到結婚那天，又必須用大紅花轎到新娘家中去迎親，敲鑼打鼓，十分熱鬧。查香港婚姻法制史，頒佈第一條婚姻法是在 1852 年，於當年 3 月 16 日公佈施行。當時的婚姻條例，對於華人的婚禮，亦承認傳統的習俗，中間經過 1876 年的修訂，仍然保持傳統習慣，故此這種風俗，一直保持到二十世紀初。

在辛亥革命之前，全港華人的婚禮都是依照這種習俗舉行的，因此每逢好日子，就見到迎親的大紅花轎在街道上出現。這種迎親的行列，亦有一定的規格。在最前列的，是一對大紅燈籠，由兩個人擔著，每人擔著一個。紅燈籠上寫著「某府迎親」字樣。接著是兩個擔著大銅鑼的人，那面銅鑼掛在一條紅色的擔竿上，擔竿前面掛銅鑼，後面掛上飾繡的布旗，邊行邊打鑼，稱作「頭鑼」。這「頭鑼」的作用是開路，打響這面銅鑼，是叫人們讓路，讓迎親花燭行列通過。

頭鑼之後，是些花燭儀仗，這些儀仗有極豪華，也有極簡單的，富有的人家極盡奢華，普通人家則十分簡單。在這些儀仗後面，有一亭「媒人轎」，媒人坐在轎上，手上捧著一個金漆禮盒，這禮盒裏面載著禮帖，這些禮帖，就是俗稱的「三書」。

樂隊在大紅花轎之前，在未接到新娘，花轎內沒有人兒，接了新娘，新娘就坐在花轎內被送到夫家。花轎的形式分開幾種，普通人所用的只是一座髹以紅漆的木轎，有錢人家，花轎上掛滿錦繡的轎衣，十分輝煌。

由於人人都採用這種形式結婚，因此也出現了一種行業，專門供應迎親花轎和儀仗的。這行業稱儀仗業。

根據手頭上的資料，本港著名的出租花橋及迎親儀仗的商店共有五家。九龍有三家，港島有兩家，他們的地址如下：

　　永昌號（嚤囉下街四十二號）；新榮號（結志街十四號）；永記（大南街九十號）；區拾記（砵蘭街三十六號）；新丁財（廟街二號）。

　　這五間儀仗店都是老字號，直到 1940 年代仍然營業，但現在由於再沒有人用這種落後的形式結婚，是以也遭淘汰。

　　從辛亥革命到戰後初期，用大紅花轎結婚的舊儀式，是隨著時代的步伐而減少。民國初期的十年，已開始文明結婚，文明結婚漸漸流行，花轎出租率也就減少了。在 1920 年代，可以說是文明結婚和傳統式結婚平衡時代，到了 1930 年代，雖然仍然有人用大紅花轎迎親，但數目已開始減少了。第二次世界大戰後，用花轎迎親的更少。不過未盡淘汰，上述五間老字號仍然有大紅花轎出租。

　　到了 1950 年代後期，大紅花轎才完全被淘汰。淘汰的原因是費用太昂貴，租用迎親的全套儀仗費用不少，還要付出擔抬的人力的費用。比起租用一輛花車是貴得多，因此很多人都用結上綵帶花球的汽車代替花轎。

　　另一個主要的原因是當局對在街上巡行的限制。使用大紅花轎迎親必須列成隊伍在街上遊行，迎親隊伍阻礙交通，當局對這種儀式絕不鼓勵，因此便被淘汰。

出殯和喪家天橋

　　談到當局限制在街上巡行，另一種事物也是因此而淘汰的，這種事物就是「出殯」。

　　從前舉行喪禮，也是用傳統形式的。封建時代人們對於死亡的觀念，以「壽終正寢」為最幸福，是以人們不願意在醫院死亡，

很多有錢人生了病都不願意進醫院留醫。即使進醫院醫病，到了彌留時候，還是要回到家裏去才算終於「正寢」。在舉喪時，親友到來送殯，隨著孝子護送棺材到墳場前的地方辭靈。因此出殯也和用大紅花轎結婚一樣，送殯的行列在街上遊行，阻礙了交通。

二十世紀初期，由於沒有殯儀館，以及「壽終正寢」的觀念未除，稍有些錢的人都要在家裏舉喪。但香港的居住情形和內地不同，除了大富之家能住一間大屋之外，其餘中等人家，極其量是住一層樓宇。香港的樓宇樓高四層，住在二樓、三樓或四樓的人家，一旦辦起喪事來，就十分麻煩。因為棺材不能從樓梯抬到二三四樓上去，大殮之後，更不能從樓上經樓梯扛到街上。

但是香港人有個變通的辦法，就是在樓上的窗口或騎樓處，建一座「喪家天橋」，這天橋從樓上伸展到街上。以利長生店把棺材抬進屋裏，以及便於將靈柩從屋內抬到街上。

這種「喪家天橋」是用竹和木架成，弔祭死者的親友可以從這天橋到喪家去弔祭死者，出殯時孝子賢孫也隨著仵工抬棺下街。這是香港喪禮最富特色的地方。

在大型和現代化的殯儀館未建成之前，這種喪禮非常普遍。全港所有的「長生店」都兼辦一切喪禮的服務。例如建築喪家天橋、辦理出殯時的儀仗服務等。這樣的喪禮維持很久，直到 1950年代初期仍有。

這種喪禮被淘汰於 1950 年代中期，因為那時香港和九龍都開了新式的殯儀館，加上當局不批准送殯遊行及架設天橋，是以即使是大富之家，也不在家中開喪，這種事物就不復為人們見到。

人力車仍有、轎子已無

另一種被淘汰的東西是轎子。轎子是二十世紀初期主要交通工具之一。當時還未有汽車，住在半山區上的有錢人，多靠乘轎子代步。因此全港的轎子站都設在登山的斜路下面，中環的雲咸街口路邊、威靈頓街路邊，西營盤的水坑口、正街口，都是轎子站。轎伕們將轎子停放在路邊，等候乘客。

當人力車未從日本傳到香港時，轎是本港主要交通工具。但二十世紀初已有大量的人力車在香港出現，轎成為次要的交通工具，原因是轎子要兩個人才能抬得起，乘坐轎子要付出兩個人的勞力代價。人力車只用一人來拉，車資較廉，而且又比轎子為快，故此人們都乘人力車。但人力車不能上斜路，轎子卻可以上，故轎子在二十世紀初期，多作登上半山區的交通工具。

轎子的被淘汰，共分三個階段，當人力車出現時，已將一半的轎子淘汰去了。原因是轎伕多轉業為人力車伕，雖然拉人力車也是出賣勞力，但拉人力車不用找一個合夥人。抬轎要兩個人合作，如果合夥的轎伕不合作，抬轎是特別吃力的。故此當人力車出現時，很多轎伕轉業為車伕，轎子被淘汰了一半。到了汽車在香港路面行駛漸多時，住在半山的富人有汽車代步，轎子更加少了，特別是中華巴士公司成立後，有巴士開上堅道上面，便將轎子完全淘汰。

完全淘汰轎子的年代，是在 1954 年。1952 年仍然有小量轎子，到了 1954 年才先後絕跡。人力車和轎子都是落後的交通工具，但人力車至今仍未淘汰，為什麼會這樣呢？主要原因是抬轎

需要兩個人，其中一位老拍檔另圖別業，剩下的一個亦不能不轉業。是以目前仍有人力車，但轎則完全絕跡了。

出租連環圖為什麼絕跡？

有很多與兒童有關的事物都被淘汰。其中最顯著的是出租連環圖的檔口全部絕跡。

自從石版印刷術傳入之後，出版商大量印刷供兒童閱讀的連環圖畫冊。二十世紀初，上海已有連環圖畫冊出版。但是連環圖相當貴，不是普通家庭的兒童能買得起，於是有人購買這種連環圖出租與兒童閱讀，租閱連環圖成為一行新興行業，全國各地皆有。香港亦不例外，當時香港各區的住宅區街邊，都有這種出租連環圖的書檔，成為兒童們的精神糧食店。

連環圖最全盛的時候，是 1920 年代至 1930 年代，當時上海是全國連環圖供應中心，有幾家公司集中很多畫家編寫連環圖，出版各種內容的畫冊，內容包羅萬有，有取材於通俗小說的，有取材於古典戲曲的，亦有取材於電影劇本的，從《薛仁貴征東》到《科學怪人》，種種式式，吸引大批兒童租閱。

租閱連環圖十分便宜，一個銅仙可看幾本，經營此業的人，用木板釘成幾十張小櫈放在路邊，將各式各樣連環圖放在木箱內，檔前用一張厚紙，把各種連環圖的彩色封面貼在上面，作為「書目表」，兒童們就在這張貼滿封面的紙上挑選，他們看完一本又一本，看得津津有味。

　　租閱連環圖這一行業被淘汰，約於 1962 年。這行業被淘汰，是因為沒有新書出版。1949 年上海解放後，連環圖供應中心的上海，已沒有新書供應。當時有一部分出版商和畫連環圖的人來到香港，繼續出版連環圖，他們艱苦支持了三年多，便不能繼續下去，由於沒有新書供應，舊書已殘，兒童們又都看過了，沒有生意，便不能不停業。

　　解放前上海出版商出版連環圖能賺大錢，是因為市場廣闊，全國所有城市都有出租連環圖的行業，出版幾千冊，瞬即就賣清光，解放後他們來香港出版，市場就只有港澳和南洋的幾個埠頭，一千本都難銷得去，在長期虧本之下，便無法出版。出版商和繪畫者都要轉業，出租連環圖的經營者便不能不轉業了。

爆竹廠和煙花廠

　　另一種被淘汰的事物是辦喜事時燃放爆竹。燃放爆竹是中國傳統習慣，這種習慣在香港一直被保存。從前本港各大酒家接到盛大的喜筵壽酌之類的宴會訂單，一定詢問主家要不要燃放爆竹，而大部分辦喜事的人家亦一定需要燃放爆竹的，酒家當事人就替他們申領燃放爆竹的「人情紙」。

　　本港開埠以來，每年農曆新年的大除夕和年初一、年初二兩天，都是准許燃放爆竹，以便市民慶祝新年的，此外年初七，因俗稱人日，亦准許燃放爆竹。農曆正月十五上元節，也准許燃放爆竹，此外在其他的日子裏，如要燃放爆竹，就要事先到華民政

務司署去領取「人情紙」。

領「人情紙」的手續非常簡單，由申請人寫一封英文信，信中寫明某月某日在某地點燃放爆竹，並交付十元按金，華民政務司就會發給「人情紙」一張給申請人，並發給十元按金的收據，領得「人情紙」後，就可以依時燃放爆竹。

那交付的十元並非「人情紙」的費用，只是按金，按金的作用是保證燃放爆竹時如有意外發生，例如傷人等事，用此賠償給受傷者。因此在燃放爆竹之後三天，就可憑收據到華民署去領回十元按金。辦喜事的人多委託酒家代辦，酒家亦樂於為顧客提供這種服務。

除了喜酒燃放爆竹外，商店開張也燃放爆竹的，因此時常見到大串爆竹從四樓吊到地下燃放的場面，由於燃放爆竹成為辦喜事的一部分，出售爆竹的商店亦很多，他們對購買數以十萬頭計的長串爆竹的顧客特別優待，除了為顧客特製一幅誌慶的標誌牌放在爆竹頭上之外，並派員協助燃放。

爆竹成為當年的日用品，因此本港也有很多爆竹廠。二十世紀初，本港有幾間製造爆竹的工廠，有些設在離島，有些設在郊區。其中一間設在北帝街，算是最接近市區的爆竹廠。本港的爆竹廠除了以爆竹供應本地之外，並銷往歐美各華埠。除製造爆竹外，並製造煙花。

最先淘汰的是製造爆竹的工廠，因為香港地少人多，當局的高地價和高租值政策，令到製造爆竹業先後結束。租地的廠商因租值不斷上升，難以支持；自置廠房的廠商又因地皮有價，亦結束工場而發展地皮，他們寧將工場改設澳門，或索性輸入中國爆

竹出售，是以爆竹工廠最先淘汰了。

到了 1960 年代，由於 1967 年的騷動事件，當局頒令禁止燃放爆竹和煙花，就連辦喜事燃放爆竹也遭到淘汰，現在擺喜酒的人不會再燒炮仗，商店開張換了請明星剪綵及開酒會的形式。爆竹商因本銷市場完全停滯，結業的很多，目前本港僅有幾家專做外埠生意的爆竹公司而已。

被淘汰的事物，還有很多很多，例如「妾侍」已因 1971 年 10 月 7 日實施新婚姻條例而告終止。但是，這只是說，新的「妾侍」不會出現，但 1971 年以前的「妾侍」，仍有其地位，所以實際上，香港還有很多妾侍。

男人的辮子因辛亥革命而被剪掉，但女人的辮子一直保留到現在，目前還有很多上了年紀的女人梳著長辮的，有些女傭仍以梳辮子為榮。因為有錢人家請女傭，對於梳辮子的特別給予高薪，因此女人的辮子未被淘汰。

兒童遊戲變化也很大，不過有很多遊戲仍被保留著，如「跳飛機」，也常在僻靜的街道上看到兒童們在玩這種遊戲。「點指兵兵」也是一樣，仍有兒童在玩。可是有一種遊戲卻是真的淘汰了，就是「滾鐵環」。從前兒童沒有那麼多玩具，父母無法購買玩具供兒童們遊戲，他們只能廢物利用，把家中的木桶木盆的鐵箍取出來玩，這就是滾鐵環。這種簡單而樸素的遊戲完全被淘汰，主要原因是家裏的桶和盆，大部分已改用塑膠製品，沒有鐵環可供利用了。

六十年前的香港

今年（1978 年）歲次戊午，對上一個戊午年，就是一個花甲（六十年）前，當時的戊午年，正值 1918 年。

港督梅含理險遭行刺

1918 年是梅含理任港督的時候，梅含理是 1912 年來港上任的。在未任港督之前，年青時已在香港服務，1897 年他在港任警察司，曾親自破獲上環水坑口的龐大賭博集團，揭發警察內部的龐大貪污集團。1902 年又任輔政司，其後調往斐濟羣島，於 1912 年 7 月 4 日回港出任港督。他真可以說是一位「香港通」。

他的任期長達六年半，自 1912 年至 1919 年，就是說，他是在第一次世界大戰（歐戰）未爆發前來任，至第一次世界大戰結束之後才離任。第一次世界大戰始自 1914 年，結束於 1918 年，前一個戊午年，正是第一次世界大戰結束的時候。

這位港督在上任時，自卜公碼頭登陸，竟遭人開槍行刺，幸而沒有命中，刺客也逃之夭夭。據說行刺的動機，是 1897 年他任警察司期間，因以鐵腕揭破龐大賭窟與貪污集團，不法之徒恨之入骨，十五年後，還要算這筆舊賬。自此之後，梅含理即以汽車代步，可以說，他是第一位坐汽車的港督。

至於 1918 年香港的人口究竟有多少呢？因為 1918 年不是法定的人口調查年份，我們只可以根據《1911 年人口調查報告》加

以推測。據調查報告資料：1911 年全港人口合計 456,739 人。其中華人佔 444,666 人，以地區分佈而言，維多利亞城和山頂區計 219,386 人，港島村落 16,101 人。九龍方面，市區 67,606 人，新界 80,622 人，水上人家 60,984 人。但據說，1913 年，本港人口突增，已突破五十萬大關，然而，1914 年歐戰爆發後，因為英國是參戰國，當時德國對英宣戰，青島方面有德國的戰艦，傳說德國戰艦將會突襲香港，因此香港的人口突減，很多人怕遭戰禍，加以商業蕭條，離港者眾，所以估計當時應有十萬人回鄉。1918 年香港的人口，應有四十萬這個數目。

由於英國對德國宣戰，香港是英國管理的地方，必須支持英國的戰費，因此在戰爭時期，立法局通過法例，在差餉項下，另加徵「特別戰務差餉」百分之七，即每百元租值，加七元的特別戰務經費。這附加的差餉，用來支持英國戰爭費用。這一筆附加的戰費，1918 年尾戰爭雖然結束，但全年仍然照樣徵收，直至 1919 年秋季，才告取消。

我們從兩張當年的差餉收條上看到，1918 年一幢商業樓宇的差餉，只是每季收銀十八元二毫，加上特別戰務差餉九元八毫，還是每季二十八元正。比起今天的差餉，相信超過百倍。廣源西街仍屬中環區域，今日的中環商業大廈的每一個出租單位每季所付的雜費，相信也要超過當年差餉的十倍。

六十年前的物價工資情況

差餉的比較既如上述，至於物價和工資，又是怎樣情形呢？六十年前香港的物價，可以從 1918 年的報紙上找到一般物價情況，但是普通工資，報紙是不會刊登的，唯一最可靠的資料，是根據保良局的《徵信錄》。因為保良局是本港一個慈善機關，每年向港九各界募捐經費，因此在每年結算之後，即出版一本《徵信錄》，公開該局的收支情況。《徵信錄》內既有該局的員工的工薪賬目，又復有每月的伙食開支，以及其他的雜支項目。從這本《徵信錄》中，不但知道 1918 年香港一般工資的水平，而且還知道一般物價的水平。

經保良局發刊的自戊午年二月二十日至己未年二月三十日止的《徵信錄》中，我們可以找到 1918 年的一般工資和物價及交通費的實際情形。該書第 49 頁至 51 頁，是 1918 年 4 月 1 日至 4 月 30 日的全月開支賬目，從這些賬目中得出如下的實況。

首先是由香港經廣州乘坐廣西號輪船的船費，照該賬目的第一條開支，該局共遣發七名女子回廣州，所支出的七個人的船費半價是二元四毫五仙。可見不是半價，即全票是四元九毫，就是每名船費是七毫。可見當年從香港到廣州的船費，最低的收費是每位七毫。

至於本港方面的交通費，賬目上有幾處是由保良局職員帶同女子赴警署去的車費，例如賬目第二項是：「廿一日支葉加帶女子黃鳳一口赴署車銀一毫四仙」，第五項和第十三項：「廿七日支謝義帶女子陳銀、利玉珍共兩口赴署車銀二毫一仙」。可見當時本港

的交通費，從保良局到警署去的來回車資平均是每人七仙。至於當時所乘的是什麼交通工具，因賬目並未詳加說明，我們也不便推測。

上述的三條賬目，以及其他很多賬目，都有提到葉加和謝義這兩位保良局職員帶同女子赴署的，到底葉加先生和謝義先生在保良局擔任的是什麼職務，他們的薪金又是每月多少呢？我們從賬目中又可以找到。

原來葉加是職司「把門」之職的，謝義的職位是「訪事」。在一欄支「辛金」的賬目中，有「支葉加把門辛金一十五元」和「支謝義訪事辛金一十五元」兩條。他們的每月工資同是十五元。這已經算是高級職員了。

且看薪金支出的項目，第一位高薪的是「司事」潘楚生，他的薪金不稱「辛金」而稱「酬金」，每月是三十六元。可見「司事」一職，相當於一位司理，是總其成的辦事人。其次是李秀五司事，也稱酬金，每月是二十五元，他是潘楚生的副手。另外有「劉管事辛金式十五元」這一項目，和「蘇女師脩金銀貳十元」，這位蘇女士，是保良局的女教師，月薪二十元。這是一羣薪金較高的人物。

至於一般低薪的職員，包括廚子、清潔女工、一般女工、什役、雜工等。這批低薪職員的工資，最低的是每月二元，最高的是十二元，一般是四元五毫。表列如下：

訪事何標	二元
淨廁婦人張金	二元五毫
小使潘端	四元五毫
小使陳忠	四元五毫
工人關顯	四元五毫
女工石喜	四元五毫
女工林月明	四元五毫
女工袁浣	四元五毫
伙伕陳茂	七元
女工梁燕	七元
陳管事	十二元

　　由此可見，1918 年的一般工資是四元五毫，因為支這數目薪金的人佔最多數，它包括小使（即後生）、男工（即雜工）、女工（女傭），都是月薪四元五毫。伙伕（即廚師）的月薪是七元，和女工的總管也是七元，這已是較高一級的了。陳管事月薪十二元，他應該列入高級職員之內。至於最低工資，應該是洗廁所的女工，和一位仍稱「訪事」的，他們所得的工資是每月二元半和二元。

　　至於物價，也可以從賬目中找到最確實的零售市價。先從米價談起。賬目第八項有「支順榮白米十包折實一千八百一十六斤八兩，六元六毫算，連店佣銀一百弍十弍元八毫三仙」。這裏表明，當時食米每擔六元六毫，十包白米的店佣只是二元九毫四仙，包括送貨在內。

　　白米既是每百斤六元六毫，至於燃料呢？當時仍是燒柴作為

一般煮食燃料的，賬目第六項有「支利人和柴淨一千六百零二斤（每元一五算），七一計銀一十三元七毫四仙」。就是説，1918 年作為家庭燃料的柴，每擔是七毫一仙。至於電費，以整所保良局的每個月所交的電費，只是十六元五毫。而煤氣費每個月支出是三元七毫六仙。

從《徵信錄》還可以看到當時香港一般情況，例如輔幣荒。1978 年的戊午，即今年市面也鬧輔幣荒，在農曆新年期內，一毫的輔幣十分短缺，1918 年的戊午，也鬧輔幣荒，常年的輔幣以仙士為單位，一仙輔幣短缺，因此連保良局這樣的大機構，需用輔幣作日常開支，也得要從黑市處購買。賬目中有一項「支找仙士式元虧水銀一毫式仙」，這一項目説明，當時以一元找換一仙銅元，要補水六仙，換二元仙士，就少了一毫二仙了。

此外，又反映出當時香港往油麻地的渡海小輪，已有火船仔行駛。我們知道，油麻地小輪公司是創立於 1923 年 11 月 5 日的，該公司正式開始營業的時間是 1924 年 1 月 1 日清晨 5 時。1918 年還未有統一碼頭和佐敦道碼頭，但《徵信錄》的開支賬目中，有「初九日支謝義帶婦人杜轉往油麻地回局火船仔銀一毫六仙」，除這一項目之外，差不多每個月的開支項目中都有往油麻地火船仔的開支，而且亦可算出當時乘搭火船仔渡海，每次是四仙，來回是八仙，兩個人的來回船費就是一毫六仙了。

當時行走香港與油麻地之間的火船仔，即所謂街渡，是一些商人鑑於港九兩地，只有天星小輪來往於尖沙咀與雪廠街之間，油麻地旺角一帶居民來港甚不方便。因此個別商人以火船仔載客往來兩地。香港方面船泊中環海旁，油麻地方面船泊公眾四方街

碼頭。船費是每次四仙。

　　柴和白米的價格既如上述，至於餸菜的情形，又怎樣呢？幸好保良局的《徵信錄》有完整的餸菜項目供我們參考，所謂完整的項目，是分上中下三等的開支，高級職員的餸菜，當然和一般在保良局內被收容的女子所食的餸菜不同，也跟低級和中級職員的餸菜不同。對於餸菜的開支，可列成下面的一個明細項目：

司事兩人每月菜銀	九元正
女管事三位每月菜銀	七元二毫
局丁工人六名每月菜銀	十四元四毫
女工五名每月菜銀	九元
全體難女每月菜銀	八十一元一毫八仙

　　高級職員是兩位「司事」，他們每月餸菜九元，即是每天三毫，每餐是一毫半，他們另外每月有二次「犒禮」，即是俗稱的做犒，做犒每次是加餸二元的。這是當時最高級的伙食。次一級的伙食是女管事三人，她們每月餸菜支出是七元二毫，即每人每月二元四毫，等於每天八仙，是四仙一餐。局丁和男工也是一樣，同是每人每月二元四毫。這是次一級的。等而下之是女工，她們五人共支九元，即每人每月餸菜銀是一元八角，是六仙一天，三仙一餐餸菜。至於保良局內的難女，照《徵信錄》內戊午年內，經常有二百九十至三百人，三百人每月支出的餸菜八十一元一毫八仙，則每天每人的餸菜錢，一個仙也不到。由此可見，當時的物價是怎樣的平，比起六十年後的今天，真有天淵之別。

1918 年香港重大事件

至於 1918 年香港，發生了什麼重大的事件？首先是盡人皆知的火燒馬棚事件。但在火燒馬棚的前一天，香港曾發生過一次有史以來的強烈的地震。

發生地震的日期是 1918 年 2 月 25 日，即農曆戊午年的正月十五日，那天是習俗的上元燈節，上環有三幢舊樓，因地震而倒塌，是香港第一次因地震而塌樓的事件。

不料第二天，又發生了有史以來最大宗的火災災難事件，這便是火燒馬棚。當天是星期二，是馬場舉行週年大賽的第二天，當時香港馬會，每年正式賽馬只有一次，名為週年大賽馬，每次週年賽馬會舉行三天，是香港一大盛會，有如一般神廟舉行神誕集會那樣的高興，很多人都湧到跑馬地去看熱鬧，而跑馬地，也有很多小販和熟食檔在那裏營業。由於週年大賽馬必定在農曆正月新年期內舉行，所以市民到那裏去看跑馬和趁熱鬧，早已形成風氣。那天真是人山人海。但是他們並不是去賭馬，只是去看跑馬。和今天去馬場的熱鬧只是因為去賭馬，是有很大的分別。

當時馬場的公眾看台，是用竹棚蓋搭的，是以一般稱為馬棚，公眾看台既是竹棚，情形就跟一般演神功戲的戲棚差不多。從前香港各處神廟演神功戲，也擠滿了看熱鬧的人羣，而且也引來不少小販，其中有不少是賣雲吞麵的、賣艇仔粥的、魚蛋粉的。這些熟食小販和人羣，雲集於公眾棚後面及旁邊。災難的發生，是和熟食小販有關，同時也和看台的竹棚有關。

當馬場正在舉行「打比賽」這個跑馬項目的時候，由於公眾看

台人數太多，看台的棚架不勝負荷，突然倒塌，棚架和架上的葵葉上蓋向旁倒下來時，壓著了下面那些熟食小販的爐灶，正月的天氣又是相當乾燥的，棚架倒下時已是秩序大亂，受傷的人正呼天搶地，加上葵葉與竹棚壓倒了熟食檔的火爐，於是引起大火，一發不可收拾。原先因棚架倒塌本來受傷不重的，已無法掙扎起來，於是就葬身火窟中，造成了最嚴重一次災難。關於火燒馬棚事件，事後港府曾派員調查，組織調查委員會研究事件真相，得出的結論有如上述。就是説：主因不在於有人遺下火種，引起大火，而是看台的竹棚不勝負荷而倒塌，因看台的棚料全是惹火之物，倒在熟食小販的火爐中而發生。因此以後，馬場的看台不得採用竹棚結構，改用三合土建成。同時，在看台一帶，禁止小販及閒雜人等接近，以免重蹈覆轍。《香港建造業百年史》對火燒馬棚及善後情形，有如下的一段敍述：

　　一九一八年二月廿六日（戊午年正月十六日）香港賽馬會在愉園賽馬場舉行打比賽，當打比賽這一場跑完了，公眾看台上，突然發生大火，那時的看台是用木架葵蓬蓋搭而成的，一經著火，瞬即火光熊熊，搶救不及，整座木棚化為灰燼，看台上男女老幼被困於火場的不可勝數。（按：當時兒童是准予入場看跑馬的。）後來根據遇難者家屬舉報，遇難者計有六百一十四人，全家遇難或無人舉報的，也有數百人。

　　火燒馬棚遇難者公墓，設在咖啡園墳場裏，築於一九二二年（民國十一年壬午）為了紀念一九一八年（民

國七年戊午），火燒馬棚遇難者而建立的。當日遇難者報
名為六百一十四人，這裏所埋的屍體是五百九十餘具，
立有碑文詳誌事實發生經過，整個墳場全用白石水泥築
成，墓碑刻金字，題為：「戊午馬棚遇難，中西士女之
墓」。左右更有石刻遇難者的姓名籍貫，墓前兩旁建有
休息亭和寶塔各一座，還有石櫈，石欄環繞著墓前的四
周，建築工程，相當偉大。

除了地震塌屋與火燒馬棚之外，當年香港也有一件較為突出
的新聞，反映出當時香港的治安，與今日是不遑多讓的。這是一
件警匪槍戰，警員被匪徒槍擊，死四人傷六人的事件。事件發生
於 1918 年 1 月 22 日，即早於地震與火燒馬棚前一個月，據林友
蘭先生的《香港史話》第 139 頁載云：

　　在香港歷史上，一九一八年可說是流年十分不利的
一年。快活谷大火之前一個月，灣仔機利臣街發生了一
場警匪大戰，傷亡重大，是開埠以來所僅見。

　　先是堅尼地道的英軍軍火庫，發覺失去了一批武
器。一月廿二日──也是星期二──的早上，督察奧沙
里文和警長克拉克率領一隊警員，進入機利臣街六號，
搜索報失的武器。這兩個英籍警官剛剛踏進門裏，便中
槍倒地，跟著有幾個男子從屋裏跑出來。

　　那時大約是上午十一時十五分，灣仔警署席斯督察
下班，剛好乘車經過機利臣街口的停車處，看見一個華

籍男子躺在行人路上。席斯立刻下車，上前察看，那人原來是一個華籍探員，他說出機利臣街剛才發生的事。席斯馬上給灣仔警署通電話，要求派隊馳援。

麥華爾特警長很快的帶來一隊警員，急商對策。決定派隊登上聯發街十三號的樓頂，監視匪巢及其通道。其他警員則在附近埋伏。匪巢裏的匪徒，因為看不見警蹤，有三人奪門而出，企圖脫身。

警長麥華爾特看見，即向他們開槍，匪徒亦還火，警員一人手臂中彈受傷。在同一時間內，有匪徒兩人從屋後逃出，企圖沿機利臣街與聯發街中間的小巷溜跑。席斯看見，即命印警兩人，和他一同追趕，匪徒轉身放槍數響，席斯仍銜尾窮追，經聯發街進入皇后大道東。匪徒不敢在大路上奔跑，很快的轉入船街。席斯在船街入口處佈防，兩印警則衝進街裏，匪徒開槍把他們擊倒，一人立刻斃命，一人腿部中彈受傷。

警方火急向中央警署報告，警務司查里斯‧馬塞親率警員增援。匪巢已在武裝包圍之下。因為奧沙里文和克拉克兩人生死未明，警員尚未立刻向匪巢進攻。

此時，海軍船塢守衛馬里奧警長的家裏，卻傳出離奇的槍聲。原來一個匪徒攀上馬里奧家裏的水渠，向他的窗門就近放了一槍，幾乎擊中他的太太。

馬里奧那天正好休假在家，他立刻拿起來福槍，瞄準射擊，匪徒即應聲倒地，就在此時，梅軒利親來視察，軍火庫主任也趕來助戰。

大隊人馬舉行緊急會議，商討是否向匪巢實行火
攻，或投擲炸彈。忽有警員報告，他已窺見匪巢二樓的
一個房間，躺著奧沙里文和克拉克的屍體，後園裏也有
一具屍體。

警方於是揚聲呼叫匪徒投降，並促鄰近的居民實行
緊急疏散。一個匪徒和警方答話，揚言將向接近巢穴的
任何人開火，然後又舉槍指著他自己。

警方決定向匪巢投彈，但那是一個煙彈，匪徒不知
虛實，便吞槍自戕。是役，匪徒除兩人死亡外，其他都
逃脫。警員則死四人，傷六人。

六十年前的戊午馬年雖然是流年不利，但在其他方面也有所
進展。在建設方面，九龍尖沙咀的半島酒店已經落成，這是當時
東南亞最豪華的大酒店。同時，尖沙咀的廣九鐵路車站終站，即
現在的大鐘樓，於 1916 年興建，那時已經落成，而且使尖沙咀一
帶興旺。中華電力公司於 1912 年在土瓜灣建築的新電力廠，已於
這一年全部投入生產。由於電力的供應邁進一步，也促使九龍的
造船工業更進一步。

在歐洲大戰期間，一向仰賴英國製造船隻的船公司，由於戰
爭影響，迫使他們尋求在香港建造輪船。外商在造船業上大量投
資，而作為工業基礎的電力既有進展，造船業便發展起來。黃埔
船塢這時已能製造萬噸的船隻。

歐戰期間，本港的英國人多要回國服兵役，到戰場上去打
仗，本港警察隊伍中的英籍人士頗多要回國，因此促使警方致力

於訓練華人當警察。由於德國是敵國，當時香港有一間德國會所，地址在西營盤醫院道與高街之間，這間德國會所就成了敵產，港府把它接收過來，在該處設立警察學堂，大量訓練華人警員。據說 1918 年在該學堂畢業的華籍警員最多。

總之，上一個戊午年，有好的一面，也有壞的一面，一如六十年後今天的戊午年一樣。

香港南北行藥材商反壟斷事件

香港南北行出售的貨物、中國藥材是頗為大宗的，是以南北行街，至今仍有很多藥材行。筆者最近研究香港的中國藥材貿易史，發現六十年前，曾發生過一次藥材行業反壟斷制度事件。而這一事件留下的影響，是本港商場現行的九八扣制度。

九八扣制度是現行商場通行的制度，它是指各行業的買家向批發商購入貨物到結賬時只付 98% 的貨款，其餘 2% 作為買家店舖的員工福利。例如某店向批發商取貨 1,000 元，到結賬時只付 980 元，其中 20 元是作為某店的職工花紅。這種制度的形成，是由一次藥材行業的反壟斷而起的。因為那一次反壟斷的起端，是借九八扣而發動。由於反壟斷成功，其他各行業便相繼隨藥材行而實行這一制度。

六十年前藥材行業的反壟斷是在 1926 年發生的。引起這次事件，和 1926 年的歷史背景有關。大家都知道 1925 年「五卅慘案」之後，到 6 月即爆發「省港大罷工」。到 1926 年春天，罷工仍未解決，但已漸有解決的跡象。本港商業漸漸開始復甦，停滯多時的香港商場正漸漸活躍。當時香港仍然是一個轉口港，而最大宗的轉口貿易，則是藥材的貿易。因此這場反壟斷便從藥材商方面展開。換句話說，歷史使命是落在當時最大宗而又急切於恢復轉口貿易的行業上。藥材是當時急切而又是最大宗的轉口貨物。中國的四川、陝西、雲南、廣西、江蘇、浙江等十多個行省的藥材，從上海、青島、武漢、重慶、天津等地運來香港；而越南、

南洋、美國、加拿大等地的華人，亦急需藥材應用。同時，花旗參、胡椒、高麗參等非中國土產的藥材，也要運來香港銷到中國內地去。香港作為一個藥材轉口中心的地位，在十九世紀中期已經形成，是以省港大罷工後期，最急切需要恢復全面貿易的，是這一個行業。

在未將全部有關「九八扣」所引起的反壟斷過程敍述時，必須讓大家了解藥材貿易的概況。本港的藥材貿易，分工極為細緻，因此形成若干的「幫」或「行頭」。若不首先了解這些「幫」、「行」的性質，便不容易了解整個事件的真相。

「幫」、「行」的形成

我們到中藥店去買藥材，所買到的藥材，是「熟藥」，即是買了回家就可以放在藥煲內煎服的藥材。這種藥材，是經過藥材舖處理過的藥材，是以所有的中藥店都稱熟藥店。從前，本港很多中藥店的招牌，仍是寫有「某某堂熟藥」字樣的，近年才將「熟藥」改為「中國藥材」或「國藥」字樣，致令大部分青年人，不知道藥材是分「熟藥」和「生藥」兩種的。

藥材舖是向生藥舖買來未經製煉、處理、切割的藥材回來，然後在店內加工處理才出售的。因此本港很早已分成「熟藥行」和「生藥行」兩個藥材行頭。

生藥行所出售的藥材，全部是保持野生植物的原狀，例如北芪、甘草、桂枝，在生藥行內出售時，是只削去植物的橫枝，保

持原植物植株的樣貌出售。熟藥店買回來之後，首先是將原株的植物洗去所依附的沙石，然後用刮刀將植株的外皮刮去，再將植株切片或用鈒刀將植株鈒成一段段才出售的。其中有些藥材是原塊的，例如雲苓，便要將它鎚打成片狀或卷狀。又如當歸，要將一塊有頭有尾的當歸，洗淨後去皮，再用大鎚把它打成塊狀，再刨成手掌的形狀，而成歸片。由於歸片和雲苓的加工程序較為複雜，一般熟藥店難以進行這樣龐大的加工程序，因此便出現了兩種藥材加工行業，其一為「歸片行」，另一為「茯苓行」。

歸片行和茯苓行的藥材，也要光顧生藥行購買，因此生藥行的顧客，是熟藥行、歸片行和茯苓行三個行頭。

東京幫、石叻幫、金山幫

此外，越南、柬埔寨等地都有熟藥店，亦有生藥店，這些地區都需要來香港購買藥材，資本大的在香港設立分行，無力設分行的則委託香港商行代辦。這批負責藥材貿易的藥材商人自成一幫，稱東京幫。

南洋羣島一帶亦都有熟藥店和生藥店，他們也有聯絡商號在香港購入藥材運去，這批藥材商自成一幫，稱石叻幫。

還有美國和加拿大等華埠，亦需要大量中國藥材，負責購買藥材付運往美加的商行稱為金山幫。

香港開埠之初，藥材最初是從廣州運來香港的，及香港的港口地位形成，交通又較發達，很多藥材都不經廣州運來香港，而

從其他口岸運來香港，因此廣州的藥材商人，反而要來香港購買中國藥材。不過他們的地位較其他各幫為特殊，原因是他們傳統上亦有由產地運藥材到廣州，是以有時也將藥材運來香港出售，即既在香港賣出藥材，亦在香港買入藥材運返廣州。這些廣州藥材商人在香港自成一派，但他們不稱幫，而稱「標家」，稱為「省城標家」。

其他較大型的藥材商幫行，還有辦藥材往潮州地區的稱汕頭幫，運藥材到福建的稱廈門幫，運藥材往湛江批發到海南島、高州、雷州等地的，名為下府幫。

公志堂和屬下十一家行莊

明白這許多行、幫的名目，便知道藥材貿易在香港的地位。但是，這裏還未觸及藥材貿易的靈魂。因為這許多幫行所需要的藥材，究竟是誰從國內各龐大的藥材產區運來的呢？

香港開埠後，國內各藥材產區的藥材商人，將藥材直接運來香港出售。他們將藥材運抵香港後，因自己沒有店舖售貨，也沒有貨倉儲貨，同時也沒有太多的時日容許他逗留香港等候貨物沽清。因此只有交給南北行的藥材莊行出售，南北行也有專門售藥材的藥材行，他們有龐大的貨倉。商行的樓上，還有特設的住宿房間，供各省辦藥材來港的商人住宿。是以從藥材產區運藥材來港的商販，都是將藥材交給南北行的藥材行出售的。南北行內專門出售藥材的商行為了維持信譽及維護本身利益，共同組織了一

個同業公會性質的機構，這機構稱為公志堂。

因此，公志堂屬下的藥材行，無形中壟斷了所有藥材的出售權。在香港的生藥行、歸片行、茯苓行、省城標家、東京幫、石叻幫、金山幫、下府幫、汕頭幫、廈門幫要買各式各樣的藥材，都要到南北行公志堂屬下的十一家大藥材行莊去買藥材。

1926 年初省港大罷工尚未解決，洋行及其他行業，為了急需恢復罷工前的貿易水平，很多洋行都採用回佣的方法，吸引買家來港購買貨物轉口運往外地。其中洋行所辦的洋貨，以百分之二的回佣招客，頗見成功。其他積壓貨物頗多的行業，亦紛紛效尤，希望負責買貨的買手貪這百分之二的回佣向他們買貨。其中雜貨行中的京果、海味等貨，也用這方法吸引買家辦貨。但當時尚未形成制度，是屬於在大罷工後企圖恢復繁榮貿易的一種權宜之計。想不到卻因而觸發一場藥材行業反壟斷事件。

由於全國各省的藥材商將藥材運到香港時，都交由公志堂代沽，公志堂在建立藥材的壟斷地位後，在商場上便佔了很大的優勢。當 1925 年 6 月，香港爆發了著名的「省港大罷工」時，全港各個社會層面都受大罷工的影響，首先是金融方面，銀根奇緊，這是由於大多數華人都要離開香港，存款在銀號的人，紛紛將款提出所致。而罷工的工人亦紛紛離港返廣州，造成貨物運輸諸多不便。在這個時候，其他行業都會互相體諒突變的環境，但公志堂由於已壟斷了藥材總批發的優勢，他們為了保護自己的利益，首先向生藥行及各藥材幫行提出，將「銀期」由六十天縮為三十天，向各光顧公志堂買藥材的買家加緊追數。

「銀期」是本港商場上一句慣用語，意即買貨之後付款的最後

限期之謂。在省港大罷工之前，生藥行向公志堂買藥材，最後結賬期為六十天，即今天向公志堂買入一批藥材，付貨款的日期可延至六十日。省港大罷工之後，全港商人都受銀根緊絀所影響，其他行業都有互相體諒時艱的精神，而公志堂卻一意孤行，原因就是公志堂的藥材壟斷地位已形成，各藥材買家除非不做生意，否則便不能不答應。

大罷工後約五個月，由於搬運工人離港返廣州的頗多，搬運藥材的工人日少。搬運工資自然按照勞動力市場而提高。於是公志堂又向藥材買家及各幫行提出加收「出店」。

「出店」也是本港商場上一項制度。這個專有名詞的意思是由買家支付送貨的搬運費用。用現代語言去解釋，即為送貨到門的費用。由於貨物在批發商的店內，買家買了這批貨，要求批發商將這批貨送出店外，送到買家所指定的地點去，是以在批發商來說，便是將貨物運「出」「店」外，故名「出店」。

在省港大罷工之前，公志堂所收的「出店」伕力費是按照貨物重量每百斤收銀三毫的費用，即購買一百斤貨物，店力費用為三毫。罷工後人力市場因人手不足而漲價，公志堂將「出店」由每百斤三毫增加至每百斤五毫，即每百斤貨物所收的店力費由三毫加至五毫。

這些措施對於各藥材買家來說，無異是百上加斤。須知省港大罷工後，香港百業凋零，唯一仍有生意可做的是藥材業。這是由於藥材是中國的土特產，在廣州的省港罷工委員會對於藥材輸入香港的管制不如糧食的嚴格。

廣州革命政府是了解到藥材貿易無法以廣州代替香港地位

的。由於當時運輸條件不足，遠在四川、陝西等地的藥材，無法運到廣州來，南洋一帶亦無法從廣州運藥材往南洋，主要是藥材品種在廣州並不齊全。而香港則品種齊備。大罷工時期，各地藥材仍從上海、天津等港口運來香港，故香港在百業凋零當中，藥材業仍能苦苦撐持。不過已撐持得極為艱苦。如今再加上公志堂以壟斷來源的優勢，不斷增加各種費用，他們便有百上加斤之苦。由於貨源操縱在公志堂手上，只有逆來順受。

以回佣刺激買賣

1926 年春天，廣州革命政府準備北伐，在北伐之前亦準備結束省港大罷工，因此香港的蕭條景象已到了極底線，開始由蕭條邁向復興，故各行各業用回佣的方法刺激買賣。這是上述各行用百分之二的回佣方式招徠的歷史背景。

藥材中有若干是屬於貴重藥材，例如高麗參、花旗參、麝香、牛黃、鹿茸、田七、珍珠末、鹿尾巴等等。這些貴重藥材在大罷工時期非常滯銷。辦運這些珍貴藥材的洋行，包括山東行在內，為了推銷這些貨物，也用百分之二的回佣方法推銷。其中辦運參茸的山東行，辦參茸、燕窩、羚羊、犀角、牛黃、猴子棗的南洋各埠洋行，為表示永遠有回佣制度以安定買家長期光顧，首先和「寶壽堂」簽立回佣合同。

「寶壽堂」並非一間藥材店的名字，是一個同業公會的名字。香港早期所有同業商號組成的公會性質的組織，都是用「堂」來

命名的。例如上述的公志堂，是由十一家藥材批發商組成的。寶壽堂亦是同類的組織，它是由十多家購買珍貴藥材的商號所組織的。換句話說：寶壽堂是本港參茸燕窩行的共同組成的公會。

由於參茸燕窩等珍貴藥材，都是藥材品種之一，有些生藥行亦賣參茸燕窩，亦即有部分生藥行亦加入為寶壽堂成員之一。當年開設於文咸西街一號的萬春榮，就是一家既是參茸行又是生藥行的著名商號，東主是台山縣人，名劉麗堂。

劉麗堂為買家爭權益

劉麗堂是本文所敍述的整個事件的主要人物，他既是參茸行的老行尊，也是生藥行的老行尊。為兩大行頭的同業所尊敬，而他又擅於詞令和長於交際。

當寶壽堂與山東參茸行和各洋行簽定回佣合同之後，劉麗堂就向生藥行的多位頭面人物私下談論商場的現時趨勢，指出很多行業都有百分之二的回佣制度。即是在買貨結賬時，只付百分之九十八的貨款，即是「九八扣」的結賬方式。生藥行向公志堂買貨，亦應順應潮流，有「九八扣」的回佣制度。但是鑑於公志堂在大罷工之後對生藥行種種以壟斷者自居的態度，要公志堂答應照參茸買賣的規矩實行，必須將生藥行及藥材買家組成一個團體，才能向公志堂提出的。當時幾位生藥行的著名人物，如陳信義行的陳宗鈺、源和成行的許漢東、廣祥泰行的陳國良，以及譚惠羣、何星浦、陳玉波等，都認為有團結一致的必要。

正當他們醞釀組織同業公會的時候，公志堂突然打電話到各大生藥行去，説有重要事項討論，請各行派代表來公志堂會商。劉麗堂、陳玉波、何星浦、譚惠羣等便應約到公志堂去。

原來公志堂主席曾達觀宣佈，該堂十一家商行議決，認為省港罷工至今仍未解決，銀根極為緊張，由農曆三月初一開始，實行將買家的「銀期」由三十天縮短為十五天。

同時，又由於伕力十分缺乏，對於「出店」的店力，由現時的每百斤五毫，增加至一元五角。當時生藥行買家列席者都一致反對，認為公志堂此舉，殊不以大局為重，聲言一切必須照舊。其中劉麗堂指出，銀期縮短為十五天，這等於以現金購買無異。須知生藥行也要放賬，很多藥材運出香港，需時二十至二十五天才運到各埠。貨物運出在半途，便要結賬，是行不通的。至於「出店」，現時雜貨行仍然維持每百斤五毫的店力，貴堂要求一元五角太無理，比其他行業昂貴，要求一切照舊。公志堂不答應，會議不歡而散。

這一次公志堂以壟斷藥材貿易的姿態，不體察香港市場的一般買賣習慣，激起了藥材買家的全體反對，也促使了藥材買家團結起來，設法衝破公志堂對藥材的壟斷地位。

當時，到公志堂十一家藥材行買藥材的各行、幫都去信公志堂，聲明無論該堂所定的「出店」多少，到結賬時一律按照往日「出店」數目找數。「銀期」亦照三十日。公志堂知道劉麗堂各人正準備拉攏全體買家組織同業商會，為了緩和局勢，對於「出店」答應每百斤九毫，但「銀期」則改為二十天。

但這樣一來，仍未能緩和藥材買家團結起來的趨勢，反而覺得

團結就是力量。於是由多位著名的藥材買家，發起召集全行會議。

根據後來組成的「生藥聯商會所」的第一次籌備會議的紀錄，會議日期是丙寅年三月初五日，會議地點是當時的陶仙酒樓。查從前本港商場習慣，一向用農曆日期記事。丙寅年三月初五日即1926年4月16日。到會的各行幫代表共六十九人，包括省城標家、福建潮州幫的贊和堂、馬來亞的石叻幫、越南及中南半島的東京幫、高廉瓊及湛江的下府幫、歸片行、茯苓行、生藥行等全體藥材買家。

當日正午十二時開會，由召集人推舉陳紹經宣佈開會理由。他說：省港罷工雖然未結束，但看來結束之期不遠。各同業在罷工前賒往各江各埠的賬目，有很多仍未收回，為了提防各埠欠債客戶撻賬，團結起來是必須的。須知各欠債客戶常用的技倆是欠了甲號的貨款，改向乙號光顧，初時會用現款交易，但不久又拖欠乙號的貨款，然後又光顧丙號。如果不團結起來，勢必全行都會被各江各埠的不良客戶所累。團結起來，則某江某埠某號欠款未清，可將他的店號標示於眾，大家拒絕和他交易，他就無所施其技。這是發起組成一個同業團體的主要原因。

同時，同人等都是藥材大買家，全國各省辦運藥材來香港的藥材販運商，並不知道他們的藥材是靠大家購買的，他們只知公志堂的存在，不知真正的大買家是在座諸君。諸君組成一個團體，是向全國藥材販運商人，清楚表明他們的主顧是在座諸位，而不是公志堂。

中藥聯商會的建立

公志堂只不過是代藥材販運商將藥材集中賣給大家，但它竟以壟斷者自居，任意訂立各種苛刻的交易條件，大家受過它的縮短「銀期」之苦，受過它任意增加「出店」之苦。現時香港已有多個行業開始用「九八扣」的方式優待買家，本會組成之後，可以向公志堂提出「九八扣」。這是組織本會的目的，亦是今日開會的理由。

這次會議，一致贊成同業公會定名為「中藥聯商會所」。舉出陳伯清為臨時主席。陳宗鈺、許漢東為臨時副主席。臨時幹事包括各行、幫的重要人物，現分別開列如下：

省城標家：陳國行、戴絡書、禤衛民。

生藥行：劉麗堂、陳紹經、陳玉波、何星浦、潘竹庭、蘇子衡、譚惠羣、陳伯清、方奕蔚、關秋南、陳仁山、何爾昌。

潮福幫：邱紹棠、許漢東、陳梓高、林漢初、林德初。

石叻幫：羅振蓀、傅蔭材、鄧敬之。

東京幫：張鶴年、蘇鉅垣、郭實卿。

下府幫：李德釗、李植之、陳岳南。

歸片行：麥德、陳文煜、馮四、何穎如。

茯苓行：潘燮朝、潘少廷。

中藥聯商會的籌備會議共開三次，第一次選出臨時主席及幹

事，第二次會議選出正副主席及司理、司庫等職員，第三次會議
即決定每一會員交入會費二百元，並定於農曆三月十八日（1926
年 4 月 29 日）召開同人全體大會。這四次會議都是在陶仙酒家
召開，在第四次會員大會通過會章，並具稟向華民政務司申請註
冊。下面是四月初五日（1926 年 5 月 16 日）的稟章原文：

　　　　　　　　陳宗鈺住德輔道西十五號陳信義
　　具稟商人　　許漢東住干諾道西五十七號源和成
　　　　　　　　陳國良住德輔道西十五號廣祥泰
　　為設立商會聯懇註冊事：竊商等在本港操中藥生理
不下數百餘家，祇以平時人心離渙，勢若散沙，情愫固
少相通，生意又絕無研究，遂致商務前途毫無振作，顧
客方面又每每因之而施其狡計，由甲店賒欠未清，又轉
向乙店賒取，甚且而丙、而丁，勢不至積重捲逃不止。
年中核計此項，少則數千，多則數萬。追其原故，未始
不由於無聯絡之所至。茲商等有見及此，冀謀補救之
策，集合同業，設立中藥聯商會所，經全體一致贊成，
並擬具會章二十三條，用特連同呈遞　台前伏乞　恩准
註冊。俾得藉資聯絡以為研究商務及維持賬項，則不勝
感德之至！為此切呈　華民政務司大人恩准施行
　　　　　大英一千九百二十六年　五月　十六日　呈
　　　　　　　　　　章程付錄

看他們從籌備到組成中藥聯商會所的步伐，就知道這是一次

急如星火的反對藥材壟斷的全行業行動。第一次籌備會議在 1926
年 4 月 16 日召開，到正式申請註冊的 5 月 16 日，為時剛剛一個
月，而獲華民政務司批准註冊的日期是 5 月 22 日，他們已租定了
永樂西街一三四號四樓為會址，並定於四月廿一日（6 月 1 日）舉
行成立典禮。主持開幕典禮的是一位著名的藥材商人蘇清泉老先
生，他當時年高七十，是金利源藥材行的大老板，當日會場上懸
一對聯：

> 中和藥性羣生遂
> 聯絡商情一體親

這副對聯，每比七字，暗嵌「中藥聯商」四字，可見藥材商
人都是文化中人。

中藥聯商會所是由各幫行藥材買家組成的會所，他們的目
的是要打破公志堂十一家藥材莊的壟斷地位。因此在會所成立之
後，即集資二十多萬元，派人到各藥材出口口岸去自辦藥材來
港。但公志堂仍認為他們有壟斷的優勢，雖然知道中藥聯商會所
正籌備自辦藥材來港，依然是頑強如故。由於公志堂和各口岸藥
材販商有悠久的貿易關係，他們自信可以阻止中藥聯商的自辦藥
材來港，為了表示他們的壟斷力量，公志堂聯絡若干從國內運藥
材的販商，組成一個「客幫聯合會」，以表力量。

於是，一次反壟斷事件就此展開，而展開的引端則是由「九八
扣」而起的。當中藥聯商會所成立後一個月，該會見時機成熟，
即致函公志堂，提出要求：

　　敬啟者：現山東行、安南行、潮州行、洋行，所沽
出藥材，無論貴賤粗幼，皆已一律九八埋辦，惟　貴行
未有照行，是以特函告知，請由舊曆五月廿一起，嗣後
一律九八埋辦，以免獨異。是否允肯，請即示覆為盼！
　　此致
　　某某大寶行均鑑
　　　　　　　　　中藥聯商會所啟　丙寅五月廿一日

　　公志堂十一家行莊分別收到這封信之後，於五月廿三日（7月
2日）即回覆中藥聯商會所，當中並夾附客幫聯合會的信件，以表
示不僅公志堂反對「九八扣」，連販運藥材的客商亦反對，兩封公
函如下：

　　中藥聯商會所列位先生台鑑：敬覆者。五月廿一日
得接尊函，所敘各情，備悉種切。經將貴會之意，即轉
達客幫聯合會。而　敝堂於昨日接有客幫聯合會覆函，
不承認沽貨九八埋辦。茲將客幫聯合會來函繕錄一紙夾
呈。仰祈鑑察。專此奉覆並頌
　　公安。
　　　　　　　　　　　　丙寅五月廿三公志堂謹啟

　　客幫聯合會函稿一紙附呈
　　公志堂各寶行台鑑：謹覆者。昨接尊函，藉知中藥
聯商會所，要求貴行代售各幫藥材，由舊曆五月廿一日

起，加扣九八，以作埋辦，敬聆一切。當即召集各幫討
論，僉以現值商務凋零，各幫來貨，已受損失，若再扣
九八，損失更巨。況文明公例，買賣各有主權，不能援
照山東、安南等行，強人附從。如照舊例，請貴行將各
貨一體照售，若九八，決不承認，現不在本港而直托貴
行代沽之貨主，一律來函加入敝會，甘願一致行動。貴
行為各幫貨主代理人，懇請查照。有勞為感！丙寅夏曆
五月廿三日客幫聯合會啟。

公志堂覆函之後，於次日即停止批發藥材，以為這樣可以令
到各藥材買家無貨可賣。不知中藥聯商會所合資組成的聯益行已
在永樂西街開業。當時派往各口岸辦藥材的人尚未辦藥材抵港，
聯益行所賣的藥材，先由存貨最多的生藥行將貨交聯益行出售，
用以供應同業購買，由於他們已組成會所，購貨的是同業會員，
可避免公志堂假他人之手將有限的存貨買去，做成青黃不接。當
這家聯益行開業後，不到十天，即接到利源長支持的信件：

中藥聯商會所列位先生台電：小號新到沙參等貨，
明天十二點以前，准能提進，例沽九八。祈代通知各行
友留心光顧。敝貨欲存聯益倉，不知如何手續？及值何
租價？祈示知，以便交資入倉。專此敬請
台安。
弟馮覃海啟　六月初三（利源長書柬）

這是第一家支持中藥聯商會所的大字號，中藥聯商會所立即覆信：

> 利源長大寶號台鑑：接獲大函敬聆種切。明天開盤
> 一節，當經轉告同人，踴躍採辦矣。至於各貨欲貯聯益
> 倉，更表歡迎。茲擬沙參、平貝每件每月倉租貳毫，淮
> 通、木賊、牛庄楓，每件每月倉租肆毫。如欲搬入，宜
> 先通知敝會，以便轉知貨倉，預備一切為荷。此覆並頌
> 籌安。
>
> 　　　　　　　　　中藥聯商會所啟　六月初四

反壟斷成功，轟動香港商界

自此之後，聯益行派到各藥材出口口岸去辦運藥材的買手，已將貨源源運到，同時各藥材產區的藥材販商，經這批聯益行買手直接聯繫，即有很多販商運藥材來港，交給聯益行代售，而不交給公志堂。結果，到了次年農曆新年開市，公志堂會的會員藥材莊亦退出公志堂，紛紛致函中藥聯商會所。下面是各藥材行莊的信件，抄錄以示藥材的壟斷已告攻破。

（一）裕和隆給中藥聯商會所的信：

> 恭賀中藥聯商會所萬歲！達到九八萬萬歲！
> 敬啟者，敝行舊歲經已退出公志堂，自由買賣。今

歲新市以後，依照聯益行條例，實行九八埋辦。故特奉
函通告，祈轉知貴會同人，多來光顧，無任歡迎之至。
肅此奉上。並頌

　　公鑑

　　列位先生均照

　　　　　　　　　　　　　　　　　　　裕和隆啟

（二）昌言行給中藥聯商會所的公函：

　　中藥聯商會所列位先生均鑑：啟者。小號本年元月
初七新市，新例九八埋磅，請通知貴同人。屆時踴躍光
顧。無任歡迎是荷。切盼專此。恭請新禧

　　　　　　　　　　　　　　　　　　　昌言行啟

（三）恒豐行致中藥聯商會所函：

　　啟者。小號依照買賣雙方意思，實行九八埋辦，自
本月廿一起沽出各種藥材，一律九八埋辦。請貴會諸公
格外關垂，不勝欣幸之至。此上即候　公祺

　　中藥聯商會所列位先生台照

　　　　　　　　　　　　　　　　　　　恒豐行啟

（四）源隆盛的信：

　　敬啟者。敝行遂照中藥聯商會所執事先生貴會新規，所有藥材沽出，九八埋辦。特此奉聞。請轉貴同人貴臨敝行光顧。無任歡迎。此請

禧安。諸惟朗照不戩

源隆盛啟

（五）梁和豐行的信：

　　中藥聯商會所列位先生大鑑：敬啟者。敝行遵照貴商會新章沽出藥材，九八埋辦，並加入以義堂，請轉各行友，格行關照。不勝歡迎。專此。並頌

公安

梁和豐行謹啟

　　由於反壟斷成功，轟動整個商場，而表示擁護中藥聯商會所的生藥批發行莊，都以同意九八埋辦的原則，因此各行業，也追隨實行九八回佣制度，而形成本港一項商場習慣，至今依然，可見影響之大。

香港裸體運動的興起與幻滅

裸體運動的起源

最近本港有不少名女人的「寫真集」，出版所謂「寫真集」，其實是她的裸體照片集，其中有些裸體照片是在野外拍攝的，有在沙灘上裸露胴體的，也有在草地上和樹林中，沐浴於煦麗的陽光之下的。她們很像是裸體主義者或日光浴者。看了這些「寫真集」，使人想起本港早期的裸體運動和日光浴運動。

裸體運動是二十世紀初在德國興起的一種健身運動。提倡者最初是根據太陽光照射人體有殺菌作用和促進血液循環，可治療神經衰弱及增強體內的抗病力。因此最初只是裸體在陽光下照射，稱為日光浴。其後嫌只是曬太陽太單調，於是有裸體游泳、打網球和跑步等活動，逐漸發展為全面性的生活、吃飯、讀書、談天說地、散步和遊戲都在全裸體中進行。約在 1920 年代末至 1930 年代初，歐美各國都有各種裸體運動組織。參加這種活動的人，稱為裸體主義者（nudism）。

香港裸體運動會成立於 1932 年

香港是在中華大地上首先成立裸體運動組織的地方。根據香港社團註冊紀錄，「香港裸體運動會」於 1932 年 3 月 10 日成

立，會長名 Lanepart，當時通譯為林伯或廉伯。該會的英文名稱為 Hong Kong Nudist Soeisty。

會長林伯氏的背景

「香港裸體運動會」成立的時候，由於會長 H. E. Lanepart，Lan 字很像中國姓林的人，因此，《循環日報》最先發表這段消息時稱這位會長為林先生，其後才知道他並非中國人，而是拉脫維亞人，該報因而常常報道該會的活動消息，其他各報也接著報道，於是這位被稱林伯或廉伯的拉脫維亞人的身世，也就零零星星見於報章。拉脫維亞是波羅的海一個小國，首都名里加，這個小國現時已成為蘇維埃聯邦的一部分。林伯是拉脫維亞首都里加一位富商，他在 1930 年帶了大量資金離開拉脫維亞，先到上海經商，「九一八」事變後，他認為上海不如香港的安定，於是將資金移到香港來，他在香港買了幾幢住宅樓宇收租，開了一間小型洋行，生活是頗安定的。

徵得八位男女會員

他在拉脫維亞時已是一位裸體主義者，來到香港定居時，很想在香港倡導裸體運動。他曾在西報刊登小廣告徵求志同道合者，終於徵得八位會員，其中五位是男性，三位是女性，全部都

是非英籍的歐洲人，因此就在 1932 年申請註冊為非牟利的社團。

選中香粉寮作裸體場地

　　裸體運動會成立後，他們要在香港找尋可作裸體運動的場地，經過多月的踏勘，才找到一處認為最理想的地點，地點是在大圍的西面，在白田西南方的一個絕少人到的山谷，該處有一條溪流從山上流下來，形成一泓潭水，四周都有灌木，於是向政府申請批地，作為裸體運動會的會場。政府當時以短期租約批給該會使用，但規定該會必須在活動範圍內建築圍牆，以免對新界鄉村的風俗習慣有所影響。林伯當時有的是錢，對於批地所列出的條件一一答應，就開始經營這個東南亞地區首個裸體運動場地。

　　原來這塊場地，土名叫香粉寮，是早期製造神香的地方。拜神用的神香，是將香樹的樹木磨成香粉，然後用竹枝，醮上香膠，利用香膠將香粉黏著，使用一塊熨板，將香粉搓圓而成的。在清朝光緒初年，該處有很多野生的香樹，大圍鄉人就利用這些香樹磨成香粉用來製神香，在該處搭了竹寮來磨香粉，故名香粉寮。後來該處的香樹被砍伐殆盡，已無香樹來輾磨香粉，香粉寮早已荒廢。林伯覺得這塊地用作裸體會的會場，經報章的報道，香粉寮一地名，又再為人們認識和注意。

　　當時本港各報刊出裸體運動會在香粉寮裏舉行裸體運動，曾吸引很多好奇的人到香粉寮去看看西人怎樣裸體相對來進行各項運動，但是來到香粉寮，見到那一幅高牆，無法看到裏邊的情

形，都頗失望。於是對於裸體運動更增加了神秘感。

有一位老報人司徒蘇先生，從 1928 年開始剪貼報紙上刊登過的有趣的新聞及副刊文章，匯成幾十大冊。1959 年他在南京街的住所因拆樓而遷居，願將一部分剪報讓給筆者，在他的剪報匯編中，有一篇〈香粉寮經歷記〉，是唯一記載曾參觀過香粉寮裸體運動會的報告。可惜他的剪報缺乏記錄剪自哪一張報紙，但有日期，用墨筆寫上「廿二，五、廿」。「廿二」當是民國記年，可知是 1933 年 5 月 20 日刊登於本港某報的文章，錄出可知當時裸體運動會在香粉寮活動的情形：

無遮大會過一宵

　　記者以一個罕有的特殊機會，曾經在這所所謂無遮大會的香粉寮度過一宵，這是個相當珍貴的經歷，因為照會章規定，未經入會的是不許入場的。除非有特殊關係。內裏的風光如何，我雖然走馬看花，經歷不過十八九個小時，但現在追憶起來，猶有餘味，想亦有讀者想樂知。

　　記得那年的初夏，香港的天氣最溫和，我跟荷拔夫婦一行三人 —— 除了我，他們都是外國人 —— 駕著一輛跑車，於下午二時，直往新界而去。我懷了滿腔奇異的心情，興奮得什麼似的，使用高速度駕著車子，下午三時許，終於抵達目的地。舉頭一看，什麼寮的字眼實在

不大適當，這不過一座美好的別墅——或該說是山莊。

經過一種簡單的手續，我們進到會客室了。那一天連伯氏剛剛外出，出來招待我們的是他的秘書，她是赤裸了全身的，我雖然看不慣，也無異樣感覺，回顧跟我們來的荷拔太太，她更若無其事的。沒多久，荷拔叫我們一起去更衣，更衣室卻是男女分開的，我只好脫掉衣服，像在游泳棚一般，現在我是一絲不掛了。

荷拔將我介紹給座上的會員，介紹到女子時，我知道自己真有點臉紅，你想，看著婦女們赤身露體，毫無掩飾，誰都免不了驚心動魄吧！

荷拔帶我進起坐室，那時直覺得不自然。雖然是男子漢，心裏卜卜地跳著，坐在起坐室內有男有女，個個都是赤裸裸一絲不掛，有些看報，有些抽香煙，跟我們同樣生活，態度同樣自然，好像根本沒有裸體這回事。他們沒有一個投射眼光在我身上。這時我開始了解裸體的意義了。

之後，我隨荷拔到處遊覽。寮內有球場，有泳池，我跳到水裏去玩了一回，看見無論是游泳的或在玩球的，都沒有意識到別人的不雅相。這時我的不安心理，早已去了大半，態度也因而脫落很多了。

吃飯的時候到了，大家聚首一堂，圍著桌子吃飯，嘻嘻哈哈的談笑自若。飯後，大家到園子裏去圍著談天。東方的弦月已經昇起來了，一片銀光，照著躺在綠草如茵的男男女女，這種景色至今仍留在腦海裏，不易

忘記。

　　在這裏得插入一句閒話，飯後大家談天是有一定的規矩，會內的負責人還看守著那些非夫婦的男女會員，不許任何一個跑開，以免有意外行動。談話完了，一起回到宿舍去。非夫婦關係的男女不許同房，要分開來住宿。

　　第二天，吃過早點就散會，各人肅整衣冠離開會所。朋友問我有什麼感想，我說，如果立心想開開眼界，領略什麼叫裸體運動，到香粉寮去是可以得到滿足的，如果以為可以找些羅曼蒂克的刺激，則會失望。

上海《時代》畫報的介紹

　　其實，比這一篇〈香粉寮經歷記〉早幾個月報道香粉寮裸體運動營的情形的文章和圖片，已在上海出版的《時代》畫報出現。《時代》畫報 1932 年 12 月 21 日用一大面的篇幅刊登香粉寮裸體運動的照片。題目為〈遠東裸體運動〉。畫報的特點是圖片與文字簡潔，故此僅有一篇短文介紹。這篇短文說林伯是法國學者。這篇短文可以和上面的〈香粉寮經歷記〉互為印證，並可訂正若干香港資料的錯誤。茲將該短文抄錄於後：

　　　　香港法國學者林白氏，聯合中外人士，提倡裸體運動，震動全港，有反對者有贊成者，結果他還是每星期領導著一班自然主義者去實行他們的裸體運動。按自有

文明以來，人類的健康已備受束縛，為謀生活的幸福起
見，所以德人大膽地首先實行裸體運動，把身體暴露在
日光下，以增進健康。後來各國繼起效尤者日眾，就成
為現代一種新鮮的生活。但在這遠東禮教之邦，舊時代
快要崩潰新時代尚未成熟的時間中，其命運的前途，隨
處都是障礙啊！

林伯（即林白）是從上海移居香港的，他在上海有朋友，這
些照片和介紹香港裸體運動會的短文，應該是林伯寄給上海的朋
友送往《時代》畫報發表的，否則照片不會如此精彩，同時刊出
的日期是在該會成立後幾個月，更顯見是第一手資料。從這篇短
文稱他是「法國學者」，可見他已取得法國的護照，而放棄了拉脫
維亞國籍。這一點是很重要的，下文自有詳細論及。

香粉寮的裸體運動場地到了 1935 年，由於城門水塘的最末期
工程在該處山上進行，同時一條輸水隧道要經過香粉寮，對於該
會的裸體活動帶來不便，同時租約亦快將期滿，林伯和該會的會
員不得不找尋新的裸體運動場地了。

搬往鑊底灣

為了避免浪費金錢，林伯不準備再向政府申請租址建築營
地，他和他的會員商議，決定找一個沒有人能夠到達的海灣作為
活動場地，只須這地點有沙灘可曬太陽，有海浴的泳灘，有較平

坦而有樹木的草地可供打球和遊戲，就可利用。他們終於找到青衣島西部一個海灣作為活動場地，這個海灣名鑊底灣。

鑊底灣在現時的青衣島地圖上是找不到的，它的位置在寮肚之西，在金竹角之北。這裏且引署名香港通所編的《港九新界離島旅行指南》中的〈青衣島風光〉有關鑊底灣所在的位置，以便知道當年裸體運動會選擇鑊底灣為活動場所的原因。該文有一段説：

> 青衣島，位於荃灣對開的一個大島，平地不多，最高之青衣峯位於該島南端，高 1,086 呎。青衣灣口，築有碼頭，泊岸登陸，即為「青衣街坊」。青衣街坊的首段有店舖，有市場，有新舊建築，茶樓飯店都在此設立，遊客到青衣的，除非打算大野餐，否則可在此獲得供應，晚飯、早、午茶隨意。過了大街便是廣場。
>
> 過了廣場往西北望，盡是禾田，禾田的邊線盡是山，山邊有村舍，村後有林木，蒼翠一片。沿著田間鄉徑，從東首起，有幾處村莊。那是：藍田、新屋村、楓樹窩、鹽田角、大王上村、大王下村。
>
> 這都是民風淳樸，情調優美的新界典型村莊。再加上南岸，與石灰廠為鄰的上高灘村，便是青衣灣內的「八村莊」。如果初次來遊，目的只是要看看青衣島的面貌，就繞著青衣灣北、西、南三方走大半周，看山、看海、看田、看樹、看村舍、看祠堂、看鴨羣、看小橋、看流水、也就很夠了。
>
> 經大王下村西南，至下涌尾，不消十分鐘的路程，

再由下涌尾到上涌尾，這兩處村莊，綠樹叢竹，房舍掩映，饒有詩趣。而上涌尾村更富山村的色彩。這裏有青衣山水集流後經此出海的主坑，你經上涌尾村再向西行百碼，則到「寮肚」，在路上，居高臨下，你可以看到坑水曲折東流，山石蒼松、艷陽高照，儼然一景，如詩如畫。

寮肚舊為山村，四面皆山，傍坑闢有山田，小溪無數。從此跨山向西走，可至「鑊底灣」，越山坳南走又西折，可至西草灣及南灣。寮肚有荔枝樹，皆在山坡。坑邊可野餐，在荒田上可作遊戲或打球。

從寮肚西走，上行跨山，再沿山背而下，可至鑊底灣，鑊底灣因從前連伯氏提倡天體會，每來此舉行而聞名。

鑊底灣由於距離當年青衣山村很遠，又在陡直的寮肚山背後，海灣面向大嶼山，人跡罕到，是最理想的活動場地。因此，自 1937 年開始，裸體運動就從大圍的香粉寮，遷到青衣島的鑊底灣來。

不少好奇者企圖到鑊底灣探秘

這一時期的裸體運動，是在星期日乘遊艇從遊艇會碼頭下船。林伯是遊艇會的會員，他擁有一艘遊艇，會員下船後即開往青衣島，在鑊底灣上停泊，然後乘舢舨登陸，在海灘上的草地上

架設篷帳，作為臨時的裸體營，他們帶了飲品和糧食，在島上度過一個愉快的假期，到黃昏日落，然後收拾篷帳和各種用品，回到遊艇上，回航返港。

從 1937 年到 1941 年，裸體運動會都在青衣島鑊底灣活動，鑊底灣又成為人所共知的裸體運動場地。當時有不少好奇者企圖到鑊底灣去探秘，但因不熟悉道路，無法找到他們活動場所，常常迷途，因此更增加了鑊底灣的神秘感。

1941 年 12 月 8 日，日軍發動太平洋戰爭，攻佔香港，香港旋即淪陷。在淪陷期間，裸體運動已無法進行。但是林伯因為是法國國籍，當時法國由貝當政府向德國投降，法國人在日軍統治香港時是屬於日本友好國家的人民受到優待。在日軍統治時期，林伯這一類是屬於第三國人，獲得配給足夠的糧食，他們的財產受到保護，因此林伯在日據時期所受的損失雖然是不可避免，但比華人和英美人士是損失較少一點的。因此到香港重光之後，林伯很快地又恢復起他的裸體運動。

戰後改名香港日光浴會

1948 年本港修正《社團註冊條例》，所有戰前成立的社團必須依法申請註冊登記，林伯是將香港裸體運動會的中文名稱，譯為「香港日光浴會」，英文名稱亦改為 Hong Kong's Sunbathing Association。

關於戰後初期林伯重組裸體運動會的情形，有一篇署名萬里

雲的文章，以〈香港裸體運動〉為題，評述如下：

男會員從來不把自己老婆帶去參加裸運

　　戰事結束，香港光復，林伯重張旗鼓，在港府實施社團法登記後，他把「香港裸體會」改組，易名為「香港日光浴會」，迅速即獲香港政府批准，發給登記第七號。林氏仍自任會長，一方面在九龍大埔道一〇三號四樓設立會所，一方面即舉辦會員重新登記。初期只得八名，五人為歐籍，三人為中國籍，可是林伯氏並不因此灰心，他有堅強的信念，認為香港的裸運是會一步一步開展的。

　　目前，日光浴會的會員，已達百餘人了。這是對林伯的一種鼓勵，不過有兩道難關還待林伯努力去打破。第一，紳士階級，上流人物，還沒參加這一運動。據林伯氏說，這是因為上流社會人士自視太高，不肯和普通人廝混在一起，須知風從草偃，一件社會事業，一個欲求普遍的運動，如無有地位、有聲望的人士為之贊助提倡，身體力行，是難於計日成功，迅速收效的。下層社會的人物殊非裸運的理想同志，而且也無提挈力量。誠如林氏的批評：「下層社會的人的心理不夠純潔，他們不只想看女人的身體，甚至要和她們睡覺。」是以裸運能否像足球、游泳的風靡全港，那就要看林伯會員能否爭取上流社會人士去參加。第二，婦女很少個人參加，她

們都是附屬於男會員，是男會員的女伴。

男會員從來就沒有把自己的老婆帶去參加裸運，這是什麼道理？林伯會長行年五十，據說尚未結婚，他沒有帶同老婆參加，是順理成章的事，而他對這一部分男會員的批評是：「他們只想看別的女人，卻不肯讓自己的老婆裸體給人家看，他們的心地實在不夠純潔。」其實這些會員是基於自私，並不算衷心推動裸體運動的信徒。

具有偉大抱負的林伯會長，無論如何也得糾正這一部分會員的自私心理和不潔觀念，使得夫婦亦同去，雙雙攜手共同參加天體大會。這，不論在水中嬉戲，在沙灘浴日，更可無拘無束，而不會發生怯懦、扭怩或其他不愉快的意外場面。

林伯的遊艇在戰時已經失蹤，戰後重組香港日光浴會時，活動地點仍在青衣島鑊底灣的岸邊，那時他只好租汽艇為交通工具，將會員送到青衣島，然後約定汽艇在黃昏時到該處等，將他們接返。費用是由會員平均分擔的。在 1950 年時，該會雖然號稱百多位會員，實際上每次參加活動仍是十人至十二人。

1953 年 9 月，林伯希望借助報紙雜誌的宣傳，推廣這項活動，他徵求會員們同意，發信到報館和暢銷的雜誌社去，希望報社和雜誌社派記者參加他們的日光浴活動。信中只提出一點要求，就是參加的記者也要像他們一樣同時作裸體運動，以符合該會的宗旨。他以為這一次會有很多記者參加，誰知各報社的記者都不肯赤身露體，參加的人數極少，只有四位西報的記者和一位

雜誌社的記者參加。這一家雜誌社是《天下》畫報,因此,《天下》畫報的十月號將這次活動的詳情,以很大的篇幅加以報道,成為最詳細介紹這次活動的唯一中文報刊。

1953 年 10 月的《天下》畫報,由該畫報記者于明以〈香港裸體運動〉為題,撰文刊登如下:

一個記者的感受

終於參加了一次廉伯氏(按即林伯)的日光浴會了。

假如你問我有什麼感覺,我可以簡明地這樣回答:(一)多年來憧憬著的所謂香粉寮風光,卒於親身體驗到了,無可否認,這有以往想不到的意境。(二)「回復到大自然」的一句話,如果不是親身來體驗,縱使說了千言萬語,也無法把自己的經驗告訴人家的,這正是老子所說的一句話:「莫可名之妙」。(三)庸俗一點來說,假如你把參加天體會作為一次海浴吧,我覺得:這一個香港政府撥給日光浴會的專用場所,是一個極好的海浴的所在,幾個鐘頭的工夫,要使你感覺到,人煙不到的地方,也有人煙不到的好處的。

早上九點三十分,我剛出了深水埗的碼頭,走到日光浴會專用的電船停泊的地方的時候,看到了一大羣圍觀的人。當時,有幾個會員,正在埋怨著,報紙不應該把出發的地點登了出來,釀成這樣尷尬的場面。

當兩個女會員挺著胸膛，走下電船的時候，大家也隨著走下去了，廉伯先生逐個點名，計男會員十四人，女會員兩人。

這十四人當中，新聞記者佔了五個，此外，都是香港的商人，包括一個上海佬，和一個在本港某大銀行任職的外國人。帶下去的攝影機，計有九個。

電船從深水埗開出，朝著荔枝角的海面進發，沿著新界的海濱，欣賞著正在戲水但仍被尼龍或者羊毛包圍著的紅男綠女。

船到了汀九，乃向左邊駛去，不到五分鐘的工夫，就是我們的裸體營青衣島了，青衣島兩翼的青山，環繞著一個小沙灘，沙灘的上邊，一條很長的瀑布，遠望去，一條白練，掛在山腰。

想不到，這樣理想的沙灘，卻是我們專用的地址。看來，如果這一個沙灘能夠大一點，容納多一點人，它的名氣，必然凌駕在一切沙灘之上。瀑布直湧到海邊來，完全是淡水，沒膝高度的山泉裏，完全澄澈見底。

廉伯一聲口號，大家祇得寬衣解帶，說句老實話吧，開始的時候，心中總是有一點忐忑的。

一個從前的老同學，現在的會友，拍拍胸膛對我說：你記得我們唸書時在宿舍淋浴的時候嗎？大家何嘗不是赤條條來淋浴呢？快點吧！

女會員也回到大自然的懷抱的，冷眼旁觀，她們開始的時候，還是站在叢林的後邊的，當我們大家合力來

建造一個營幕，燒水煲紅豆沙的時候，不知怎的，我們的感覺，正是彼此在淺水灣或者在大埔來野餐的時候一般，忘卻了一切。

以後，就被這「忘卻一切」的意識支配著。

躺在沙灘，雙足沉在水裏，仰望天上浮雲，耳聽潺潺流水，真有一種新的感覺 —— 感覺到，平日所穿的一件八安士上下的泳褲，還是一種拘束。

一個曾經多次參加天體運動的珍妮小姐對我說：「我是慣了，我覺得，我到這裏以後，我才意識到人類平等的意義。我對著你，我記得的，你是人類的一員，我倒記不得你是男子，正如你不記得我是女子一般。假如你還不能忘記，不要急，過一會吧，過一會你就會忘記的。」

她又說：「當你見到一個不論是男人或者是女人的時候，當你見到一個你的大班或者是你的僱員的時候，你能夠了解他是人類，那不是替世界解決了許多的麻煩嗎？世界上有一種名叫能驕能謟的人，你說多麼可憎，然而這種人，叫他到這裏來，他就會意識到，人類本來是站在同一的水平線上的。」

廉伯先生補充的說：「讓我們談談女人的問題吧，女人有天然的美和人為的美的。世界多少有著天然的美的女人 —— 例如你們叫婉淑的女子的，卻賽不過一個金雕玉琢的媟鹽，人類委實是太過不平等了。你今天，會意識到，人類在人類的前邊，能夠赤條條的相見著，甚而你會轉變了你平日傳統的所謂『審美觀念』。」

盧比，一個十四歲的女郎，她是第一次參加的。開
始的時候，她還有一點羞人答答，後來，她跳躍著，嬉
笑著，似乎是告訴人家，她已從一切的束縛而解放出來。

在沙灘上邊，是挺好玩的，你可以游泳，可以拍
照，可以仰望長空，也可以一卷在手，你到了此時此
地，你會感覺到一種新境界，這一個境界，也許是由於
笨拙吧，我想了半天，還不能夠形容出來。

這是唯一參加青衣島鑊底灣裸體運動的記者的親歷其境的報
告，他拍了很多照片，本文所刊登的圖片是來自他的攝影機的，與
1932 年上海《時代》畫報刊出香粉寮的照片，恰巧成為香港裸體
運動的西伯臨別的寫照，是一輯極完整的香港裸體運動史的寫真。

裸體運動始終發動不起來

香港的裸體運動從 1932 年展開，到 1953 年，依然是由林伯
獨力支持，因此這種雖然是很純潔的運動，在長期活動中從未出
過亂子。對於香港人來說，為什麼始終發展不起來，考其原因，
主要是缺乏社會基礎。本港的英國人，有他們的社交活動和傳統
的社交方式，他們不會參加由一位非英國人發起的這種裸體運
動。中國人也有傳統的社交活動和社教觀念，有能力負擔裸體運
動費用的人，在高等華人來說，則視為不正派，一般小市民除了
無能力負擔費用之外，還有受到家庭和社會的壓力，不容易加入

為會員。因此，這一次雖然有中文報刊廣為宣傳，裸體運動仍是發展不起來。

從整個香港裸體運動發展史來看，這種活動，自始至終都是由林伯獨力支持，假若失去了林伯的支持力，裸體運動便不能繼續存在。

這一天終於到來了，1956 年「雙十暴動」之後，就聽不到林伯的消息，也再沒有裸體運動的消息了。原來，林伯的經濟情況已大不如前，他將在香港的物業換成資金，離開香港到法國去，裸體運動後繼無人，從此就銷聲匿跡了。

五十年前蕭伯納經香港訪華記趣

英國大文豪蕭伯納氏，於 1950 年逝世，到今年（1980 年）恰是他逝世的三十週年。1979 年出版的《辭海》，對這位英國文學家及戲劇家有如下的介紹：

蕭伯納（George Bernard Shaw，1856–1950），愛爾蘭作家。生於都柏林。父親是小官吏。1876 年起移居英國。1879 年起開始文學活動；一生共寫劇本五十多部、小說五部和其他著作多種。1925 年獲諾貝爾文學獎。著名劇本有《華倫夫人的職業》、《康蒂妲》、《魔鬼的門徒》、《人與超人》、《巴巴拉少校》、《蘋果車》、《真相畢露》等，在一定程度上揭露了資本主義社會的偽善和罪惡。青年時期所寫小說《業餘社會主義者》涉及工人階級被剝削的問題。1933 年發行的《黑女求神記》，是他最後一部小說。也寫音樂、美術評論。重要文藝論著有《易卜生主義的精華》、《道地的瓦格納派》等。1884 年參加費邊社，寫了很多有關社會和政治的著作，包括費邊社宣言。他同情社會主義，但未能擺脫資產階級改良主義的觀點。

上面的一段文字，沒有提到蕭伯納曾來過中國；作為一本供中國人使用的工具書，卻忽略了他曾來華訪問的介紹，實在是太疏忽了。因為蕭氏曾於 1933 年訪問中國，中國很多文學家都在他

們的作品中對這件事有所評論，例如《魯迅全集》就有關於他來華的文章。青年們在看到魯迅的文章時，發現蕭氏的名字，再查《辭海》，因為看不到敍述他來華，很容易誤以為另有其人。

蕭伯納訪華之前，先到香港，很多人談香港掌故，都忽略了這位英國文學家在香港的故事，其實他在香港和在中國，都有很多趣事可談。

先說說蕭伯納來香港及北上訪華的時代背景。1932 年上半年，蕭伯納已決定作一次世界旅行，他先到蘇聯去訪問，然後決定乘「不列顛皇后」號郵船作環球旅行。當時，日本在上海發動「一二八」事變，炮轟閘北，造成空前慘劇。較早之前，又發動「九一八」事變，侵佔了中國東三省，並組織偽滿洲國。國聯派一個調查團來華調查日軍侵略東三省事變的一切，蕭伯納動身之時，國聯的調查團仍在中國調查，當時中國舉國掀起抗日浪潮，聽到蕭伯納來中國訪問，都希望他會說幾句公道話。

蕭氏在訪問蘇聯之後，曾對十月革命後的蘇聯加以讚揚，說了很多進步的話，因此中國的知識分子，都視他為和平老人。他當時已七十七歲了。

當蕭伯納乘船東來之時，路透社發出了電訊，上海《申報》立即就刊出鄭伯奇的一篇文章，題為〈歡迎蕭伯納來聽炮聲〉，因這篇文章可以說明當時的時代背景及中國文化界寄望於他能仗義執言，特將全文引錄，供讀者參考：

歡迎蕭伯納來聽炮聲

蕭伯納到中國來了。這世界的大諷刺家到中國來了。我們應該怎樣歡迎他呢？

開一個歡迎的宴會罷？讀一篇冠冕堂皇的祝辭罷？再不然，叫盛妝的少女捧送給他一束美麗的鮮花罷？那自有「高等華人」去辦，用不著我們再白費心。

我們應該用民眾的熱情和威力去歡迎他。讓他感受到在蘇聯或者在印度所感受過的一樣。

在蘇聯，他感受到五年計劃的偉大；在印度，他感受到獨立運動的狂熱，在我們這國度裏，他將感受到些什麼？

我們不能用奪回漢口九江英租界的那時代的那種熱情來歡迎他，真是一件遺憾的事！不然，他也許可以像對印度獨立運動一樣，很爽快地給我們預約一個可喜的前途。

「長期抵抗」的呼聲，「民族主義文學」的運動，怕不見得會合他的脾胃罷。

那麼，我們應該用什麼去歡迎這個和平的社會主義者呢？

我想，還是很本色地拿出我們的本地風光來罷。為遠方來的珍客，這應該是很奇妙的東西。

瞧，我們這兒有的是流血、恐怖、飢餓、失業、戰禍、水旱災，而最新鮮最重要的，還有日本的大規模的

侵略。這是世界大戰的導火線，這是世界革命的前奏曲。

這已經夠了。伴著這前奏曲，現在全國都燃起了烽火，遍地都鳴動了炮聲，這是一幅偉大的時代畫圖，值得獻給這理想家的。

東北抗日的民眾義軍，華北抗日的士兵和民眾，全國反帝的先鋒。在熱河、在吉林、在南滿沿線、在長江上游，和在中部地方，炮聲都在不斷地震響。這決不是偶然的現象，也是西歐所沒有的現象。因之也就不是蕭伯納所容易看到的現象。

假使，他用他的銳利的頭腦，把這些炮聲分析得清清楚楚，和分析他的戲曲中人物的關係一樣，他也許可以給世界的民眾作一個很好的報告。

這裏又是一個試金石，為這個老社會主義者。

好！就歡迎蕭伯納來聽炮聲罷。

他在 1932 年 12 月 15 日乘「不列顛皇后」號郵船從倫敦出發東來，他對英國記者說了一些幽默的話。一位記者問他既是愛爾蘭人，為什麼在旅行之前不返故鄉一行？他說：「我以為已把愛爾蘭送給美國，作為償還戰爭的債務了。」記者又問他是否真的到中國訪問？他說：「明年 2 月我將到北京，那時我會同我的太太乘飛機遨遊長城哩！」

他在 1933 年 1 月 8 日抵達印度，受到熱烈歡迎，他在郵船上接見印度記者，他對甘地的不抵抗主義和絕食表示懷疑，他說：「我如果能夠碰見甘地先生，我一定勸他停止絕食，因為這不合他

的身分。凡世人所敬愛的人，決不會自己殺死自己的。相反，偉人們都是要殺很多的人的。」他對當時的印度問題，用下面的說話回答：「我的意見是簡單明瞭，印度不是英國領土中印度人口最多的地方麼？所以英國應該讓印度獨立！」

2月5日，郵船到達新加坡，記者又到船上去訪問他。下面是雙方的對話：

■：你在船上有沒有繼續寫作？

□：你可以問問船長，他是否在船上繼續工作。

■：新加坡正鬧不景氣，這是由世界不景氣牽連的，請問你能否看到不景氣在什麼時候結束？

□：這等於問我何時是世界末日罷了。樹膠跌價雖然不利於新加坡，但有利於別的國家，你們稱為不景氣，而我需要是汽車車輪，這對我有無限愉快。

■：請問有什麼辦法可以解決中日糾紛？

□：中國已有許多軍政要員和司令。相信我這條船到了秦皇島，中日就會停戰的了。

以上是蕭伯納來港的前奏，他的郵船於1933年2月11日到達香港，泊在九龍倉的碼頭上。

「不列顛皇后」號是當時世界上最豪華的郵船。每到一地，停泊幾天，遊客可以上岸遊覽，晚上可回到郵船上住宿，不必住酒店。蕭伯納途經各地都是這樣。當時到達香港，他認為香港是華

人最多的地方，香港也像新加坡一樣，有不少中文報紙，一定有很多中國記者訪問他，誰知他看到來訪問的記者們的面孔，竟然沒有一張黃皮膚的面孔。他指著路透社駐香港的記者說：「你不似華人，香港中國報界中人，竟然沒有一個人來訪問我，難道他們幼稚到連我的名字都不知道嗎？」

當年香港警方　故意封鎖消息

原來當日的香港警方，故意封鎖蕭伯納來港的消息，不讓香港的中文報紙知道。這種情形早有先例。當魯迅先生應香港青年會之請，來港演說時，也故意封鎖消息，不讓香港中文報紙知道。蕭伯納當時來港，早已答應到香港大學去演說，故蕭伯納認為他的抵港，中文報紙的中國記者應該知道。當他見不到中國記者時，心裏已有數，是以有這一段幽默的話。

在香港的記者招待會上，清一色是外國記者，包括當時本港各西報的記者。這些記者有詢問他各種當時最熱門的問題，而他回答得很幽默，現在看起來，仍不覺其陳舊，例如：

記者問：閣下對裁軍問題怎樣看法？

蕭氏答：對於裁軍問題，我以為將來如果能只用十
　　　　吋口徑的炮彈，代替十六吋口徑的炮彈來
　　　　屠殺人民，已經算是不幸中的大幸了。

記者問：對於國際聯盟前途，有什麼看法？

蕭氏答：國際聯盟實際上正在走向沒落的路上，日
　　　　本曾對國聯虛張聲勢，中國應該知道國聯
　　　　的外交部分，是該機構最不重要的部分。
　　　　國聯秘書處已被日本打倒，而國聯卻沒有
　　　　辦法。

記者問：日軍已向華北進攻，迫近熱河，情勢會急
　　　　轉直下嗎？

蕭氏答：我以為，一切戰爭都應該為「不列顛皇后」
　　　　號郵船而停止。因為我此行一定要遊華
　　　　北，不希望華北的戰事，阻止我這次旅行。

這是 1933 年 2 月 11 日的談話，記者招待會結束之後，他夫婦倆和其他環遊世界的遊客一起，遊覽香港各風景區，乘登山纜車到山頂，參觀文武廟和銅鑼灣天后廟。第二天，即 2 月 12 日的中文報紙，才有他抵港的消息刊出。

在香港大學作演講

他在 2 月 13 日到香港大學去演講。這時，中文報紙的記者也到香港大學去聽講，他在香港大學的演說詞，非常簡短，但極有意思，演詞說：

世界文化，一半為半受教育者摧殘，一半為飽受教

育者摧殘。大學教育往往養成矯揉的心思，不知培養本
然的心思，以發展學生的創造力，所以我們不可以只讀
教科書，應選讀有真正教育價值的書。

大學好比百科全書，隨時可應檢查。求學之道，須
選擇適於自己者去研究，其間或者會有錯誤，然而二十
年後，你就會知道你的錯誤就是成功。現在我不想多費
諸位光陰，也不願諸位多費我光陰。

如果你們在二十歲時不做赤色革命家，那麼在五十
歲時，將成不可堪的殭石。你們要在二十歲時，成一赤
色革命家，那麼，你們纔得在四十歲時，不致有落伍的
機會。

蕭氏這篇演說詞，第二天本港的中文報紙不見刊出，反而上
海的報紙刊出了全文。因為，自從省港大罷工後，本港已有新聞
檢查制度，新聞檢查處附設於華民政務司之內，所有中文報紙刊
載的文字，一律要送往「華民」檢查。這篇演說詞因有「鼓吹參加
共產運動」的意味，故未許發表。上海當時有幾間大規模的報紙，
在香港有特派員，這些特派員打電報返上海，是以上海的報紙，
反而能刊出蕭氏在香港發表的演說全文。

由於蕭氏抵港的消息受封鎖，以及蕭氏在香港大學的演說詞
不見於次日的中文報紙，因此當一位西報記者問他對香港的印象
如何時，他毫不客氣地說：「我對香港毫無印象，香港是一個令人
憎惡的地方！」

對香港的情形，魯迅可算是熟悉的，因為他早在 1926 年至

1927 年間曾三次來過香港，其中兩次受到不禮貌的待遇，對於演説的滋味，他曾身歷其境。故此當蕭伯納在香港所遇到的一切，魯迅先生最明瞭。他曾以「何家幹」的筆名寫了篇〈蕭伯納頌〉，在《申報自由談》發表，由於這篇文章未有收在《魯迅全集》內，同時文章中涉及香港當年的作風，可作研究香港掌故之助，特引錄於後：

　　蕭伯納未到中國之前，「大晚報」希望日本的軍事行動會因而暫行停止，呼之曰「和平老翁」。

　　蕭伯納既到香港之後，各報由路透電譯出他對青年們的談話，題之曰「宣傳共產」。

　　蕭伯納語路透訪員曰，「君甚不像華人」，蕭並以中國報界中人全無一人訪之為異，問曰，「彼等其幼稚至於未識余乎？」（十一日路透電）

　　我們是老練的，我們很知道香港總督的德政，上海工部局的章程，要人的誰和誰是親友，誰和誰是仇讎，誰的太太的生日是那一天。但對於蕭，惜哉，就是作品的譯本也僅只有三四種。

　　所以我們不能認識他在歐洲大戰以前和以後的思想，也不能深識他遊歷蘇聯以後的思想。但只就路透電所傳，在香港大學對學生說的「如汝在二十歲時不為赤色革命家，則在五十歲時將成不可能之殭石，汝欲在二十歲時成一赤色革命家，則汝可在四十歲時不致落伍之機會」的話，就知道他的偉大。

　　但我所謂偉大的，並不在他要令人成為赤色革命家，因為我們有「特別國情」，不必赤色，只要汝今天成為革命家，明天汝就失了性命，無從到四十歲。我所謂偉大的，是他竟替我們二十歲的青年，想到了四五十歲的時候，而且並不離開了現在。

　　闊人們會搬財產進外國銀行，坐飛機離開中華民國，或者是想到明天的罷，「政如飄風，民如野鹿」。窮人們可簡直連明天也不能想了，況且也不准想，不敢想。

　　又何況二十年三十年之後呢？這問題極平常，然而是偉大的。

　　此之所以為蕭伯納！

　　讀了這篇文章，相信任何人都能了解當時香港的環境，是不容許刊登這位英國大文豪的演說詞。

　　2月14日，他參加何東爵士的宴會，他是一位素食主義者，歡喜吃蔬菜，何東曾為他特製一席全齋菜席。

　　2月15日，他在「不列顛皇后」號郵船上，寫了一篇文章，這是蕭伯納在香港所寫的唯一的文章。題為〈告中國人民〉。

　　原來，當時上海《時事新報》知道蕭伯納已抵香港，特電香港該報特派員，叫他訪問蕭伯納，告訴他上海《時事新報》將出版歡迎蕭氏來華的特刊，希望蕭氏發表一些對中國人民的意見，以便刊於特刊上。這位特派員頭一兩天找不到蕭氏，只能在香港大學講演之後找到，蕭氏答應給《時事新報》寫一篇短文，就是這篇〈告中國人民〉，下面是該文的譯文，由宋春航譯出，刊於該

特刊上。

　　承垂詢對於中國人民之意見，是以現代孔子視我也，予何敢當。

　　中國人民，不能恃他人之意見以為生，且意見過多，即不成為新聞，而常為讀者所厭棄矣。況予此來，正欲反叩中國人民，對余及西方人之意見若何？中國自一九一一年革命以來，以至將來完成之時，其間經過，足為研究政治學家之教訓者實多。逆料其成功之日，足以根本療治近世「文明」之病，改善之，可也，棄若敝屣，亦可也。余唯有旁觀而坐視其變化耳。予今來自顛倒錯亂之國家，危牆之下，事變正殷，何能對茲古國人民，努力改建之際，妄思有所忠告乎？

　　歐洲對為亞洲，實不能有任何建議，否則必貽反唇之譏，謂「醫人者當先自醫」也。中國今在危急存亡之秋，予不敢貢獻何種意見，但謂中國人當自救耳。

　　中國人民，而能一心一德，敢問世界孰能與之抗衡乎？

　　　　　　　　　　　—— 一九三三年二月十五日於香港

　　蕭氏離開香港後，乘郵船往上海，其後到北京遊覽，他在上海時，受到宋慶齡的招待，魯迅、蔡元培等也到宋家和蕭氏見面，並拍照留念。魯迅當時用多個筆名寫過幾篇有關蕭伯納的文章，如〈誰的矛盾〉、〈看蕭和看蕭的人們〉、〈蕭伯納在上海序〉等，都收在《南腔北調》內，由於這些與香港無關，不必細表了。

香港的黑色聖誕日

距今（1980 年代）四十多年之前，即 1941 年 12 月，香港面臨一場大浩劫。即日軍攻佔香港的勢態已如箭在弦上。但是當時香港英國當局對於日軍南侵的動向，還有幻想，以為香港可以倖免，這種情緒，香港養和醫院院長李樹芬醫生所著的《香港外科醫生》一書有所描述。該書是他的回憶錄。他在書中第 92 頁至 93 頁「兇兆」中寫道：

日軍於一九三八年佔領廣州及華南沿海地區，並以部分軍隊駐於香港邊界。在形勢上，有伺機而動之可能。

香港居民，在此種威脅下，生活達三年之久。這是使人軹心和苦悶的歲月，我們想著日軍可能侵港，但無法作任何底結論。因其時英日兩國外交正常，日本似無向英國動武之意圖。居留香港之英國人，則對香港之防衛，具有樂觀看法。事實上，英國在香港本島及九龍半島，已適當的構築了防禦工事，似乎英人以佈防來表示必守此一遠東的要塞。而一般英人以為英國所顯露之決心，當能阻嚇日本軍之輕舉妄動。

在此一時期，我依然每逢週末到新界行獵，記得一九四一年十一月間的一日，我偕同我的好友，當時任香港副警司之斯葛君，同乘遊艇飛鳳號前往將軍澳；次晨，於早餐後，我們攜獵犬登岸，從事狩獵。

那是晴朗的好天氣，甚至連獵犬也感到興奮，我們

　　登上半山，獵犬已搜索得鷓鴣的巢區，我立即舉槍，斯葛君則以攝影機為我的射擊留影。

　　就在此時，一隊軍用飛機出現於天際，巨大的馬達震動聲吸引了我，我凝望著問斯葛君：

　　「這一隊軍機，好像有任務地飛行，是嗎？」

　　斯葛君回答我：

　　「我早已得知，但不能預先相告，今天有加拿大軍一批乘運輸艦增防香港，此時所見的軍機，當是為這批加軍護航的。」

　　這時已是 11 月，距離日軍進攻香港不會超過一個月，身為香港副警司的斯葛先生，還這麼輕鬆和李醫生行獵，可見當時的英國人，對香港的看法，是多麼的樂觀了。

在新界港島築起遠東馬其諾防線

　　究竟當時英國人對香港的防禦，為什麼這樣樂觀呢？因為他們在新界構築了一條防線，這條防線模仿 1904 年日俄戰爭時，俄國在我國的旅大四周所築的防線。因為旅順大連的地形，和香港九龍十分相似，而日俄戰爭時，旅大戰役，使得日軍的乃木大將的兩個兒子葬身其中，日方稱這一戰役為「屍山血海」之戰。當時英軍沿邊界佈防，在所有高地建築砲壘，儼然一條遠東的馬其諾防線。他們揚言，即使日軍進攻香港，至少也要付出當年日俄

戰爭攻打旅順大連一役的代價，而且可以固守香港半年。

日軍方面對香港當時的佈防，也惴惴於懷，他們當真以為香港英軍所佈的防線，與旅大俄軍當年所佈置的一樣。日人伊藤正德在他的《日軍戰史》一書中，有「香港攻略戰」一章，開頭也這樣寫著：

> 日軍攻打香港的準備，是在開戰前一年又五個月，即在一九四〇年七月進行的。當時大本營認定香港在未來的日子裏，非攻佔不可。故於一九四〇年七月派遣重炮兵主力 —— 重砲兵第一聯隊，獨立重砲兵第二及第三大隊，以及由北島驥子雄中將率領的砲兵情報第五聯隊南下，秘密地準備攻擊香港英軍要塞。
>
> 當時香港英軍參謀長卜克查少將曾經揚言，英軍準備堅守香港，至少可抵抗日軍半年，將要媲美日俄戰役中的旅順之戰。北島中將的重砲佈置，是有理由的，但是，後來事實證明，這是以牛刀去殺雞。

日司令官酒井隆亦認為香港可固守半年

對於香港英軍當時的佈防，日軍的情報非常準確。當時，由於英國希望保持在華的利益，曾屢次向日本讓步，例如對香港華文報紙的檢查，對抗日言論，一再嚴加限制，對日僑在港的活動，處於放任態度。因此日本特務能獲悉英軍防線的一切情形，

伊藤正德在《日軍戰史》中，將英軍佈防香港的情形，寫得非常
詳細：

> 香港的英國軍隊正在把香港和九龍作要塞化的備
> 戰，在維多利亞山上，向海的一面，裝上二百門的大
> 砲，向著九龍的一面，築了由碉堡與地道陣地為主的高
> 地防線，守軍一萬多人，儲備又足。日本方面也認為卜
> 克查的堅守半年起碼的言論，絕不是虛張聲勢。

日軍當時並不知道英軍的如此佈防，只是當作一種「嚇阻」的
姿勢。他們並不如李樹芬醫生的精明，他在他的回憶錄中，指出
「一般英人以為英國所顯示之決心，當能阻嚇日本軍之輕舉妄動」。

至於 1941 年 12 月，日軍是怎樣進行他們的「香港攻略戰」
呢？且看伊藤正德的敍述吧——

> 為此，擔任攻打香港的日本第二十三軍的司令官
> 酒井隆中將，不得不慎重其事，調動了由伊野忠義中將
> 指揮的第三十八師團的第五十一師中的步兵第六十六聯
> 隊，第一砲兵隊，第一飛行師團的第四十五戰隊；此
> 外，又由親政一中將率領的第二「遣華艦隊」也從海上
> 進攻。
>
> 佐野忠義當時估計，也是以為要花半年時間才能擊
> 敗香港的英軍，故此一切計劃，亦朝著半年作戰的目標
> 去進行。

一九四一年十二月九日，這支強力的砲兵，開始攻打香港了。當時他們發揮的實力，竟是因為英軍的迅速的潰敗，牛刀未能大試。直到兩個月後，進攻班丹島才發揮他們的實力。

香港，想像不到這樣快就被攻下。僅花了十七天的工夫，只花了日軍所估計十分一的日數。

步兵在砲兵的掩護下，攻入九龍新界。第二二八聯隊的坼堠隊長若林東一，到英軍主要陣地二五五高地附近偵察，發現英軍的佈防的虛弱本質。於是在九日黃昏時分，若林東一率領他的步兵，向城門水塘進攻。日軍的主力隨即沿著城門水塘，分兩路奪取九龍半島。到了十二日，就完全將整個九龍半島佔領了。

伊藤正德是日本人，他的《日軍戰史》是根據當時日軍軍方的資料所寫成，記述的只是日軍方面的行動。至於當時香港居民在這段災難的日子裏怎樣過活？感想如何？還是看看養和醫院院長李樹芬醫生在他的《香港外科醫生》的敍述吧：

> 日本飛機空襲香港之清晨，我正在養和醫院之宿舍中早餐，忽然聽到巨大的震響發生，首先，我意味到爆炸，到廊上察看，發現九龍的啟德機場區，為濃煙籠罩。我忖度這是空戰的演習。
>
> 我相信，當此時，除了政府的防禦當局外，一般人皆不會發覺日軍侵略香港已經開始。

隨著啟德機場的被炸，日軍兩師團，由中國邊境循陸路進攻九龍新界，那個區的英軍在眾寡懸殊下無力抵抗而退卻，於是，日軍乃長驅直入。

中午，我獲得香港醫務總監司徒永覺的電話，他告訴我，香港已被侵略，進入了戰爭中。

敵人的到來太快，也太突然了。香港當局雖然早有了戰時部署，但無人能預料戰爭是這樣開始的。因此，最早得知戰爭的，該是被炸彈所傷害的人。

香港的防軍在措手不及的情況下，失掉了與大陸毗連的九龍半島。其後，日軍以九龍半島為基地而隔海炮轟香港本島。同時，海空軍也出動進攻。日軍所襲擊的目標相當準確，那是日本早有圖謀，在戰爭發生以前，偽裝遊客的日本間諜，已取得必需的資料，繪成圖表。

九龍半島的全部淪陷是十二月十三日，此時，日軍向香港總督楊慕琦爵士發出最後通牒，脅其出降，而被香港總督拒絕了。

於是，日軍對香港本島之進攻，益趨猛烈。

這時，臨海炮戰極熾 —— 香港防軍以九龍碼頭及倉庫屯儲軍用物資極多，為避免敵人利用，集中火力轟擊。而日軍炮火則集中於銅鑼灣之油庫等目標。

當油庫燃燒，濃煙彌漫全港之時，日軍遂藉以渡海，作敵前登岸。

日軍首先登陸的地點，為香港本島東陲之鯉魚門，這是香港與九龍之間最狹隘之海峽。兩者相距，僅約

五百碼之譜，該方面之炮台，先為日軍重砲所夷平，而
日軍亦隨之渡海登陸，佔領此一重要據點。

　　於是日軍再向香港總督發出脅令投降通牒，但仍為
楊慕琦爵士所拒絕。

日機散傳軍勸港島英軍投降過「聖誕」

　　關於日軍攻佔九龍半島之後，一面炮轟港島，一面勸降的情
形，范基平先生，在他的《香港之戰回憶錄》中，曾有較詳細的
敍述，筆者當時也在香港，雖曾親受這一次災難，但與其作自我
的回憶的記述，倒不如引述可靠的資料較為傳真。《香港之戰回憶
錄》中有「派發傳單，日軍勸降」一節，載云：

　　　　十二月廿二日，日軍用飛機發出中英文的勸降傳
　　單，內容詞簡意賅，當時我曾目睹，但已不能盡憶原
　　文。大意是說：這場戰爭的結果早經預定，英軍的投降
　　只是時間問題，現在聖誕即將到來，皇軍勸你們速作決
　　定，立即投降，以免無謂損失，你們不僅已經筋疲力
　　盡，而且十多天來連飯也沒有好好吃過一頓，你們若非
　　執迷不悟，便該放下武器，接受和平，那末聖誕前夕，
　　你們便可吃一頓熱騰騰的豐富晚餐，而一切其他問題，
　　也可以從詳計議。

　　傳單的文字相當動人，尤其是所謂「一頓熱騰騰的

晚餐」，特別富於吸引力！楊慕琦總督當然不會受「一頓
熱騰騰的晚餐」的誘惑和影響，但是他考慮事實，的確
無法再戰，並且他早已奉到英廷的密電，命令他體察情
形，處理和戰大事。乃於十二月廿四日上午，宣佈投降。

　　是日正式停火，全港一百萬軍民於「和平」之中
同慶聖誕。這天的晚餐當然是聖誕晚餐，英軍有沒有吃
到一頓熱騰騰的豐富晚餐則不得而知，但各人家裏的晚
餐，絕大多數既無火雞，亦無蛋糕，「平安夜」的歌聲只
是回憶。聖誕老人不見露面，這個聖誕也是我有生以來
最黑暗的聖誕。

港島英軍投降「平安夜」遍地餓殍

　　黑色的聖誕，豈止無火雞無蛋糕可食，甚至連飯也沒得吃的
人已是成千成萬。在這方面，范基平先生不及李樹芬醫生的深入
了。《香港外科醫生》第99頁至100頁，描述戰爭時期，即1941
年「聖誕節」前後的情形如下：

　　　從日軍佔領區逃出來的人，敘述日軍之殘酷行為，
使人恐怖和憤怒難安，而在大轟炸中的香港，形同人間
地獄，車經灣仔，親見屍體堆積如山，由貨車裝運往
葬，我奇怪這些屍體何以無臭味發出，乃停車而往觀
察，我發現這些屍體的足和掌，是蒼白色，腿脛僅剩皮

骨，這是餓死者，見之悚然而復惻然。

　　由於炮轟與轟炸日以繼夜，居民多不敢外出，餓死的貧民，其居處陋隘，屍體無法留於屋內和生人共處，因此人們將死者拋於街頭，這是街道上屍骸縱橫的原因。

　　在當時的情形之下，棺殮是非常艱難的事。

　　在亞熱帶之香港，十二月間的氣候，有時亦會是相當寒冷的，飢餓者號寒，因而加速其死亡。此時，香港政府舉辦公共食堂以饗無食之貧民，先擬徵用一般餐館，但其容量有限，更且排隊者立於寒風之下，多有不支倒地者。排隊費時，吃過一頓後又須再排隊了。

　　這時，我出任糧食接濟委員，我們鑑於公共食堂欠周，大家商量，將食堂改設於各區之曠地，這將可容納得較多，並可避免房屋受轟炸所遭致死傷。但是，我們的估計卻錯誤了，日本飛機對於曠地上的人，一樣施與殘害，因謀一飽的貧民，受到傷害，死亡的數目，可以百計。

　　疫癘總是隨戰爭而來的，當香港保衛戰的最後階段，霍亂與虐疾及其他的傳染病，可怕的蔓延著。對於醫生的救治工作，增加了無窮的負擔。那時的香港街道，完全談不上有公共衛生，垃圾因無人清理而堆積街頭，溝渠阻塞，污水四溢，到處都有腐屍，蚊蠅以此為溫床而迅速滋生繁殖。甚至在醫院的手術間中，也為蚊蠅的滋擾而損害到工作。

這就是當年的一幅黑色的圖畫，早在「平安夜」之前，已經餓死了數以千計的勞苦大眾。他們在和平時期，已是日搵日食，到工廠去做工的，幹搬運工作的，拉人力車的，做小販的，一旦在炮火連天之下，工廠關門，街上沒有行人，從 12 月 11 日到 12 月 24 日這十多天裏，很難支持下去，他們相繼成了餓殍，未餓死的，哪能希望吃火雞？

建「忠靈塔」及發行軍用手票

據日人伊藤正德在《日軍戰史》中記載，日軍攻佔九龍半島，是由日軍第二二八聯隊的坭埭隊長若林東一佔領城門水塘後長驅直入九龍市區而擊潰英軍的。至於攻打香港本島，也是由若林東一率領他的坭埭兵。泅水自北角登陸，佔領了黃泥涌水塘，然後迫使英軍投降的。

日軍對若林東一視如香港攻略戰的「大功臣」，曾頒了兩次獎狀給他，認為他是戰役中的決勝者。這個攻佔香港的小頭目，卻在 1942 年日軍攻打紐西蘭時喪了命。

香港總督楊慕琦向日軍投降的儀式，是在九龍尖沙咀半島酒店內舉行，日軍由酒井隆中將受降。當 12 月 12 日日軍攻佔九龍時，即以半島酒店為大本營，是以受降儀式也在半島酒店。當楊慕琦簽了降書之後，即行解下軍刀，脫下那高而帶結的帽，算是解除了武裝。從此，香港被改名為香島，1941 年也改為昭和十六年，而香港的街道，也換上了日本天皇的名號，如皇后大道中，

改為中昭和通；德輔道中，也改為中明治通。半島酒店也改為松本大酒店。總之，一切都日本化了。

雖然英軍投降了，但並不意味著抵抗就停止了。當時活躍於香港新界的使日軍聞之喪膽的東江游擊隊，就是堅持抵抗的主要力量，曾給日寇以重大的打擊。

當時香港的日本總督，最初由酒井隆以軍政府姿態統治，到1942年2月，酒井隆調往攻打太平洋的班丹島，香港始正式設總督。第一任日本總督為磯谷廉介，其後於1944年，磯谷廉介調往台灣，而以南支派遣軍司令田中久一兼任。田中久一既是第二任日本總督，也是中國抗戰勝利時的投降將軍。

日本佔領軍又為了紀念他們在「香島攻略戰」中戰死的官兵，特地在金馬倫山上，建一座「忠靈塔」，作為陣亡日軍紀念碑。這座「忠靈塔」所在的位置，是金鐘兵房上面的高峯上，面對海軍船塢。但這座「忠靈塔」建成之後，還未開幕，日本已宣佈投降，它在英軍接收香港後幾個月，即以炸藥炸毀。

英軍投降後，酒井隆即宣佈日軍所使用的「軍用手票」為香港合法貨幣，港幣二元兌軍用手票一元。軍票是當時日本侵略軍在發放軍餉時的貨幣。共分兩種形式，一種是將日本國內的貨幣加蓋紅條，把「日本銀行兌換券」七字蓋銷，另印一行紅字在票面上，大字為「軍用手票」，其下有「大日本帝國政府軍用手票」細字一行。另外一種為正式的原版軍用手票，上印「大日本帝國政府」，及「軍用手票」等字。

軍票有別於日元，因日元是由日本銀行發行的法幣，軍票則是由日本政府發出的全年儲備的軍餉，故當時軍票不能在日本國

內流通。它是屬於經濟金融掠奪的一種手段，即在每侵略一地，即強行以軍票購買物資，強迫商人使用，藉以達到以戰養戰，就地取材的目的。

後來磯谷廉介接任總督，宣佈停用港幣，港幣兌軍票又由二兌一改為四兌一。即四元港幣，換一元軍用手票。

關於日軍佔領香港期間，香港居民所受到的苦難的情形，真是罄竹難書，手頭上有一本戰後第二年出版的《香港年鑑》內有「香港淪陷大事記」一章，爰引於後，以作本文的結尾：

香港淪陷大事記

日寇發動太平洋戰爭，係於民國三十年即公元 1941 年 12 月 8 日晨開始，而香港則於同年 12 月 25 日淪陷，至民國三十四年即公元 1945 年 8 月 20 日英海軍夏慤中將率領英艦隊入港之日止，淪陷期間共為三年零八個月又二十五日，茲將關於淪陷期間之各項大事，編錄如次，用誌不忘。

軍事

1941 年 12 月 8 日上午 9 時 40 分，敵空軍開始襲港，先向金鐘兵房投下第一彈，隨而太古船塢、九龍啟德機場、印度兵房，及九龍城外樓宇均被轟炸。

戰前越入港界被收容於集中營之華軍數百人，於是時配械出營，參加戰鬥。

敵軍循青山道前進，一部繞過城門谷前進，因防衞力單薄，開戰僅三天，九龍半島英兵被迫撤回香港，整個九龍半島遂告陷落。

深水埗、旺角、油蔴地一帶匪徒乘機發動，大肆搶劫，殷商富戶多被搶，損失甚重。

英軍退守香港後，港九交通遂告斷絕。

九龍半島英軍撤退時，自動將各重工業工廠炸毀，如九龍船塢、電燈廠、青洲英坭等均被炸，一部分機器受損壞，敵軍佔據後，修理復用。

英日兩軍隔海砲戰。

21 日黎明，敵在港島北角之筲箕灣，及七姊妹等處登陸，攻佔金馬崙山，英軍退守黃泥涌峽，跑馬地一帶曾發生劇戰。

守香港英軍於戰事最危急時，先後將銅鑼灣各處所貯煤油自動焚燒，並發砲將油蔴地佐頓道煤油庫炸熄，兩岸煤油焚燒，火光沖天，數日始熄。

香港各處亦發生搶掠，飢民遍地，政府發存米施賑。

25 日，港督楊慕琦宣佈停戰，香港陷落，敵總司令酒井隆中將在半島酒店設軍政府，暫兼民政。

1942 年 2 月敵成立香港佔領地總督，以滙豐銀行大廈為總督衙署，由磯谷廉介任總督，軍政府裁撤。酒井隆離港。

1942 年夏秋之間，盟機開始轟炸香港，翌年轟炸益緊，目標注重船廠及海面敵艦，紅磡九龍船塢，被炸多次，最後一次被炸損壞最重，紅磡各防空洞亦中彈，洞內所貯煤油焚燒數日，紅磡

小學校學生死二百餘人，樓宇損壞在三分二以上，為戰事期間港九受戰火摧殘最重要之一角。

1942 年春間，敵計劃擴展九龍飛機場，將九龍城外太子道及宋皇臺一帶屋宇工廠數百間強行拆卸，劃入機場範圍，西貢道附近各村落亦被殃及，居民喪失家屋耕地，流離失所，慘不忍言。

九龍寨城，為築自前清嘉慶年間之數百年古蹟，及富有民族性之紀念物宋皇臺，亦於是時被毀。

1943 年後，盟機轟炸益為頻繁，太古船塢，及東區海軍船塢均被炸損壞甚重，民居亦有被誤炸而受損壞者，其損壞最重者為灣仔乍菲道一帶，中環如威靈頓街及皇后大道等處、九龍深水埗旺角等處亦略有中彈，海面敵船，中彈沉沒者多艘。

1944 年，戰事日緊，是年 2 月間，東京敵酋將磯谷調任台灣行政司長，而以南支派遣軍司令田中久一兼任香港總督，加強防衛力量，準備負隅死戰，但至 1945 年太平洋沿島及緬甸戰線之敵已全部崩潰，是年 8 月 14 日香港敵酋奉到東京訓令，舉城投降，戰事遂於是日終止：

8 月 12 日，英海軍中將夏慤，率領艦隊到港，市民燃炮竹夾道歡迎，極為熱烈。

9 月 9 日，舉行受降典禮，敵派岡田少將代表呈遞降書，我派潘華國將軍率軍事代表團來港參加典禮，所有敵軍留港物資，均由盟軍指定交與我國接收。

民政

1941 年 12 月 25 日敵陷香港後，即在半島酒店設軍政府兼理民政，令港九市民組自警團，暫維治安，並採行區役制，將香港劃為十二區，九龍劃為十區，初名區政所，後改區役所，每區設正副區長各一人，系長若干人，在敵酋指揮下，管理物資配給，戶籍調查，以及市面衛生，人口往來等地方事務，敵另設以敵人任所長之地區事務所統轄之。

敵軍政府成立後，首先宣佈行用軍票，軍票兌港幣比率，定為一比二，至 1942 年 10 月，改為一比四，又至 1943 年 6 月 31 日宣佈禁用港幣，限人民於一定期間將所存港幣向台灣銀行照一比四之定率兌換軍票，違者殺無赦。

敵又威逼被收容於集中營之滙豐銀行副主任英人海地（Hydo）簽發五十元以上面額港幣，隨將海地殺死，光復後，此項逼簽港幣，曾宣佈停止流通，未幾解禁，與其他港幣一體通用。

關於米糧配給，敵將商民存倉米糧盡行沒收，而以每人每日六兩四之定額，廉價配給市民，至戰爭中期，香港受嚴密封鎖，糧食漸起恐慌，乃將配給制度更改，普通市民停止配給，只配給與為敵服務之公務員及為敵生產之工廠工人，與為敵建築防禦工事之坭工，米價由是飛漲，每斤由數元漲至二百餘元，無食而餓死者不可勝計，餓殍載途，目不忍睹。

人民出入口概受限制，凡欲離港者須領取渡航證或歸鄉證，渡航證可再回港，歸鄉證則不能。

敵佔港後，軍政府佈告，港九包括新界在內，居民估計

一百九十餘萬人，要疏散百分之五十，指定廣九路為陸路步行歸鄉線，水路絕對禁止通行，其不及離境者，則派憲兵在街上亂捉途人，捉得後先送集中營，派船強押出境，押往何處隨意所欲，許多因無錢銀衣物攜帶而中途冷斃餓斃者不可勝計，此種強迫疏散，在戰事末期為最慘，竟有流之荒島而聽其自生自滅者。

敵總督部成立後，即組織「華人代表會」，及「華民協議會」，當會員者，多數英政府時代之紳士，其任務只為代達民意，並無權力。

1942 年春，敵計劃將灣仔駱克道一帶劃為日人居留地，將此處樓宇一百六十餘間封佔，限居民於三日內盡行遷出，居民被迫於風雨之中扶老攜幼狼狽搬出，悽慘萬狀。

敵設家屋登錄所，迫令全港屋業繳費登記，其被指為敵產者，則不准登記，產業沒收。

1944 年夏間，因燃料缺乏，電力廠不能發電，全港電燈，停開數月，頓成黑暗世界，電車亦停開，後敵將電廠煤爐改造，斬伐山柴代煤，電燈電車始告恢復。

裕禎公司，為敵總督部之賣毒機關，煙土由熱河以飛機運來，准煙民領牌買煙，並開設售吸所，實行毒化政策。

全彌敦道之酒樓餐室等食物館，被敵人強禁停業，損失不貲。

東華三院，因敵政府不肯補助經費，租項又復短收，擬變賣屋業不成，幾將停閉，後由各總理捐資維持，勉渡難關。

1944 年 2 月田中久一兼任港督後，大開賭博，藉抽賭餉作戰費，港九兩地，賭場林立，有賭城之稱。

文化

敵欲實行其奴化教育，在九龍設教員養成所，投考者數十人，考得後，經過六個月之訓練，即派赴各校任教員。

敵組東亞文化協進會，招引無聊文人任委員，但無公款，無事可辦，僅存虛名而已。

1942 年春，敵報道部因洋紙缺乏，迫令各報合併出版，全港報紙只有五家。

1942 年春，南京偽組織派員來港，設立中央通訊社，翌年被敵禁止解散。

敵在總督署樓下，設記者俱樂部，每星期招待各報記者，指示宣傳方針。

戲劇受嚴格統制，影片經嚴格檢查後始准放映。

敵設東亞學院，引誘青年人入學，另編奴化教科書實行奴化教育。

經濟

淪陷初期，金價每兩五六百元至千元，迨港幣禁用後，改用軍票兌換，價格漸漲，至戰爭末期（1945 年）春夏間，漲勢更銳，最高每兩可兌軍票十八萬元，至 1945 年 6、7 月回降至每兩十一二萬元，繼續降至三四萬元。

市面找換舖改名錢莊，由敵經濟部指定營業，但至戰爭末期

又勒令停業。

日敵劫奪英政府時代之商人存倉貨物，用以向外地交換物資，以維持本港糧食及日用品，但至 1943 年倉貨漸竭，外貨來源漸少，物價立即飛漲，市面經濟，遂發生嚴重恐慌，無法維持。

交通

1942 年夏間，廣九路雖已勉強修復分段行車，但除新界尚可載客外，其餘只供軍用，海面交通，上海間有輪船開行，但至 1943 年已完全停航，澳門、廣州、廣州灣，除間有輪船開行外，更以機帆補助交通，統歸內河運營管理。

1942 年春，敵軍將渡海小輪局部恢復，統一碼頭改作軍用，只開放尖沙咀碼頭，船少客多，極為擁擠，至 1944 年夏間以煤炭缺乏，小輪改燒木油，航行緩慢，陸上電車巴士，曾停行數月，電報時斷時續，至 1944 年春夏間起，只限於本港尚可通郵，內地外洋各處，已片紙不通。

電話仍通，但收費貴，按金巨，且商場冷落，用者無多。

雜記

敵在金馬崙山巔，建築「忠靈塔」一座，工事歷兩年，建築費甚鉅，大部工程已完，但未開幕。

　　1945 年春，敵恢復港九警察，將憲兵與警察權限劃分，仍歸金澤憲兵隊長統轄。

　　敵屬行戶口制，每樓每戶須將居住人口多少，及戶主姓名，詳記於一木牌之上，懸之門首，名戶口扎標，每區設鄰保班長若干人，管理街坊事務。

　　敵徵營業稅，及飲食稅、娛樂稅、營業稅任意估值徵收，商民苦之。

　　1944 年冬，敵財閥集鉅資，組興發營團，壟斷糧食，凡往粵省內地購米，須憑該團執照，米糧運到香港，該團有優先收買之權，凡收買入口米糧，只給成本及微利，貨主不得抗拒，以遂其囤積居奇之毒計。

　　1945 年敵將投降時，將劫來之物資，如棉紗、紙料、香煙等，任意送贈附敵漢奸以酬其勞。

香港淪陷與香港重光

1975 年 8 月 25 日是公眾假期，稱為「香港重光紀念日」。所謂香港重光，是指二次大戰結束，日軍從香港撤退，英軍重來之謂。但是，日軍投降，英軍重來，並不是在 8 月 25 日，而是在 8 月 20 日。因為當年（1945 年）的 8 月 20 日，正是星期一，後來編制公眾假期時，便將 8 月份最後的一個星期一，定為「香港重光紀念日」。

算起來，1983 年是抗日戰爭勝利三十八週年，也是「香港重光」三十八週年，回憶三十八年前香港重光前後的情形，實在有助於我們了解香港發展的過程。

記得日軍發動太平洋戰爭時，於 1941 年 12 月 8 日同時向太平洋上幾處英美勢力範圍的地方進攻，香港與九龍，亦於同日同時受日軍進攻，英軍只守了兩個星期多一些，便宣佈投降。日軍正式統治香港，是從 1941 年 12 月 25 日開始。

日軍佔領香港之後，姦淫擄掠，無所不用其極。英軍和英美籍人，全部被拘禁於赤柱集中營。於是，日軍實際所統治的，是一百五十萬中國居民。當日軍攻佔九龍之初，便在半島酒店設立軍政府。佔領香港後，初期軍政府仍然設在半島酒店。日本軍政府強迫當時稍有聲譽的華人，組織自衛團暫時維持治安，將港九劃分為廿二區，名為區政所，每區設正副區長各一人，系長若干人，管理糧食配給，戶口調查，以及該區內的衛生事務。這些區政所，由日軍直接管轄，該轄區政所的機關，名為「地區事務所」。「地區事務所」相等於現時的各區警署與民政司署的綜合體。

淪陷初期軍票港幣同時行使

由於日本侵略軍的軍隊是用軍票發給士兵，日軍每到一地，軍票即時流通，所以第一件事，便是宣佈軍票的合法流通。當時市面一切買賣，仍用港幣，軍政府宣佈每軍票一元，等於港幣二元，即持一元軍票，可購價值二元港幣的東西。

1942 年 2 月 20 日，東京宣佈香港為日本佔領地，正式設立佔領地總督部，由陸軍中將磯谷廉介擔任總督、平野茂任副總督。這時，日軍才將半島酒店的軍政府結束，行政中心轉移到滙豐銀行去。總督府設在滙豐銀行十五樓，其餘各層，即為總督部的各行政機構的辦事處。

總督部成立後，區政所改名為區役所，並由磯谷廉介任命十三名從前的太平紳士為華人代表，表示日軍亦尊重華人，另從各階層人士中選任三十七名華人為區役所所長，這些華人代表，只有轉達日軍總督部命令的份兒，而無任何發言權，甚至請願亦被禁止。

華人代表請願　警告斬首警告

記得總督部成立後，由於各貨倉為日軍所封閉，貨倉內的貨物，屬於英商及香港英政府的當然不少，但屬於私人及華人商號的佔大部分，日軍全把這些貨倉佔領，不顧國際公法，亦漠視私有財產制，不許商號依倉單提貨。這些存倉貨物，十三位華人

代表都有，三十七名華人區役所長亦有，他們聯同其他商人，向總督部請願，要求提取存倉貨物，但立遭拒絕，並且警告如再請願，即屬不服從總督部命令，立予斬首示眾。由此可見，所謂華人代表，只是代表華人接受法西斯統治的傳聲筒罷了。

淪陷初期，日軍為了搜捕我國留在香港的愛國分子，曾頒佈「出入境法令」，規定凡離開香港者，必須填報申請書，領取渡航證或回鄉證，詳細說明申請出境者的身分及其申請離港的原因。經過調查後，才能批准出境。日軍當時搜捕的人物，大略分為兩類，其一是國民黨的高官，一旦捉到，便利誘他們出任偽職；另一是搜捕真正的抗日分子及中國共產黨員。

當時抗日愛國民主人士雲集香港，因日軍的突然攻陷港九而未及逃生，日軍搜捕這些抗日人士甚急。儘管日軍以各種恐怖手段濫殺和封鎖港口，但愛國人士仍能偷渡離港。由中國共產黨領導的一個抗日游擊隊 —— 東江縱隊，協助同胞們偷渡回國，他們先躲在新界的鄉村中，入黑後乘漁船偷渡，越過日軍的封鎖線，安全抵達內地。不少英國軍官，也在東江縱隊的協助下逃出。

東江縱隊協助同胞回國抗日

1942 年上半年，離開香港的人約有二十萬，除了部分經正式手續申請，獲准乘船回廣州或赴澳門者外，大部分是偷渡出境的。當時偷渡出境的地方有二。在新界東部則以大埔為主要點；在西部地區，則以流浮山附近海灣為偷渡點。從大埔附近乘船偷

渡的，越過大鵬灣而登陸，經這條路線偷渡者，先到惠陽，然後轉入內地。從流浮山附近下船偷渡的，則是越過后海灣而在南頭附近登陸。

英軍在香港投降，但港九同胞並未向日軍投降。游擊隊，以東江縱隊為主，不斷在港九新界各處打擊日軍，他們除了協助同胞回國之外，並偷運物資，襲擊倉庫，突擊日軍哨崗，使港九的日軍疲於奔命。

日軍進攻香港之初，滿以為英軍工事堅固，軍力強大，配備了近二萬名的各種兵種進攻。誰知不堪一擊，方知估計過高。為了日軍急需南侵，因此進攻香港的兵力，迅速調往南太平洋作戰，日軍留在香港的兵力，根據日軍投降時向中國繳交的資料，有如下的分佈：

名稱	長官名	軍人	軍屬
香港佔領地總督部	磯谷廉介（中將）	128 人	782 人
香港防衛隊司令部	岡田梅吉（少將）	4,850 人	45 人
第六十四停泊場司令部	海上貞（少佐）	230 人	165 人
獨立混成三十一聯隊	德本光信（大佐）	2,201 人	無
第八野戰船舶廠	白木久雄（大佐）	602 人	無
水上勤務六十中隊	土屋修（中尉）	479 人	無
第二百兵站病院	矢野義德（少將）	629 人	421 人
香港俘虜收容所	德永德（大佐）	26 人	334 人

從上表可以看到，當時統治香港的日軍，軍人 9,145 人，軍屬 1,747 人，合共日軍連軍屬在內，亦不過 10,892 人，其中獨立混成

三十一聯隊,隊部設在深圳,僅機關炮隊設在九龍,真正防衛香港的人數可能比上表所列的 2,201 人為少,就算全數屬於香港方面的兵力吧,總數也不過是九千多人而已。

駱克道設慰安所強迫居民遷出

這九千多日軍,除了姦淫擄掠,濫殺濫搶之外,還製造了一件恐怖的駱克道事件。原來,日本軍隊制度,是有軍妓之設的,軍妓的住所,稱為慰安所。凡日軍長駐的地方,都有慰安所之設。香港駐了幾千日軍,自然要設立慰安所了。

1942 年 8 月,副總督平野茂通知防衛司令部岡田梅吉,要在香港設立慰安所五百家,總督屬意於灣仔大佛口過一些的駱克道一帶設立,叫他馬上通知該處的居民遷出,以便在該處劃為慰安區。防衛司令部當時所轄三個大隊,其中六十八大隊長中川金光,奉命執行任務,他親自指揮大隊日軍,突然將駱克道封鎖,西自軍器廠街口起,東至勳寧道 [1] 止,加上鐵馬,日軍配上刺刀,逐家拍門,限令三日之內,全數搬出,不得留下一人。

日軍在街上製造恐怖氣氛,列隊巡行,時而吆喝開槍,時而拘捕路人毒打,務使住在該處的居民,如在地獄中生活,他們只得不顧一切,收拾細軟搬出,有些無家可搬的,惟有在區外露宿街頭。

1　編者註:1955 年前,菲林明道譯作「勳寧道」。

事後，日軍雖然知道設慰安所不必這麼多的房屋，但是該區已十室九空，沒有人家再回去居住。這一帶地方，當時是日軍的娛樂區，除了慰安所外，有吃茶店、酒吧和菜館。該處，就是現時灣仔的酒吧區了。

淪陷時期香港的悲慘史實，真是罄竹難書，這裏只能簡略地譜出一個輪廓。在軍政與民政方面，有如上述，現在談談經濟方面的情形。

拘捕居民強迫疏散　每人每日六兩四米

淪陷時期，區役所設立後，即行配米制度。因為區役所負責登記區內的戶口，可以按口售糧。每人每日配米六兩四錢。在配米之前，地區事務所派出日軍到區內執行戶口總查，提防居民多報人口多獲配米。戶口總查的方法是相當殘忍的。每一條街的住戶，不論老幼，全部站到門口來，等候日軍調查。日軍按照戶口冊所定人數，然後登樓視察，假若發現人數不符，便全家拘往監禁。日軍在入屋視察時，往往順手牽羊，居民家中有合用的東西，經常被日軍拿走。

六兩四米一餐已嫌太少了，今以六兩四米作為一天的糧食，居民在飢餓線上掙扎的情況可想而知了。後來日軍發現糧食日少，認為六兩四米仍是一項負擔。在 1943 年，宣佈強迫疏散人口，同時取消了六兩四米配售。那時，日軍在街上見人就拉，拉了集中起來，次日即用船送往大陸海邊，強行推他們上岸。

　　至於通貨方面，港幣在市面仍然與軍票同時流通，從 1941 年 12 月 26 日開始，至 1942 年 9 月，港幣仍以二兌一的比值與軍票同時行使，在這段時間內，日軍正在清理各銀行的賬目，中、英、美、荷等銀行先後被清理，存戶限期往該等銀行提回存款，但不是全部提的，提取一部分，其餘則強迫存於台灣銀行中。到了 1942 年 10 月，宣佈港幣以四元換一元軍票的法令，這一來，那些存款放銀行的市民，便等於五成又五成地貶低自己的財產了。

　　在 1942 年 10 月宣佈港幣兌軍票為四比一的同時，日軍還強迫被囚禁於赤柱的滙豐銀行大班海地氏，簽發所有存放貨倉內的大面額的港幣，以便用這些港幣到澳門去購買物資。又在同一時期，宣佈限期停用港幣。停用港幣的日期是 1943 年 6 月 30 日。

　　當時澳門是中立地區，仍然行使港幣，雖然港幣幣值日跌，但仍可用以購買各種物資。香港日軍總督部大量搜刮港幣，用雙管齊下的方法——一面限期在港停用港幣，一面迫簽大面額的港幣，其目的正在於此。

　　交通方面，渡海小輪在 1942 年 1 月中便告恢復，但統一碼頭及佐敦道碼頭則為日軍第六十四停泊場司令部所佔據，作為軍用碼頭。日軍在兩碼頭的突出地方，建造機關槍壘，當時渡海小輪，僅尖沙咀到中環一線可通。

　　電車和巴士，遲至 5 月才局部暢通，全港的交通，依賴人力車、三輪車和自行車維持。三輪車並非現時澳門所見的那一種，那是一種用來運貨的三輪車，加上一塊坐板改成的座位，自行車則以背後的本板為座位，香港人稱為「搭單車尾」。

　　經過強迫疏散、殺死、迫死、病死及餓死，香港人口到 1945

年重光前夕，只得六十萬人。

香港本由中國受降但蔣介石行動緩慢

　　香港的重光，是隨著日本天皇宣佈無條件投降之後才出現的。1945 年 8 月 15 日正午 12 時，日皇在東京宣佈無條件投降時，香港佔領地總督部，已接到訓令，向盟軍投降了。香港的日語電台，亦將日皇的演詞加以轉播，駐港的日軍及其軍屬，聽到廣播後，無不掩面而泣。

　　按照日皇的訓令，所有日軍，應就地向盟軍所屬軍區將領投降，香港當時的日軍，仍屬於日軍南支派遣軍第二十三軍所轄，日第二十三軍司令田中久一，當時兼任香港佔領地總督，他本人在廣州。而中國方面，當時在廣東地區作戰的中國軍隊，屬第二方面軍所轄。因此，日軍的田中久一，要向中國軍方投降，他的對象，是中國的第二方面軍司令。

　　在戰爭期間，香港和九龍，並沒有被盟軍列為特別戰區，它仍然是廣東戰區的一部分。日軍方面也是這樣，香港防衛隊是日軍第二十三軍所轄，仍屬廣東戰區的一部分，因此，日軍投降的對象是中國，而不是英國。

　　但，當時國民黨正熱中於接收上海南京等大城市，及部署打內戰，對於南方的接收工作非常緩慢。蔣介石於 8 月 21 日，才指示第二方面軍接受廣東地區日軍投降。蔣的命令附有受降部隊行動概見圖，令新一軍接收廣州附近地區，當時新一軍正結集

於廣西貴縣、玉林一帶。令六十四軍接收中山、鶴山、新會、台山等縣，當時六十四軍在南寧附近的蘇墟、欽州一帶結集。又令四十六軍從湛江附近往海南島接收。十三軍則從梧州赴香港九龍接收。（附圖為當時蔣介石訓令第二方面軍時的原件。NIA 為新一軍的代號，64A 即六十四軍，46A 即四十六軍，13A 即十三軍。）

可是，蔣介石的命令發出的前一日，英國的太平洋艦隊司令夏愨中將，已率領艦隊在香港登陸了。1945 年 8 月 20 日星期一，夏愨的旗艦從鯉魚門駛入，由兩隻掃雷艦作開路先鋒，後面隨著兩隻潛艇，駛進海軍船塢（即現時的添馬艦基地）登陸。

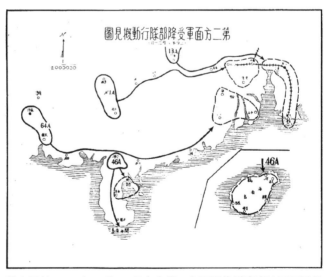

蔣介石於 1945 年 8 月 21 日命令第二方面軍接受廣東地區日軍投降的行動概見圖。該圖附於蔣的密令中，他命令第十三軍接收香港九龍。但 8 月 20 日，夏愨已率艦隊在港登陸了。此圖為第二方面軍的檔案中的原件，刊出以示蔣氏當年處事的烏龍。

夏慤旗艦駛入海軍船塢曾遭射擊

當時海軍船塢內的日軍，曾開槍向夏慤的旗艦掃射，不許英軍登岸。但不久，由於旗艦用無線電與香港防衛隊司令官岡田梅吉取得聯絡，岡田梅吉親到夏慤的旗艦上會見夏慤，夏慤告訴他，香港九龍的受降工作，由他負責辦理。岡田梅吉表示未接大本營命令，亦未接田中久一命令。夏慤指出日政府已無條件投降，並且大本營亦宣佈各地日軍向當地盟軍投降，今本人已來到本地區，且有盟軍統帥的命令，貴長官自應向本人投降了。

岡田梅吉仍然要求稍候，以便請示田中久一。夏慤著他迅速聯絡田中久一。原來，田中久一當時在廣州，尚未接到中國方面有關受降的指示，香港方面的英軍要來接收香港，而且帶有盟軍統帥的命令，自然不敢反對，於是，香港的日軍防衛隊司令岡田梅吉，便在是日下午，向夏慤投降。

這便是香港重光。當日，夏慤下令釋放赤柱集中營的英軍戰俘，然後逐步接管各機關與防務。由 8 月 20 日開始，至 8 月 30 日，港九各地區仍處於戰時狀態，即晚上仍屬戒嚴，治安仍由日軍維持。直到英軍繼續運來，接替日軍據點，戰俘經過休息後，亦能擔當各項工作，加上留在澳門的英國僑民紛紛返港報到，這些英僑及葡僑，從前多在警界服務，因此各區的警署，亦相繼復員。

日軍是逐步被解除武裝的，到 8 月 31 日，港九日軍已全部解除武裝，他們分批囚禁於九龍的漆咸營與香港的赤柱。日俘每日擔當清道伕的工作，掃街和清除垃圾。

估計港幣不夠流通　將軍票儲券改為港幣

　　當時香港由軍政府統治，夏慤是最高統治者。記得他最初的辦公地點，仍在他的旗艦上。軍政府第一號公告，是《軍政府統治公告》，向港九居民宣佈現由軍政府統治。稍後，發出第二號公告，稱為《委託權力公告》，表示軍政府將權力移交各個漸上軌道的機關。這兩項公告，都是在戰艦上簽發的。

　　由於英軍的迅速來港接收，一切毫無準備，所以市面上金融非常混亂，軍票是當時在市面流通的貨幣，英軍登陸後，港幣自動在市面流通，至於軍票與港幣的比值，則由市場自由決定。軍政府在初期並未干涉，但軍政府第一步工作，是將存倉白米配給市民，以每斤二毫的價格廉售。因此商人在米價方面得出軍票的比值，以四元港幣，兌一千元軍票。故軍票在軍政府初期，簡直是當作輔幣行使。

　　夏慤的軍政府發現日軍存放香港倉庫中的港幣，為數不多，實不足以供流通之用。但是，作為英國的殖民地，決不能容許軍票繼續流通的。當時在兩家印刷廠中，搜出大量已印妥的軍票和汪偽政權的儲備券。他知道市面將來一定需要小面值的港幣流通，特別是一元、五元、十元，以及五仙、一毫等輔幣。因此，他立即用雙管齊下的辦法以解決問題。首先將已印成的一千元的日本軍票，印上港幣一元的英文字，當作一元港幣行使。另外將偽幣儲備券一千元的，加蓋上港幣五元的英文字樣，以便作為港幣五元流通。又將面值五千元的儲備券，印上港幣十元的英文字樣，以便發行。同時，立即趕印圖案簡單的，只印一面的輔幣，

計有五分和十分兩種。

　　當這些鈔票在趕印中，軍政府便先後公佈兩條法例。第一條是《發行鈔票銀行權力及合法通用鈔券及匯率公告》，第二條是《延期付款公告》。

戰時債務延期付款　一千軍票值港幣四元

　　第一條公告的目的，是宣佈停止使用軍票，以及在貨幣流通出現困難時，軍政府有權發行鈔票。原來在以往的法例中，五元以上的香港紙幣，是交由滙豐、渣打、有利等三間發行鈔票銀行發行的，香港政府只發行一元面值的貨幣及其他輔幣。這公告即宣佈軍政府將發行鈔票。

　　第二條《延期付款公告》，是凍結所有在戰時的各項債務，以減少港幣的流通量。因為，無論在什麼時候，商場總是進行貿易的，英軍政府成立後，軍票停用了，如果商場上的債務支付全改用港幣，港幣的流通量便大增，因此有凍結以前債務的必要，而且，此舉也可以減少許多糾紛，這條延期付款法，一直到軍政府結束，楊慕琦來港接任總督後，才修改為《淪陷時期債權人與債務人條例》，這條新例，等於宣佈延期付款已告結束。條例中對軍票與港幣的比值有詳細的規定，例如規定如屬 1942 年 1 月至 12 月欠軍票一千元，須當作欠港幣八百元付款。1943 年 1 月至 4 月，一千元軍票當六百元港幣，以後逐年逐月減低，到 1945 年 6 月，則一千軍票當八元港幣，7 月至 8 月則當四元，8 月 16 日後無效。

事後，證明夏慤的顧慮鈔票流通不足是多餘的。因為日軍在戰時利用港幣收購物資，澳門存有大量港幣。同時，內地的漢奸走狗，亦存有大量港幣，這些漢奸亦從內地來港避風，每人都帶了大量港幣到來。加上本港淪陷時期也有部分商人以賤價購入大批港幣，軍政府通過若干華人買辦，向這些存有大量港幣的人士借款，把存儲的港幣借出來以供流通。一些大漢奸亦因此得到包庇，貨幣流通終能圓滑進行。那些由軍票與儲備券改值的鈔票，始終未曾發行。現在則成為鈔票收藏家搜集的對象。

日用品規定公價　白米每斤售二毫

香港重光後，軍政府對穩定物價有一系列的做法，是值得一讚的。除了上述將存倉米廉售之外，並規定若干日用品的公價。如麵包每磅五毫，麵粉每斤四毫四仙，牛油每磅二元二毫，美萊奶粉十四安裝二元八毫。香煙方面，廿支裝美國上等香煙每包九毫，英國香煙十支裝四毫，五十支罐裝二元，廿支裝八毫。本港出產的香煙，十支裝二毫，廿支裝四毫。當時本港出品的香煙，只有十號、二十號兩種，是最受勞苦大眾歡迎的香煙。至於肉類，和規定公價：牛柳每磅一元八毫，牛腩每磅五毫半。豬肉，上肉每磅二元。鹽每斤一毫半。糖、片糖每斤八毫，白車糖每斤二元五毫五分，鮮奶、冷飲五毫，熱飲五毫半。

從 1945 年 9 月開始，每月差不多有十萬人湧來香港，香港人口由 8 月 20 日的六十萬人，到 1945 年底，已增至一百萬人了。

香港在戰前本有一百五十萬人，戰亂中房屋損壞倒塌為數雖不少，但仍可以容納一百萬人居住，屋荒尚未見得嚴重。

　　楊慕琦是在 1946 年 4 月 30 日來港接任總督的，因此夏慤的軍政府亦於同日正式結束，將政權移交楊慕琦。夏慤於 5 月 1 日離港返英。

一九五六年九龍暴動始末

　　1956 年 10 月 10 日至 16 日，九龍曾發生一次極其嚴重的暴動，整個九龍（包括荃灣）陷於恐怖氣氛中。這件事件到 1982 年 10 月恰滿二十六年。事件是由一批國民黨特務分子借一位徙置區督察撕去深水埗李鄭屋村 G 座貼在牆壁上的國民黨標誌為藉口，而開始了預先籌劃的有組織的暴亂。這裏且將 1956 年 10 月 10 日晚上 9 時，香港政府新聞處所發表的《特別公報》錄出以作為本文的引端：

　　關於今日在李鄭屋村徙置大廈發生之事件，現發表一項較為詳細之聲明，以代替較早之公報。九龍今日發生騷亂，起因為李鄭屋村徙置大廈懸掛中國國民黨國旗。該徙置區曾接獲訓令，對居民所欲懸掛之任何旗幟，將不表反對，惟對在外牆張貼旗幟，以致損害該建築物之觀瞻者，則予以反對。此舉係依照往年所採取之程序。本日上午十一時三十分左右，有一名華籍徙置區督察，以職責所在，遂將貼於該等建築物之若干旗幟除去，於是引起爭執，警員隨即被召到場。當時結集之羣眾，約有五百人，警員以彼等之情緒尚佳，故僅對局勢予以注視，並未採取進一步行動。

　　在將近下午二時之前，聚集之羣眾，已增至千人左右。警方亦發通知加派人員到場。當在場負責之助理警司正向羣眾排解之際，有若干人由人羣中跑出，進入其

中一間大廈地下之徙置區辦事處內，向室內之兩名華籍
職員襲擊。惟該兩人已被警方救回。

　　約在此一時間，另有第三名華籍職員，由辦事處
內奔出而為羣眾追逐，警員亦追前保護。在情形紛亂之
際，另有一部分羣眾進至辦事處內，將傢俬宗卷搬出，
並放火將其焚毀。同時，羣眾中又有人用石頭及向附近
一家商店奪取汽水瓶，投擲警察。到此階段警員即使用
小量催淚彈以驅散羣眾。此等措施，果然收效。結果並
未鳴放一槍，羣眾即行散去。

　　三時後不久，即恢復秩序，徙置事務處職員李民治
（譯音）受傷，刻在醫院治療。此外，尚有警員六名及其
他人士約五名，在事發時受傷，惟傷勢均不嚴重。

撕去雙十標誌引起爭吵

　　以上是官方的新聞公報。至於實際的情形，並不是發生於 11
時，而是上午 9 時許。李鄭屋村原是一條歷史悠久的村莊，1950
年代初期當局在該處建立多層高的徙置大廈多座，稱為李鄭屋村
徙置區。發生事件的 G 座徙置大廈，對面即為 A 座，A 座地下就
是管理徙置區的官員辦事處（參看附圖）。10 月 10 日早上 9 時，
辦事處官員看見對面 G 座五樓以及五樓中間的廁所外牆，均有
用紅紙剪成的雙十字型貼出，因此官員便上前著令五樓的居民除
去。但沒有人理會，這個官員便自動將上述牆上的雙十字剪貼撕

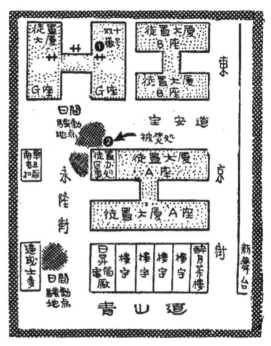

李鄭屋村徙置區出事地點指示圖

去。爭端便由此而擴大起來。

　　當時，那些蓄意鬧事的人，湧到 A 座地下的辦事處去，聲勢洶洶，提出四項要求：（1）將撕去的雙十字剪貼貼回，並增加蔣介石像及孫中山像，青天白日旗等佈置。（2）購置十萬頭爆竹，由七樓垂至地下燃放。（3）三鞠躬當眾道歉。（4）道歉啟事遍登香港各報。

　　當時徙置區的官員，已向滋事分子屈服，答應先到 G 座五樓將雙十剪貼再行貼起，又答應購買十元爆竹。但滋事分子存心生事，向那個曾經撕去雙十標貼的徙置事務處官員追打，場中的警

察立即趨前保護，打算護送他離開現場，但來到永隆街口時，暴徒即以汽水瓶及石頭向警察攻擊。徙置區官員及警察，便是在該處受傷的。

後來警察越來越多，但是暴徒也越來越多，將警員分割成若干段。受傷的警員和徙置區官員幸而也能平安脫險，當時 A 座地下辦事處的徙置區職員約三十人，要求警方保護他們離去。但是當負責保護辦事處的警察數十人保護他們離開李鄭屋村時，僅僅留下十餘人，因此，又為滋事分子所乘，向辦事處衝去，十餘警察目睹他們衝來，竟然以安全為理由而退卻。辦事處就被放火燒了。

事實與港府新聞處的公報頗多出入。新聞處公報說起因是「懸掛國民黨國旗」，事實是張貼雙十標貼。新聞處說 3 時後不久，秩序即當恢復。而事實上更嚴重的暴亂，是在 3 時後發生的。

辦事處的火被救熄後，已是下午 3 時半了，那時警察約千餘人到達現場，在李鄭屋村一帶佈防。禁止閒人來往寶安道內之各徙置大廈。東京街、順寧道、永隆街等徙置區外圍街道，架設鐵馬戒嚴。由下午 4 時至 7 時這段時間，只有零星擲石，但各警戒線外，仍有很多鬧事分子圍觀。這段時間可以說比較寧靜，不過這只是「暴風雨前的寧靜」，事後研究，這幾小時的「寧靜」，正是因滋事分子在秘密開會，策動更大的、更恐怖而又更猖狂的暴亂。

下午 7 時許，是警察換班的時候。當警察換班後，暴徒即開始在各處地區發動進攻了。首先，在李鄭屋村附近的各街道，向警察投石，迫使警察不能擴大巡邏範圍，以便進行搶劫與破壞。在 7 時 50 分，警察只零星地施放催淚彈對付暴徒，毫無作為，而暴徒目的也不在襲擊警察，只在吸引警方的實力局處一隅。是以

催淚彈過後，擲石與吶喊又起，使這一帶的警察疲於奔命。

到了 9 時 50 分，有一輛屬於第七號消防局的滅火車由荔枝角向尖沙咀方向行駛，來到九江街與青山道附近，由於人羣混亂，加上當時有一輛的士從九江街因避開人羣而衝出，於是滅火車為了避開的士便撞向人羣，撞傷了幾個人，滋事分子就開始喝打，磚頭亂石齊飛，警察為了拯救這部滅火車，連放多個催淚彈。滅火車急忙從人羣包圍中駛出，不久，竟又撞向一輛陸軍救傷車 68YP70 號尾部。幸無傷人。

先燒嘉頓然後劫掠土產公司

這時已經是晚上 10 點半鐘了，暴亂開始由青山道、大埔道向旺角、油麻地區擴展了。暴徒沿途襲擊商店，肆意搶掠，焚燒，攔截汽車，行動更見瘋狂。嘉頓糖果公司的貨車，一向停放在該公司後面的路邊，這時，已被三五個暴徒蹲在貨車下面引火，將十二部貨車全部燒毀。嘉頓公司的地下、二樓，亦被暴徒以長竹縱火焚燒。前往馳救的一架救火車，司機被暴徒擲石襲擊，以致駛上行人路，當場撞死兩人，傷五人。一部分暴徒，向各區的售賣中國土產的公司和商店或作其他生意的商店，以及學校，瘋狂進攻及搶掠。

在大埔道附近，被搶掠搗亂的有新中國食品公司，榮華茶樓、新生金舖、勝利商店等。在青山道，不僅是出售中國大陸土產的商號如新中食品公司，長沙灣道大豐公司等，接二連三地遭

人破壞鐵閘入內，打人掠貨，把現款、貨物、值錢的東西搶掠一空，又將大批貨物搬到門外焚燒，引起多處火頭；普通商店，被暴徒看上眼的亦不能倖免。如南昌街二〇一號周生生金舖，在該天深夜遭暴徒用鐵器將店門鐵閘撞開後，搗毀一切裝飾，並將未入保險櫃的金飾搜掠一空。暴徒還想弄開金舖的保險倉，但因找不到鎖匙，無法得逞才悻悻然離去。

在旺角，彌敦道瓊華酒家樓下，當時有一家大發土產公司，亦遭暴徒進攻。窩打老道口學生書店被搗毀，彌敦道益豐食品公司又被人撞破鐵閘入內搗亂。總之，暴徒進攻的目標非常廣泛，除了同大陸有貿易關係的公司和店號外，其他的商號和公司也不能倖免。甚至九龍警察總部、交通部、旺角警署亦受到暴徒包圍叫囂和擲石。

此外，在沙田、荃灣等地的工廠，亦有零星的衝突，但這些衝突在 10 月 10 日那天，並非高潮，稍後才發展到極其可怕的程度，而且波及學校與工會。

據當時一些目擊者的回憶，當李鄭屋村、深水埗區、旺角區、油麻地區以及荃灣區暴亂出現時，在被暴徒控制的區域內，經常有數十個神秘男子，騎著豎有旗幟的單車，在現場穿梭往來，好像傳達命令。此外，10 日、11 日連續兩天，在深水埗的暴亂現場，都有一輛神秘的白牌車，在暴徒的鼓掌聲和歡呼聲中出現，車上的幾名男子向暴徒們揮手致意，有時還停下來與圍繞在車旁的暴徒交談。

10 日那天的暴亂，發展到深夜 1 時許，已分散為七八個地區，每區聚集暴徒數百至數千不等，進行搗亂、搶掠、放火、毆

人，至 11 日凌晨 4 時許，局勢始稍為和緩。

10 月 11 日晨 9 時 5 分，暴徒開始有計劃地向青山道二五四至二五六號的中建土產公司及龍門餐室進攻，打開了鐵門，闖入店內搗毀貨物及掠劫現款，又在門前放火。同時又向二五〇號的南華五金出品廠作同樣的暴動行為。

與此同時，很多的左派工會都遭攻擊，暴動的狂飇由下午 5 時開始席捲九龍與荃灣。死人數十，傷者數百，遍地鮮血！

由下午 3 時起，暴徒手臂上大部分纏有臂章。來往穿插於油麻地、深水埗、旺角等區域的汽車與自行車都有國民黨旗張貼及懸掛。而暴徒，則向沒有掛旗的車輛襲擊，因此，巴士早已停開；的士也不敢載客到油麻地以外的地區去。所有私家車，要是沒有國民黨的旗，即連攔截，有些喝令車中人出來，有些則被連拖帶拉的揪出來毒打，然後把汽車推翻，放火焚燒。

原來，國民黨的旗幟是暴徒的通行證，大批暴徒在油麻地各主要街道遇到汽車，即截停強迫車中人買旗，每面十元起碼，多多益善。但是不止買一面就算，汽車繼續開行，遇到另一批人截停，又要買旗。有些汽車，前後左右都貼滿了旗，因為汽車每經過一處街口，都必定有人羣加以截停，強迫買旗。

瑞士駐港領事館參贊夫人被燒死

當時瑞士駐港領事館參贊夫婦，乘坐一輛的士 7461 號駛至大埔道，暴徒見車上沒有旗幟，立即包圍截停，不由分說，用石頭

將車上的玻璃全部打破，把汽車翻倒，隨即放火焚燒。事後一隊
警察衝來拯救，但司機已當場燒死，領事館參贊愛斯特夫婦給送
院救治，愛斯特夫人延至 13 日不治斃命。

而且，並不是貼了旗的汽車就可以深入「特殊區域」。當時的
大埔道、青山道，都是特殊區域。進入特殊區域的汽車，必須有
由署名「C.C 中三青總 —— 逸君留條」的通行證才能在該區安全
來往的，通行證上寫有三行字：「此車中立由本人負責管理，並已
購國旗乙幀，敬希各位注意，勿生意外為禱」。

事實上能來往這些「特區」的車輛並不多，所有貼上這類字
條的車輛，大部分是聯絡各暴動區的國民黨特務聯絡人員所用的
車輛，其中最大部分的車輛，是把暴徒運往荃灣去。因為荃灣是
他們進攻的主要目標。

在花園街與運動場道交界處的香島中學，在 10 月 10 日晚已
經被暴徒用石頭磚塊進攻過兩次，到 11 日，再受攻擊，但受損失
不及在九龍仔榕樹台新校舍的嚴重。新校舍被暴徒放火焚燒，至
13 日仍見餘燼冒出火煙。當時該校留有師生多人，幸得他們奮力
抵抗，臨危不亂，否則更不堪設想。

至於荃灣，在 11 日下午 3 時，暴徒開始向工會和一些工廠作
有計劃的攻擊和破壞。他們的目標在於向工廠勒索、屠殺工人和
工會的積極分子。被進攻的，計有木棉下村工聯荃灣醫療所，紡
織染荃灣服務部及工人圖書站。工友多人被毒打重傷。

荃灣暴亂的起點，是由寶星紗廠以及該廠的工人宿舍受襲擊
開始，起因是，10 日那天，該廠國民黨分子懸掛大幅標語，使人
看起來等於寶星廠方慶祝。寶星廠方因不願參加政治，要求把標

語除下，引致國民黨分子的不滿。在 11 日下午 4 時許，有暴徒二百多人集結在工廠門口，另有三十多名穿黑裙白襯衫的女子在門外唱「反攻大陸」等歌曲，在歌聲中，石頭如雨般投入廠內。然後大批暴徒衝進裏邊，將所有被認為屬於左派的工人拉出門外毒打。撕毀女工衣服，意圖施暴，並縱火焚燒工廠所有車間，一時火光熊熊。

後來暴徒獲得寶星廠方的「賠償」後，始轉移陣地。南海紗廠、東方醬油廠及其他若干工廠，都有同樣事件發生。

勒索寶星等廠得手後，暴徒轉向攻打荃灣的工會以及工會福利機構（甚至動用爆炸品），釀成荃灣街頭陳屍數十具，數百人受傷的慘劇。以荃灣工人醫療所為例，根據親歷其境的人回憶，10 月 11 日晚上，約有三百暴徒麕聚荃灣工人醫療所門口作波浪式圍攻。當時，所內有十六名工作人員，他們已風聞 10 日事件，有所警惕，全力守住門戶，不讓暴徒入內。誰知暴徒見打門不能進入，遂改由天台搗爛醫所屋頂，架起長梯，強行進入。幾十名暴徒一入所內，由一手執國民黨旗的人指揮這些暴徒，用鐵棍、木棒、鐵鏈、刀劍向十六個手無寸鐵的醫療所人員圍攻。有人當場手折腳斷，嘔吐鮮血。

暴徒更打翻所有的椅子，撕毀桌上的書籍、病歷，並衝入藥劑室大肆破壞，一包包的加波力粉被擲散，發出強烈的氣味。接著幾個暴徒衝向所內的女職員，當胸撕開她們的衣服，企圖施暴。正在與暴徒抗爭的一個姓楊的男職員，看到自己的女同事受辱，遂挺身而出，奮不顧身把一個女同事從暴徒手裏拉出來，並以身體掩護這個女同事。這樣的事情發生了兩次。

　　由於姓楊的青年阻止了暴徒的暴行，暴徒氣瘋了，於是使用刀棍等兇器，向姓楊的身上亂打亂砍，姓楊的被打得混身淌血，頸骨被打斷、門牙被打落。另一位職員見狀，不顧身受重傷，奪路從下水道通路跑往荃灣警署。到暴徒轉移時，醫所已被整個地破壞，滿室藥味、焦臭味、碎紙、藥丸、玻璃撒滿一地，椅子橫七豎八地散在地上；多名職員已被毆至重傷，兩名女職員昏迷在地，而姓楊的職員已奄奄一息。

　　這位姓楊的青年在送入九龍醫院不久便因傷重不治死亡。其他十五人也個個身受重傷，其中有兩個腦袋被打穿幾個窟洞的職員（一男一女），雖經敷藥痊癒了仍感時時腦殼發軟，疼痛異常，後來在他們被送往廣州醫院進行手術治療時，醫生在他們原來的傷口部分，發現還存有一大把泥沙。

　　暴徒除了攻擊左派機構外，還不忘伺機發財。11 日晚 12 時多，九龍城東頭村義和泰錦記布廠，被數十暴徒圍攻，進入廠內搶去布疋一千六百多疋，現款二千多元，以及其他值錢物品。暴徒還想弄開廠內的一個保險箱，把它從二樓的騎樓推落天井，但還是不能打開它。暴徒才呼嘯而去。

　　由於國民黨特務的暴亂沒有得到有效的遏制，所顯現的危害性已超出一些人的意料之外，在這種局面下，港府不能不宣佈緊急戒嚴令。戒嚴令是由護督戴維德簽發的。內容如下：（1）在整個九龍半島實施宵禁，由 11 日晚上 7 時半起至 12 日上午 10 時止。九龍方面，禁止一切來往交通。（2）假如環境需要，宵禁期間可能加以延長，所有渡海小輪，於 7 時 15 分停船，公共車輛，則於 7 時半停駛。

晚上 8 時護督戴維德在電台廣播，說決心彈壓暴動，並說不能容許多數人聚集在一起，因此取消所有往新界沙嶺及各墳場掃墓的例行措施。甚至下令山頂纜車停駛，不許市民到山頂去，原來，10 月 12 日恰是陰曆九月初九重陽節。當時港島方面雖未戒嚴，但也不許市民登高及掃墓，以免人羣聚集。

當日的戒嚴令雖說在「整個九龍半島實施宵禁」，但實際上宵禁並不在荃灣及新界認真執行，因此在宣佈宵禁後的荃灣，暴徒仍向工會及工人瘋狂進攻。

11 日晚到 12 日上午整整一個通宵，是暴徒血洗荃灣的一段時間，據許多人的估計，僅在該晚死於火焚、毆打、強姦下的人數，至少超過百人以上。

12 日中午，暴亂逐漸減弱，局面漸趨平靜。但在 12 日的二十四小時內，市民無辜受軍警槍傷的人不少，警方展開大拘捕。

12 日晚，荃灣仍有零星的暴亂事件。有幾百暴徒想趁夜洗劫荃灣老圍村。幸而當時居民已有準備，組織了自衛隊。看哨的居民用射燈照到了集結在村前的暴徒，一面鳴鑼求救，一面用鳥槍射擊，打傷了幾個暴徒後，待英軍來援時，暴徒才撤去。

港府新聞處於 12 日凌晨 2 時發表的《新聞公報》說：「自昨晚七時半施行戒嚴後，大埔道青山道交界處已呈寧靜。由昨日黃昏後，滋擾事件地區已由深水埗沿著青山道轉入新界荃灣，而暴亂性質亦已變更，似乎左右翼兩派內部中發生鬥爭。荃灣地區及附近，許多工廠內已發生劇鬥。主要為工廠，損失頗重。」由此可見，所謂宵禁，只是集中於九龍深水埗一帶，而暴動的中心，已由九龍轉向荃灣。

周恩來總理提出嚴重抗議

暴亂「性質」既已「變更」，現在「似乎」只是「左右翼兩派內部」的「鬥爭」，港府的戒嚴令又多不能切實執行，這個《新聞公報》一出，使人覺得港府已認定目前的暴亂事件只是「左右翼兩派內部的鬥爭」，與它的維持治安的責任無關，一時人心惶惶，感到生命財產毫無保障。因此北京方面，周恩來總理立即向香港英國當局提出嚴重抗議。周總理提出抗議的經過，新華社於 10 月13 日發表新聞一則，全文如下：

周恩來總理在 10 月 13 日約見了英國駐我國代辦歐念儒先生。周恩來總理對於在九龍的中國和平居民的生命財產在國民黨特務分子的殘殺和劫掠下所遭受到的嚴重損失和重大傷亡表示極大的憤慨和關切，對於香港英國當局至今未能採取有效措施將國民黨特務分子所組織和策動的暴亂加以制止，以致中國和平居民的生命財產繼續遭受重大損失提出嚴重抗議。周恩來總理要求香港英國當局立即採取有效措施，嚴厲制裁國民黨特務分子，切實保護港九的中國居民和中國政府所屬的機關和企業，並且要求英國政府給予答覆。周恩來總理表示，中國政府保留在以後提出要求的權利。

北京的抗議是合情合理的，事實上直到 10 月 13 日事態仍未平定。先說 10 月 11 日宣佈的宵禁，原定至 12 日上午 10 時為止，

但是由於暴徒向荃灣搗亂，護督戴維德不得不宣佈延長宵禁，即宵禁並不止於上午 10 時，作無限期延長，至另行通告為止，叫市民留意廣播電台的報告。這種宵禁的形式相當特別，是百年來所僅見的。原來，不少市民家無隔宿之糧，長期宵禁，豈不是要餓死？因此為了撥出時間給市民購買糧食，在長期宵禁區內，每一區劃出兩小時為解嚴時間，讓市民可以出外購物。各區的解嚴時間如下：（1）尖沙咀紅磡區由上午 10 時至正午 12 時為暫時解嚴時間。（2）九龍城區，由正午 12 時至下午 2 時。（3）深水埗區，上午 9 時至 11 時。（4）油麻地旺角，下午 5 時至 7 時。（5）荃灣至汀九地區，正午 12 時至下午 2 時。

但是，在這些戒嚴地區，仍有暴徒鬧事，例如深水埗遭受破壞最甚的中建公司，於 12 日暫時解嚴期內，火餐又擴大。尖沙咀加連威老道及金巴利道附近，暴徒於 12 日 10 時許重集，要由軍警施催淚彈十餘響驅散。旺角豉油街，亦在暫時解嚴時間內，發生小規模之暴亂。

在北京未提出抗議之前，直至 10 月 12 日為止，只有一百七十九人被控告於九龍法庭，但北京提出抗議後，港府於 10 月 13 日晚宣佈逮捕了三千餘人。同時，為了表示迅速恢復秩序，於 10 月 13 日宣佈最不受暴亂影響的尖沙咀區和油麻地區兩地區解嚴。但同時，警方也宣佈這次暴動事件，是由黑社會組織所發動。以便答覆北京方面所指責的，是國民黨特務分子所為。警方的宣佈顯然與事實有出入，與港府新聞公佈也矛盾，由此可知港府應付這一事件時已陣腳大亂。

港督葛量洪返港廣播及招待記者

在度假中的港督葛量洪於 10 月 13 日趕返香港，處理這一事件。隨即於 10 月 14 日晚在香港電台及麗的呼聲向本港市民廣播，廣播詞表示對暴徒加以嚴懲，承認局勢雖已在控制，但仍然未能完全恢復常態。原來直到 10 月 15 日為止，仍有部分地區戒嚴，這些地區，包括沙田火車隧道至荃灣，汀九以及大欖涌水塘。至於九龍市區，稱為第四區的深水埗區，在 10 月 15 日仍在戒嚴範圍內。

到了 10 月 16 日晨早 10 時，港府宣佈所有市郊恢復常態。戒嚴全部解除，學校照常上課，公共汽車及渡海小輪全部恢復如常。同時，警方宣佈已拘捕約五千人，拘留於漆咸營內。由港督會同行政局，立即制訂《一九五六年緊急（羈留）條例》宣佈警方有權將任何人扣留十四天，如認為未滿意，可再延長十四天。

嚴格説來，這一次九龍暴動，前後共七日，至 10 月 16 日全部解除戒嚴令，便應告一段落。但是，暴動雖然平定了，「冷戰」卻由英國人挑起。這可以説是九龍暴動後的「餘波」。

10 月 16 日當全港九恢復正常後，下午 6 時，港督葛量洪、代警務處長必明達、輔政司戴維德、英軍總司令史德頓，在輔政司署會議室內，舉行記者招待會，發動他們的「冷戰」。

葛量洪説：「周恩來總理的抗議聲明，係根據其駐港記者所拍發報告而決定，其實如此之消息，絕不準確。」他對周恩來總理的指責香港當局措施不當，説是，「實為干預內政」。同時，對指責這事件是國民黨特務分子所組織和策動，則説是不足信。

發動「冷戰」推卸責任為北京駁斥

10 月 17 日，倫敦英國政府外交部發言人在記者招待會中，謂英國已拒絕北京方面的抗議，把冷戰的氣氛增加，企圖使人忘記了暴動時的恐怖及推卸責任。

接著，10 月 19 日英國代辦歐念儒向中國政府申述英國對九龍暴動事件的意見。他說，英國政府認為九龍暴動起因正在調查中，目前包括中國方面在內的各方面的指責和結論為時過早。關於英國當局未能採取有效措施制止暴亂，他再度進行辯護。接著，他竟然聲稱英國政府認為中國報紙上的新聞和評論作了誇大的報道，居然對此提出抗議。最後，竟又說中國政府正在利用此事在尋求政治資本。

中國外交部副部長章漢夫立即駁斥英國政府這些無理的意見，指出中國政府完全有權利要求香港英國當局切實保護港九中國居民和中國政府所屬機關和企業，但是它不但不負起責任，反而有意為國民黨特務分子開脫罪行。章漢夫同時對港督葛量洪 10 月 16 日在記者招待會上所暗示中國政府提出抗議是干涉內政的說法給予嚴正駁斥，並且對港督葛量洪提出抗議。對所謂尋求政治資本之說，章漢夫力斥其非，要歐念儒立即將上述抗議報告英國政府。

直到 1957 年 1 月 1 日，港府才發表《九龍及荃灣暴動報告書》，這報告書將暴動事件主要責任，強加於「中國難民」，以及黑社會的頭上。黑社會則以 14K 黨及和安樂三合會為主，中國難民則是親國民黨分子，是由於這些難民的情緒被激起，為 14K 與

和安樂等黑社會分子所利用，因此引起暴動。換句話說，仍然不肯承認這次暴動是由國民黨特務分子策動的。但報告書也露出些破綻。例如報告書在解釋 14K 黨這一組織時，則說是國民黨的「半官式政治的地下組織」。

港府的《九龍及荃灣暴動報告書》發表後，中國外交部立即發表聲明，指出報告書若干不對的地方，並要求香港政府對工商企業、社會團體的損失立即賠償，撫恤受害居民及善後，最後，還要保證以後不再發生類似事件。

後來，香港政府於 1957 年初，宣佈賠償遇害者的損失，這件事件，才告真正的結束。

香港十二個兔年大事記

1975 年農曆歲次乙卯，按照十二生肖，卯屬兔。因此稱為兔年。本港郵局近農曆新年期間，照例發行紀念郵票兩款，該年也不例外。1975 年兔年郵票，一款以金兔作圖案，另一款以銀兔作圖案，郵票上都印有「歲次乙卯」四字，以示尊重華人風俗。

按照十二生肖的次序，每十二年即有一兔年。無巧不成話，到了 1975 年，恰是英國人到香港來度過十二個兔年的年頭。且看這十二個兔年的次序：

1843 年	癸卯	1855 年	乙卯
1867 年	丁卯	1879 年	己卯
1891 年	辛卯	1903 年	癸卯
1915 年	乙卯	1927 年	丁卯
1939 年	己卯	1951 年	辛卯
1963 年	癸卯	1975 年	乙卯

第一個兔年　耆英來香港會樸鼎查

1843 年歲次癸卯。這年第一任港督樸鼎查（港譯砵典乍）曾強迫清政府派代表來港，一方面訂立《五口通商章程》，一方面交換上年簽訂的不平等的《南京條約》。當時，道光皇帝派奴顏婢膝

的投降派耆英來港。耆英對此行曾有奏片向道光皇帝報告。茲據「道光條約」卷一第 25 頁至 27 頁所載耆英來港情形如後：

竊奴才於行抵粵省後，當將體察夷情酌籌辦理緣由，專摺奏報在案。正在檢閱例案，悉心覈辦間，接據英酋樸鼎查自香港來文，請定期會晤，面定大局。奴才當以此事非與酋面加商榷，終難定局；而於未開市之先，令其來省會商，易啟民間疑慮。且香港情形究竟若何，將來能否杜其走私，亦應親往查看明白，庶有把握。當於五月二十六日早帶同廣東縣司黃恩彤、侍衛咸齡等，由黃埔換船開行，經過獅子、零丁、磨刀、銅鼓各洋面，約計水程四百餘里。是日下午，即抵香港。該夷目率同夷兵，擺隊奏樂，跨刀遠迎，執禮甚恭，情極馴順。

奴才查看香港本屬荒島，重巒復嶺，孤峙海中，距新安縣城一百餘里，從前本係洋盜出沒之所，絕少居民，只有貧窮漁戶數十家，在土名赤柱灣等處畸零散處。該夷於近年以來，在土名裙帶路一帶，鑿山開道，建蓋洋樓一百餘所，漸次竣工。並有粵東無業貧民蛋戶，在該處搭蓋棚寮，販賣食物。約計夷商不滿數百，而內地之貿易及傭力者，已不止數千人。

奴才率同黃恩彤，與樸鼎查接見數次，將通商章程及輸稅事例，反覆辯論，大局粗定。奴才因夷情多疑，事既得有頭緒，亟應堅其所約，以免再有反覆。即於五

月二十九日恭齎銓用御寶和約，發給該酋敬謹祇領，並
據該酋將該日和約呈進前來。奴才驗明收訖之後，即於
六月初一日率同黃恩彤等駛回粵省。

這是耆英來港將《南京條約》換文，及商討《五口通商章程》
的經過。據查當年耆英來港，有幾件「趣事」。第一件是在樸鼎查
設宴招待他的時候，耆英曾縱情飲酒，並唱滿洲小調以娛英人，
可謂出盡洋相。第二件「趣事」，是他看見樸鼎查的全家福圖像，
向樸鼎查索取，而事後竟向道光皇帝奏稱：「以表示其神形業已追
隨左右，不敢再有異志。」第三件「趣事」是，耆英將佩有金環
的書畫紈扇一柄，贈與樸鼎查，而樸鼎查則以佩刀一把回贈。

第二個兔年　太平天國軍佔領九龍

1855 年歲次乙卯，這一年的兔年，是太平天國軍隊迫近香港
的年代。當時太平天國已建都南京，革命大軍席捲全國，國內的
官僚地主有不少逃到上海，亦不少逃來香港。當時九龍半島，已
被太平軍佔領，太平軍的水師船，經常出沒於港九海面，而且太
平軍也公然攜帶武裝，在港島街頭出現，購買物資，組織義士，
準備圍攻廣州。

當時，廣州被太平軍重重圍困，兩廣總督葉名琛竟然請求英
軍增援。當時的港督約翰・寶靈，一方面在港下令禁止太平軍來
港購買物資，一方面制訂所謂「取締港內船舶懷藏軍械『條例』」，

一面派海軍司令史德靈（Admiral Stirling）統領軍艦五艘入粵，對太平軍進攻。

這個兔年，是第二次鴉片戰爭前夕，英人乘太平天國革命動搖了滿清政府的政權，於次年 1856 年 10 月 8 日上午 8 點至 8 點半之間，製造了「亞羅號事件」，掀起了第二次鴉片戰爭。

第三個兔年　麥當奴大開賭禁

1867 年丁卯，這一年的兔年，是大開賭禁的一年，當任港督麥當奴，頒佈了《維持社會秩序及風化條例》大開賭禁。

當年 5 月 22 日，立法局召開常會，立法委員域陶（Whittall）建議，說市面賭檔林立，實在禁無可禁，政府雖有禁止賭博條例，但這條例實際上是助長貪污，所有賭場都有向警方賄賂的習慣，與其禁無可禁，不如寓禁於徵。於是在 6 月 17 日便通過頒行了 1867 年第九號法例，這就是《維持社會秩序及風化條例》了。

該例於 6 月 10 日頒佈，7 月 1 日施行。於是，全港攤館亦於是日成為合法化的賭館，納餉開賭。查當時領牌的賭館，計共十二家，地點分佈在西營盤、荷李活道、大道中、基利文舊街及灣仔等處。每日由上午 6 時或 9 時開始營業，直至深夜。

當時所收的賭餉，每年十萬元。到賭場去賭博的，初時只有華人，但是不到幾個月，西人及駐港英軍亦相率以赴。最奇的是，並不能收寓禁於徵之效。原來，除了納餉開賭的賭館之外，仍然有私設的賭館，這些私設賭館，比納餉的賭館還要多。這便

證明了賭博合法化寓禁於徵是自欺欺人了。

1867 年的兔年，仍有一件事可足一述的，就是英國財政大臣核准香港發行輔幣，准許香港鑄幣廠鑄造銀圓及五角銀元，是香港首次發行輔幣。

第四個兔年　娼妓合法化

1879 年己卯，這一年的兔年，是香港正式徵收娼妓營業牌照稅，也是娼妓合法化的一年。是年（1879 年）11 月 18 日，立法局通過財政司的八十三萬二千零四十八元政費預算案時，同意娼妓正式納稅領牌照賣淫。

關於娼妓合法化的過程，應回溯到 1845 年約翰‧戴維斯任港督期內。當時戴維斯發覺警察有包庇娼妓，收受賄款的情形，下令徹查。後來，查知確有其事，但卻認為是妓寨的鴇母們自願送給警察的「人情」，並非出於警察的勒索。因此也不追究警察的貪污行徑，卻於當年 4 月，下令盡將全港的妓女拘捕，一律驅逐出境。哪知，這些娼妓以及妓寨的主持人，都是由警方包庇的，她們去而復回。不久，妓女仍然出而接客，妓寨又重張旗鼓了。

經過這一次驅逐娼妓出境，娼妓去而復回之後，當局認為沒有辦法禁絕娼妓了，便改變初衷，認為妓女是傳染花柳病的媒介，香港又缺乏花柳病院，不如向妓女徵收費用，作為籌辦花柳病院之用。當年 6 月，即實行這種奇怪的辦法，由警察當局向妓女及妓寨徵收花柳病院經費。每一妓院每月捐銀五元，每一妓女

每月捐銀一元半，花柳病院也隨即成立。據是年 6 月花柳病院發表開辦後的首次報告，全港共有妓院三十一家，娼妓約一百五十餘人。

但是，這種收花柳病院經費的辦法，受到社會人士非議。因為這種收費，既不是正式的稅捐，也不是營業的稅餉，更不是英國法律所有的。而且，每月收入撥給花柳病院作經費，為數實在很少，大部分款項，已無從追究。當時有些英國人，告到英國去，英國議會組織了研究委員會，實行研究研究，終於，在 1847 年飭令警察當局停止徵收這種花柳病院費，而花柳病院也在該年停辦。

停收花柳病院費，並不等於禁娼，當時娼妓依然要納賄，妓女仍然要「派鬼」才能接客。因此花柳病更加傳染開來，到了 1864 年，1 月 19 日才成立西營盤海員宿舍，以收容患花柳病的海員。

到了 1879 年，娼妓合法化因當局正式徵收妓女及妓院營業牌照稅才算合法化。該年恰是兔年，是前清光緒五年。

第五個兔年　干諾道與德輔道填海及金禧紀念

1891 年歲次辛卯，這是自樸鼎查開始的第五個兔年。當年值得一述的大事很多，例如孫中山先生已在華人西醫學堂肆業，並在港展開革命活動，以及高等法院以該年 2 月全月無案件辦理，認為是「金禧吉兆」。原來，從 184 年 1 到 1891 年，恰恰五十年，香港當局舉辦了很多紀念性的活動，例如會景出遊大會、發行紀

念郵票等等。但比較有意義的大件事，仍然是中區填海計劃的積極進行，以及頒行《賭博條例》。

查 1891 年以前，中區的海旁，是現時的德輔道近大道中的一邊。從當年的會景巡遊大會的圖片可以看到，大會的舞龍隊伍所經之處，實際是現在的皇后大道，它已是海旁的大馬路了。當上兩年 1889 年時，西商遮打氏發起實施填海計劃，東自海軍船塢起，西至屈地街前止，將中西兩區一帶的海岸長凡二英里，填為平地。這項工程由 1890 年開始，但正式積極進行填海工程，卻是從 1891 年才開始的。1890 年，是年英國王子干諾公爵夫婦訪問印度後，擬往美國一遊，順道經過香港，填海工程由他行奠基禮，於是，後來填海完成，新的海旁大道便名為干諾道，而干諾道後面的一條電車路，則以當任港督德輔為名，而另一段的馬路，則以支持填海經費的西商遮打氏之名命名。

至於《賭博條例》的頒行，因為當年廣東內地及澳門流行「圍姓」及白鴿票、字花、舖票等賭博，香港也有人開圍姓、白鴿票、字花及舖票，賭博的形式，較之 1867 年時大大地多樣化了，因此立例嚴禁，便有《賭博條例》的訂立。這條條例是現行條例之一，雖然經過了歷年的修訂，但大致上仍然保留 1891 年時所訂立的內容。

第六個兔年　遷妓院往石塘咀築電車路軌

1903 年，歲次癸卯，亦即第五個兔年辛卯後的十二個年頭。當時中區和西區的填海工程全部完成，值得一談的事有兩件。

第一，是將 1879 年娼妓合法化的妓院，從水坑口、荷李活道等地，強迫遷往石塘咀。這是當局一項非常巧妙的計劃，自從娼妓合法化後，皇后大道的水坑口一帶，夜夜笙歌，燈紅酒綠，成為一處十分熱鬧的地區。而填海完成的石塘咀一帶則荒蕪不堪，當局有意利用這些娼寮妓院，把一大片荒涼的新填地變成鬧市，便強迫妓院遷到該處。隨著妓院的西遷，酒家、酒店、餐室，以及與妓院有連帶關係的商店，無不隨著遷往，於是不數年間，荒地就成為旺地，而官地的拍賣，地價也日日提高了。

第二，是電車公司開始建築路軌。查電車公司成立於上年 1902 年，包辦全港電車，由英國德建臣工程公司設計，另聘倫敦的克公司擔任築路工程，由是年 1903 年開始敷設路軌，全程長九英里半，分單軌和雙軌兩段，從中區到銅鑼灣設雙軌，自堅尼地城至中區為單軌，自銅鑼灣至筲箕灣為單軌。當時灣仔區還未填海，故此灣仔的電車路，經莊士頓道而行。

第七個兔年　與袁世凱爪牙勾結捉拿志士

1915 年歲次乙卯，這個兔年本港發生一件萬人矚目的案件。當時是民國四年，竊國大盜袁世凱稱帝，日本乘機迫他簽立「廿一條」不平等條約，全國各地紛紛反對。廣東方面，當時是龍濟光任廣東都督，袁世凱利用他對付反對袁世凱稱帝的革命黨人，特別是對付孫中山先生。當時惠州督辦洪兆麟，奉孫中山先生之命在惠州起義，失敗受傷，逃來香港就醫，調治十日後復原，正

準備往日本見孫中山，突然被香港警方加以拘捕。

原來龍濟光一向與香港警方有所聯絡，而且有不少官方人物與袁世凱勾結，在香港對付反對袁世凱稱帝的人，他們偵知洪兆麟在香港，於是加以拘捕。

龍濟光早已作好準備，照會香港當局，指洪氏是個殺人犯，要求引渡回穗。洪氏聘請布律端大律師代表辯護，指洪氏是個政治犯，並非殺人犯。但是，由於龍濟光勢力相當大，結果，洪兆麟被判罪名成立。

洪氏自知如被引渡回粵，必無倖免，因此上訴高院，一面派人搜集證據，證明他並非殺人犯，而是因為反對袁世凱在廣東的代理人龍濟光，被誣殺人。這件案纏訟至 12 月 24 日宣判，當時袁世凱的帝制迷夢已碎滅，龍濟光亦失勢，洪氏始被判無罪釋放。

第八個兔年　魯迅先生來香港演講　港大始辦中文系

1927 年歲次丁卯。這個兔年，值得一談的是魯迅先生在這年 2 月間來港演說。同時，也是香港大學開始有中國文學系的第一年。

據曹聚仁《魯迅年譜》1927 年條載：「二月，魯迅曾往香港，在青年會講演了一回。為了他的講演，主持其事的人，受了許多困難；先是頗遭干涉，中途又有反對者派人索取入場券，收藏起來，使別人不能聽；後來又不許將講稿登報，經交涉的結果，是削去和改竄了許多。他的講題是『無聲的中國』……他說：『其實，文言和白話的優劣的討論，本該早已過去了。但中國是總不

肯早解決的，現在還有許多無謂的議論。我們要説現代的自己的話。用活著的白話將自己的思想、感情直白地説出來，青年們是可以將中國變成一個有聲的中國。大膽地説話，勇敢地進行，忘掉一切利害，推開了古人，將自己的真心話發表出來。只有真的聲音，才能感動中國的人和世界的人，必須有了真的聲音，才和世界的人同在世界上生活。我們此後實在只有兩條路：一、抱著古文而死掉，一是捨掉古文而生存。』他對香港的印象是這樣：『香港雖只一島，卻活畫著中國許多地方現在和將來的小照』。」

這一年，魯迅先生曾兩次來港演講，第二次的講題是〈老調子已經唱完〉。也是針對當時香港人士那種捧著古書作為中國的國粹而發的。

原來 1927 年是省港大罷工宣佈結束的一年。當任港督金文泰，在 6 月 24 日的督轅茶會中發表演説，提議香港大學設立中文系。他的演詞，恰和魯迅先生相反，他要復古，主張整理「國故」，提倡讀經。而香港大學的中國文學系也在該年創辦。

第九個兔年　挖防空洞備戰

1939 年歲次己卯。自日本發動七七事變後，抗戰軍興，內地來港的人漸多，香港人口由七十餘萬驟然增至一百七十餘萬，食水、住屋、交通，都大成問題。而這一年，希特拉在歐洲又發動大戰，英國受重大打擊，香港又因日軍在四周佈置軍事工事，不能不作戰爭準備。這一年，開始挖防空洞，裝設警報機，沒有什

麼重要的建設。

過了這一個兔年，兩年後，在一個黑色的聖誕夜，香港就陷入她那悲慘黑暗的三年零八個月了。

第十個兔年　電話只得二萬三千多　建大欖涌水塘

1951 年歲次辛卯。這是戰後第一個兔年，由於國內許多人士南下前來香港，他們將帶來的資本在香港投資，使這個遭受戰火洗禮後百廢待興的島城，漸漸由一個消費的城市，變而為一個輕工業城市。在這一年內，為了人口的增加，食水又成為嚴重問題。當年最大的工程，是興建大欖涌水塘，建築費為一億二千五百萬元。

現時電話公司業務發達，談談戰後第一個兔年本港的電話情形，也是一件有趣的而又合時的事。原來，戰前全港共有電話一萬七千號，連同分機共二萬七千具。戰時，曾遭損失，自 1947 年至 1950 年，已漸次修復。但是，到 1951 年，全港電話只不過二萬三千二百五十七號，連分機共計三萬四千七百八十八具而已。比起現在的一百五十多萬號，真不知增加了多少倍。

第十一個兔年　天旱輸來東江水　小學改五年制

1963 年歲次癸卯。這一年，大嶼山的石壁水塘工程全部完

成。但是，這年天氣乾旱，水塘雖然建成，而制水則不斷升級，當任港督柏立基知道解決食水問題不能望天打卦，因此派代表和寶安縣當局洽商以東江之水輸港。

這個兔年還有很多事足以一述的，例如教育方面，因為失學兒童多，而學校不足以收容，當任教育司建議改制，由六年小學改為五年小學。這種改制雖受教育人士批評，但是仍然一意孤行，結果，後來過了幾年，又再改為六年制了。

此外，徙置區和廉租屋計劃也漸見擴大。

1975 年歲次乙卯，這個兔年，影響香港居民生活的大事有以下幾項：電話加價，預繳利得稅，有稅物品如煙酒之類加稅⋯⋯等等。

香港航空史上的劫機事件

1978 年 3 月 9 日，一架從台灣高雄飛香港的定期航機，在距離本港六哩上空，被啟德機場的指揮塔上的雷達，發現該機飛行不正常，與該機聯絡又無對話，引起懷疑；後來恢復聯絡，機上的正機長說飛機遇劫。啟德機場立即展開戒備，不久，這架從高雄飛港的波音型飛機降落，機場內軍警如臨大敵，以為飛機被劫機者劫持著然後著陸。

但是，飛機著陸後，據說劫機者已被擊斃，正副機長受傷，搭客中有些人完全不知道曾發生劫機事件。只知駕駛室內曾起搏鬥，那個所謂劫機者是飛機上的機械士，他是被機上的護航員用手槍擊斃的。這件劫機事件轟動一時，劫機的動機不明，這件事事後也不了了之，香港方面沒有公佈劫機真相，台灣方面居然對被指為劫機者的家屬給予撫恤。這是一件非常離奇的劫機事件。但在香港航空史上，已記下了一頁 —— 1978 年 3 月 9 日，一架從高雄飛港的客機被劫。

香港首次出現飛機是在宣統三年三月

說也奇怪，香港首次出現飛機，也是在 3 月，而另一次劫機事件，也是在 3 月份發生的。3 月，是香港航空史上一個不尋常的月份，說起來真正巧。

　　1911 年 3 月，當時仍是宣統皇帝執政的時候，故本港歷史書籍仍稱為宣統三年，當時一家名叫「遠東飛機公司」的機構，在香港中西各報上刊登廣告，宣佈 3 月 18、19、20 三天，正午 12 時將在沙田火車站附近的空地上表演飛機。到了 3 月 18 日，那天是星期六，市民們湧到沙田去看飛機表演，可是當天風力很大，飛機無法起飛。不過，市民們已經很滿意，因為他們第一次看到飛機的真形，當時飛機雖然沒有起飛，但空地上，已停著一架雙翼的單人駕駛飛機，他們首次看見飛機，已很滿足了。

　　次日即 3 月 19 日星期日，去沙田看飛機的人更多，但當天風力更大，而且有毛毛雨，飛機沒有起飛。3 月 20 日是星期一，雖然不是假期，但去看飛機的人也很多，他們懷著看飛機的心情而去，不管飛機是否飛行。當日，風仍很大，而且下雨，飛機又不能起飛。

　　當時港督是盧押，他是第一位在香港看見飛機起飛的港督，原來遠東飛機公司見到三天的天氣都惡劣，最後在 3 月 27 日決定起飛，當日天晴，港督盧押偕同港府大小官員前去參觀。飛機終於起飛了。但是風力仍很大，飛機只升空六十多呎，在低空飛行一周，便降回地面。

　　至於啟德機場的興建，則在本港首次出現飛機之後十年。1920 年，大律師何啟與股商區德合作，發展民航事業，向港府申請在九龍灣宋皇臺附近興建民航機場。這便是本港機場所以名為「啟德」的原因，啟是何啟，德是區德。由於當時的飛機非常簡單，機場佔地不必太大，當飛機以一日千里的速度改良成為巨型飛機時，原日的細小的啟德機場便不足應用，港府於是收回這座

民建的機場，加以擴建，使之成為現代化的機場。

首次劫機始自 1948 年

啟德機場自港府收回後，不斷擴建及改善跑道和各種設備。在第二次世界大戰爆發前，它實際上是軍用機場與民航機場的混合物。直到現在，仍然具備這條件，它在 1940 年前後，是英國遠東空軍基地之一，故此當日軍進攻香港時，日本空軍先行炸毀機場上的英國空軍飛機。而在戰後的越戰時期，美國軍機經常在啟德機場出現。正因如此，啟德機場的防衛力量，是超出各國民航機場的保護力數倍。應付劫機事件，較為有效率。

香港航空史上第一次劫機事件，是在 1948 年 7 月 16 日，被劫的飛機，是來往港澳之間的定期班機「澳門小姐」號。

「澳門小姐」是由港澳商人合資經營的一架水陸兩用，屬於卡達連娜型的三十座位的飛機，這架飛機於 1948 年初開始通航，香港方面由國泰航空公司代理，澳門則由澳門航空運輸有限公司代理。初期每週只飛行四天，即星期一由香港開往澳門一班，由澳門返港一班，都是上午開行。星期五下午往返各一班，星期六和星期日，來回各開三班，其餘星期二至星期四不開航，但因飛行快捷，每次只需二十分鐘便到達，頗受歡迎，故自是年 5 月份起，每日開航三班。由於座位不多，收費亦不貴，單程收四十元，來回雙程收七十五元，經常滿座，要預定機票。

1948 年是戰後第二年，當時港澳兩地成為日軍統治期內大漢

奸和大偽官的避難所,「澳門小姐」號把澳門和香港的距離縮短
了。對於這些人物調動資金及轉移財物頗有作用,他們將從國內
搜刮得來的民脂民膏,先運到澳門或香港,然後在兩地之間調動
轉移,有了飛機,自然便利。

鮑立德智破劫機案

劫匪就是查悉當時有四位著名的漢奸,早已將全部家財運到
澳門,而且準備調動到香港來。其中一名姓黃的,是戰時廣州市
橋一帶的大漢奸,綽號受難保。他準備將大部分財產調往香港,
因此便在他乘搭「澳門小姐」號之時動手劫機。

黃某是乘 7 月 16 日下午 6 時由澳開港的班機的,當時劫機者
共四人,他們已預早購了機票,冒充搭客,由澳門登機。由於澳
門沒有飛機場,「澳門小姐」在澳門是停泊在新口岸的海面,地點
在遊艇會對開的避風塘內,搭客必須先乘汽艇到飛機旁邊才能登
機。四個劫匪穿上西裝,冒充搭客,在碼頭上看到心目中要劫的
對象都登上飛機,然後才上機。

當飛機從澳門新口岸起飛後不久,機上的四名劫機者立即發
難,其中兩人衝入駕駛室內,拔槍指嚇機師,迫機師將駕駛座讓出
來給其中一位劫匪駕駛,原來這一個劫匪,是懂得駕駛飛機的,照
他們的計劃,由他將飛機駛往三灶島海面降落,他們已在該處配備
了人馬接應,準備除了劫掠機上各人的財物之外,還打算向那幾位
富有的漢奸勒索巨款,並且把其他搭客作為「肥參」看待。

但是，機師不受威脅，而且起而反抗，於是劫機者便開槍，將正副機師擊斃，他們正準備立即控制飛行時，已來不及了，飛機就在一瞬間向下俯衝，墮入海中！

當時香港方面，啟德機場定時接不到「澳門小姐」號的聯絡，已知事情不妙。但是，當時世界上還未有劫機事件發生，怎樣也料不到飛機遇劫，認定飛機是遇了意外，可能是機件失靈。

澳門方面知道「澳門小姐」並未定時飛抵香港，立即派出水警在附近海面搜索，終於在當時中山縣境內的香洲市海面發現飛機殘骸，於是出動所有的水警和救生設備，到現場去搶救，在廿七名搭客中，只救出一位受了重傷的搭客，他的名字叫黃裕文。

黃裕文是唯一的生還者，當時港澳雙方都把這件事當作飛機失事處理。但是，後來在打撈死屍時，發現副機師馬道夫屍體上有槍彈，同時，在飛機殘骸裏也發現手槍。

當時澳門的警察局還未稱作司法處。它的全銜稱「澳門治安警察局」，局長是鮑立德（Luis Augusto Matos Paletti），是他親自辦理此案。他開始懷疑這是劫機事件，現場物證已充分說明，但缺乏人證，人證方面，就只有一個唯一生還者黃裕文。他正在澳門山頂醫院留醫。因此他向黃裕文詢問當時飛機墮海情形，黃裕文說什麼都不知道，他說登機之後就入睡，他也不知自己怎能不死。

但鮑立德局長再從黃裕文的身世去調查，當時搭客名單中，除了四位有錢的大漢奸之外，還有騎師荷治文、加馬拉馬戲團的團長莫斯克維治，以及一批港澳居民，他們都有家人向警方探問飛機失事下落，只有四個人沒有親人到來探問，其中之一，就是唯一的生還者黃裕文。

其次，黃裕文在澳門並沒有住址，他又説不出他為什麼要坐飛機到香港，因此認為他的支吾其詞十分可疑。鮑立德想到一個辦法，向黃裕文索取供詞。

原來黃裕文雙腿折斷，需要長期留院治療，鮑立德並不把他當疑犯看管，讓他住在一間雙人病房裏，然後派一位能幹的警探，扮作普通病人與他同房留醫。先由這警探與黃裕文拉上交情，稱兄道弟，經過個多月的接觸，才從閒談中索取黃裕文的口供，原來這個黃裕文是劫機者之一。

他説出他當時在搭客座位上指嚇受難保與其餘幾個大漢奸，以至他們反抗，怎知飛機俯衝而下時，他知道不妙，撞開機門跳出外面，因此得以生還。那警探花了個多月的時間，才從黃裕文口中探出劫機的真相。事後，鮑立德起訴黃裕文，並招待記者，發表「澳門小姐」號被劫的詳情。

第二次劫機 ── 1971 年 3 月 30 日

至於在本港航空史上的第二次劫機事件，是發生於 1971 年 3 月 30 日。當時，一架屬於菲律賓的國內航機 BAC-111 型噴射的客機，上午 6 時 30 分從馬尼拉起飛，原是飛往菲律賓國內達伏市的，但起飛後半小時左右，機內有五名青年，持械威脅機師，要機師改變航線，飛往中國。但機師表示這架是國內航線的飛機，燃料不足以飛往中國，於是劫機者強迫機師，將飛機轉至香港，在啟德機場降落。

本港民航處在當日上午 8 時 5 分，接到該機電報，要求降落，到 9 時 5 分，該機降落啟德機場之後，當局才知這是一架被騎劫的飛機。不用說，啟德機場的各組治安人員，忙於佈防，提防劫機者將飛機爆炸，引起大火。

民航處交通運輸總監白傑寧於當日上午 10 時，親自到該機附近，與劫機者談判，劫機者要求加油，白傑寧要求先釋放人質，但劫機者不肯，於是談判中止。稍後，白傑寧又再與劫機者談判，劫機者答應釋放二十名人質，其中包括一老婦和一女嬰。白傑寧答應給該機加油二千加侖，據說這二千加侖的燃油，可供六小時飛行。

這架菲律賓國內航機在啟德機場停留一共是兩小時半，在中午 12 時 21 分已安然抵達廣州。次日，該機連同人質一起，原機飛回啟德機場，於 3 月 31 日上午 11 時 17 分抵港，五名劫機的菲籍青年，沒有隨機回來。這架飛機，於稍後亦原機飛返菲律賓去。這次劫機，沒有不愉快的事發生。

最具戲劇性的一次劫機，是發生於 1973 年 10 月 11 日，又是一架菲律賓的噴射客機，被三名青年劫持，於入黑之後，降落啟德機場。

當時是 8 時 34 分，啟德機場方面，因上年應付劫機事件已有了經驗，因此立即與劫機者對話：詢問他們意欲何往，有什麼要求？但是劫機者卻沒有明確的要求，弄得談判者啼笑皆非，只好調動所有機場的防衛力量，以策安全。並且與菲律賓駐港領事聯絡，希望透過領事和劫機者直接談判。

最後，菲律賓駐港領事告訴劫機者，說菲律賓總統對他們

這一次劫機，決定給予全赦，不向他們起訴，只要他們肯棄械投降，既往不究。經過多次談判之後，三位劫機青年，自願投降，於是這架飛機，在翌晨 0 時 18 分，原機飛離啟德機場，飛返馬尼拉去。

魯 金 作 品 集

策劃編輯　梁偉基
責任編輯　朱卓詠
書籍設計　陳朗思

書　　名　香港歷史掌故叢談

著　　者　魯金

出　　版　三聯書店（香港）有限公司
　　　　　香港北角英皇道四九九號北角工業大廈二十樓

香港發行　香港聯合書刊物流有限公司
　　　　　香港新界荃灣德士古道二二〇至二四八號十六樓

印　　刷　美雅印刷製本有限公司
　　　　　香港九龍觀塘榮業街六號四樓A室

版　　次　二〇二四年四月香港第一版第一次印刷

規　　格　特十六開（145×210mm）三一二面

國際書號　ISBN 978-962-04-5332-8

© 2024 三聯書店（香港）有限公司
Published & Printed in Hong Kong, China.